ROYAUME DE BELGIQUE

MINISTÈRE DE L'INDUSTRIE ET DU TRAVAIL

Belgium — **OFFICE DU TRAVAIL**

LES
INDUSTRIES A DOMICILE
EN BELGIQUE

VOLUME IV

LA DENTELLE

ET

LA BRODERIE SUR TULLE

PAR

Pierre VERHAEGEN,

Avocat
Docteur en sciences politiques et sociales
Conseiller provincial.

TOME PREMIER

BRUXELLES

OFFICE DE PUBLICITÉ
J. Lebègue et Cie
Rue de la Madeleine, 46.

SOCIÉTÉ BELGE DE LIBRAIRIE
Oscar Schepens et Cie, Éditeurs
Rue Treurenberg, 16.

1902

LES INDUSTRIES A DOMICILE EN BELGIQUE.

LA DENTELLE

ET

LA BRODERIE SUR TULLE

TOME PREMIER

INTRODUCTION

———

L'industrie de la dentelle a eu, dans notre pays, un passé plus glorieux qu'aucune autre ; elle y tient encore une place considérable, et, à ces titres seulement, son avenir mériterait de préoccuper sérieusement ceux qu'intéressent notre grandeur et notre prospérité nationales. Son maintien est chose particulièrement délicate, car il est lié à la conservation des conditions économiques spéciales qui lui ont permis de s'établir en Belgique. En effet, la dentelle est essentiellement une industrie de luxe, dont l'existence ne constitue pas une nécessité économique ; d'autre part, elle tire sa valeur considérable presque entièrement de l'habileté et du travail de l'ouvrière qui la fait ; si donc l'écart est trop grand entre le prix payé à l'ouvrière pour une dentelle et le prix payé par la grande dame qui s'en pare, la main-d'œuvre a une tendance à se retirer et l'industrie est exposée à se perdre.

Mais la dentelle n'est pas seulement une industrie ; elle est encore un art merveilleux et essentiellement national, puisqu'elle est répandue dans notre pays depuis environ cinq cents ans. Cet art, féminin dans le chef de celles que le pratiquent et de celles qui en bénéficient, n'a presque pas varié dans ses formes ; son maintien a conservé parmi nos femmes du peuple ce type si intéressant, que nos esthètes modernes envient aux siècles passés : l'ouvrière d'art .

Pauvre artiste ignorée et vivant la vie des humbles, la vie de privations, de souffrance et de dur labeur ! Ne sera-t-il rien fait pour lui assurer la conservation de son gagne-pain, si tant est qu'on puisse appeler de ce nom la rémunération souvent dérisoire des chefs-d'œuvre qui sortent de ses doigts ? Et ne mérite-t-elle pas qu'on s'occupe d'améliorer son sort, celle qui perpétue la tradition glorieuse de la dentelle et qui, inconsciente souvent de la délicatesse de son art, travaille, depuis l'aurore jusqu'à la nuit, à tisser l'un des plus rares ornements de la beauté ? Les dentellières belges sont encore près de cinquante mille. Leur industrie, si intéressante au point de vue artistique, ne pourrait-elle devenir pour elles un bienfait social ? A cette condition seulement la dentelle se maintiendra dans notre pays, au plus grand profit de celles qui en vivent et de celles qui peuvent l'acheter.

Chez ces dernières nous voudrions voir se développer le goût de la belle dentelle, pour les motifs que nous venons d'exposer et aussi pour une raison d'ordre esthétique. En effet, il n'existe pas de parure qui rehausse de façon plus exquise et plus discrète la grâce de la femme. Nos grand'mères ne nous paraissent jamais plus jolies que lorsqu'un flot vaporeux de vieille dentelle encadre leurs cheveux blancs et leurs épaules, et il n'est rien de mieux que la dentelle pour faire ressortir les charmes de la jeunesse et de la beauté.

La dentelle est, par excellence, une parure de prix, dont le port n'est jamais vulgaire. L'élégante dont le désir de plaire s'affiche en des bijoux multiples et d'un éclat trop vif, est rarement une femme de goût ; au contraire, celle qui confie à une dentelle artistique le soin d'orner sa beauté fait preuve d'un goût raffiné ; elle est parmi les reines de la véritable élégance.

Quant à celle qui, non contente de porter la dentelle, songe parfois aux pauvres dentellières et s'efforce de soulager la misère de ces humbles victimes du carreau et de l'aiguille et de sauver, en même temps, leur industrie si menacée, celle-là fait preuve de prévoyance, d'élévation du cœur et de l'esprit, de charité chrétienne. Sachant se baisser vers ceux qui sont au-dessous d'elle, elle est vraiment à la hauteur de son rang et elle mérite de prendre place dans les « Jardins des Reines », décrits par Ruskin.

En Belgique, quelques nobles femmes, et surtout, parmi elles, Marie-Louise, notre première et regrettée Reine, ont compris ce que la dentelle représente à la fois de misère et de beauté ; elles se sont émues de la situation toujours plus grave de l'industrie dentellière et elles ont tenté d'y remédier ; mais ces tentatives ont manqué de persévérance, de cohésion et d'énergie ; elles sont restées isolées et n'ont pas abouti. En fait, à l'heure actuelle, personne ne se préoccupe d'une manière active de l'avenir de la dentelle, et cela parce que personne ne la connait.

Cette étude a pour objet de jeter quelque lumière sur l'industrie dentellière d'aujourd'hui. Nous nous efforcerons de faire connaître les divers types de dentelles confectionnés chez nous, l'organisation commerciale de l'industrie, son apprentissage et les salaires des ouvrières ; nous étudierons la crise actuelle et les moyens qui, à notre avis, pourraient être mis en œuvre pour en atténuer les effets, et nous nous estimerons heureux si, à la suite de ce travail, quelque tentative se manifeste dans le sens d'une rénovation de l'industrie dentellière en Belgique.

Ce travail est le fruit d'une enquête personnelle et, bien plus encore, de la collaboration aussi éclairée que désintéressée qui nous a été fournie par diverses personnes. Du côté des fabricants, nous signalerons surtout Mlle Minne-Dansaert, M. Georges Martin et, spécialement, M. Antoine Carlier, qui nous a donné de précieuses indications sur la fabrication des dentelles et nous a très obligeamment prêté un grand nombre d'exemplaires des divers genres de dentelles exécutées en Belgique. Nous devons également payer une dette de reconnaissance à S. G. Mgr Stillemans, évêque de Gand ; à MM. Derbaix, De Groote et baron Charles Gillès de Pélichy, membres de la Chambre des représentants ; baron Ruzette, conseiller provincial à Bruges ; Van Hal, bourgmestre de Turnhout et président du conseil provincial de la province d'Anvers ; De Smet, doyen de Turnhout ; Ronse, échevin à Bruges ; chevalier de Wouters de Bouchout, archéologue à Malines. Nous adressons des remerciements tout particuliers à Mrs Robert Vere O'Brien, pour ses informations sur l'industrie dentellière en Irlande, à la Comtesse de Brazzà Savorgnan et au Comte Marcello, pour leurs renseignements sur la dentelle italienne, et à M. Joseph Casier, conseiller communal à Gand, qui a mis son talent à notre disposition en photographiant plusieurs intérieurs de dentellières, en vue de cette étude. Rappelons, enfin, que toutes nos demandes de renseignements ont été accueillies avec une extrême obligeance par l'*Office du Travail* et spécialement par M. Armand Julin, chef de division au Ministère de l'Industrie et du Travail.

Le nombre de ceux qui nous ont renseigné ou guidé, curés de villages, directeurs et directrices de couvents, hommes d'œuvres, etc., est trop considérable pour que nous puissions les citer tous ; qu'ils veuillent bien se contenter des remerciements collectifs que nous leur adressons ici.

Nous faisons précéder l'examen de la situation présente de l'industrie dentellière d'un rapide aperçu historique et de l'étude des milieux où cette industrie est pratiquée dans notre pays.

APERÇU

SUR

L'HISTOIRE DE LA DENTELLE

EN BELGIQUE

APERÇU SUR L'HISTOIRE DE LA DENTELLE EN BELGIQUE (1).

A quelle époque a-t-on commencé à faire de la dentelle?

Plusieurs auteurs ont tranché cette question on disant que l'origine de la dentelle se perd dans la nuit des temps et qu'on a tout lieu de croire, d'après certains passages trouvés dans des auteurs grecs, latins et hébreux, qu'elle était connue dans l'antiquité (2).

---

(1) Voy. surtout : Mrs Bury Palliser, *Histoire de la dentelle*, 1892. — Ernest Lefébure, *Broderies et dentelles*, 1887. — Antoine Carlier, *La Belgique dentellière*, 1898. — Benoît van der Dussen, *L'Industrie dentellière belge*, 1860. — Guillaume De Greff, *L'Ouvrière dentellière en Belgique*, 1870. — Mrs Nevill Jackson, *A history of hand-made lace*, 1900. — William Felkin, *A history of the machine-rought hosiery and lace manufactures*, 1867. — C. C. Channer et M. E. Roberts, *Lace making in the Midlands*, 1900.

(2) M. E. Bixio, directeur du musée étrusque de Bologne, croit avoir trouvé la preuve de l'origine romaine de la dentelle aux fuseaux. La comtesse de Brazzà Savorgnan, auteur d'un ouvrage estimé sur la dentelle italienne, s'exprime ainsi à ce sujet : « En mai 1892, le professeur E. Bixio faisait des fouilles dans les ruines de l'ancienne ville romaine de Claterna, située à dix milles de Bologne. Au fond d'un ancien puits de construction romaine, il découvrit une collection de petits objets cylindriques, durs, longs, ayant la forme d'un corps de guêpe et dont il ne put d'abord s'expliquer l'usage, vu qu'ils ne rappelaient aucun des objets romains qui lui étaient familiers... Ce mystère fut bientôt dissipé; il arriva un jour à M. Bixio de passer par une boutique de bric-à-brac dont la vitrine renfermait un carreau de dentellière complètement garni; ce carreau éveilla son attention : il reconnut à l'instant que les fuseaux qui y étaient suspendus étaient exactement pareils à ses petits cylindres en os et dès lors il fut convaincu qu'il avait la solution

D'autres, sans donner à la dentelle une origine aussi lointaine, la font dériver de travaux analogues, pratiqués en des temps fort reculés. Mrs F. Bury Palliser, dans le bel ouvrage qu'elle a consacré à l'histoire de la dentelle, montre la transition entre les premiers travaux à l'aiguille, spécialement la broderie, et la dentelle. Elle s'exprime ainsi :

« Après les premiers essais d'Ève (!), on trouve dans l'*Ancien Testament* maint passage relatif à la broderie ; ce sont des rideaux « de fine toile ouvrée, chargée de dessins à » l'aiguille, bleus, pourpres, écarlates, avec des chérubins d'un » travail exquis ». En outre, le rochet de l'éphod était orné à ses bords d'une guirlande « de grenades bleues, écarlates et » cramoisies ». Isaïe parle des réseaux des femmes et le *Livre des Rois*, des « entrelacs en forme de filets » du temple de Salomon, le tout décoré de grenades et d'autres sujets... On cite Aholiab, dans l'*Exode*, comme un brodeur habile. Enfin le portrait de la femme forte, « qui met ses mains au fuseau » et qui s'habille de fin lin et de pourpre, et celui de la fille du roi, qui « sera présentée au roi en des vêtements de bro- » derie, » tout montre l'estime que les Hébreux faisaient de ces travaux. »

Mrs Bury Palliser cite encore, pour leur habileté aux travaux d'aiguille et de broderie, les Grecs, les Égyptiens, les Phrygiennes. « Les Phrygiennes, dit-elle, se montrèrent si adroites aux travaux de l'aiguille, que toute belle broderie se parait de leur nom. »

Mme Millner écrivait, en 1770, dans ses *Lettres d'Italie*, que les tissus d'or étaient en usage dans la Rome antique. Elle

---

du mystère... Une autre preuve que ces objets trouvés par le professeur Bixio indiquent l'origine romaine de la dentelle aux fuseaux, c'est que, lors de leur découverte, ils étaient disposés deux par deux ou par groupes de plusieurs couples, à l'exception d'un seul qui était en morceaux. » (COMTESSE DE BRAZZA SAVORGNAN, *A guide to old and new lace in Italy exhibited at Chicago in 1893*, p. 56.)

mentionne, parmi les antiquités de Portici, une élégante statue de Diane, en marbre, « habillée à la mode des dames romaines; la robe est bordée d'une dentelle tout à fait semblable au point moderne, large d'un pouce et demi et peinte en pourpre ».

Mrs F. Nevill Jackson croit que la dentelle tire son origine, non pas de l'ancienne broderie, mais bien de l'art de fabriquer les filets et réseaux. Elle mentionne les peintures ornant les sarcophages égyptiens et où les personnages royaux sont représentés en robes d'apparat consistant en un réseau d'or, d'argent ou de soies colorées.

La *Chronique de Londres* de 1767, relatant l'exhumation d'une sépulture scandinave près de Wareham (comté de Dorset), dit que dans le creux d'un chêne et parmi de nombreux ossements enveloppés de peaux de daim, on trouva les morceaux d'une « dentelle d'or » de quatre pouces de long sur deux et demi de large; la dentelle était dessinée en losanges. Cette disposition, la plus ancienne et la plus en usage de toutes, on a pu, d'après Mrs Bury Palliser, la retrouver sur les cottes des premiers Danois, bordées d'un travail identique, à mailles larges et serrées.

Les auteurs déjà cités mentionnent encore les travaux à l'aiguille des anglo-saxonnes. connus sous le nom d'*opus anglicanum* et fort estimés aux XIIe et XIIIe siècles.

Les plus beaux échantillons qui existent d'*opus anglicanum* sont peut-être la chape et le manipule de saint Cuthbert, trouvés dans son cercueil, à Durham, et transportés, depuis quelques années, dans la bibliothèque du chapitre de Durham. Mrs Nevill Jackson dit que ces ornements sont merveilleusement brodés. Elle insiste sur ce point, « qu'un des côtés du manipule était garni d'une dentelle d'or, dont le tissu était indépendant de celui du manipule; elle ornait ce dernier, *mais n'était pas brodée dans l'étoffe* ».

Quoi qu'on en dise, ce n'est pas là encore, nous parait-il, la véritable dentelle.

Que, depuis les temps les plus anciens, certains peuples se soient livrés à des travaux de broderie, qu'ils aient fait des tissus légers, tels que gazes, réseaux et filets, pour s'en servir en guise de voiles, d'écharpes ou de robes, que les femmes les aient ornés de franges plus ou moins ouvragées, de résilles et de points faits à l'aiguille, cela parait probable; mais la véritable dentelle est un travail plus raffiné, plus artistique, qui suppose, comme le dit M. Ernest Lefébure, « une habileté de combinaison et une variété d'exécution bien plus perfectionnées ».

Depuis les recherches successives et de plus en plus précises des principaux auteurs modernes, il n'est plus possible de douter qu'avant le XVᵉ siècle, on ne connaît aucun document certain prouvant l'existence de la dentelle. L'origine de la dentelle est d'ailleurs destinée à demeurer obscure, étant données la fragilité et la rareté des documents les plus anciens. Il n'existe presque plus de très vieilles dentelles; les chroniques du temps sont peu explicites sur un art qui, au début, était pratiqué surtout par les grandes dames et les couvents, et il est généralement difficile de dire si elles désignent des broderies ou des dentelles. Les documents les plus certains que l'on possède sont les portraits de personnages portant de la dentelle et les « livres de patrons », dont nous parlerons plus loin. Malheureusement, les plus anciens de ces documents ne remontent pas plus haut que le début du XVIᵉ siècle et ce fut alors seulement que la dentelle prit son essor d'une façon indépendante et que son usage devint presque général parmi les classes élevées de la société. Certains prétendent même qu'avant le XVIᵉ siècle il n'existait aucune espèce de dentelle au sens que nous attachons à ce mot (1).

Après avoir ainsi établi la modernité relative de la dentelle et avant de rechercher quelles furent les origines immédiates de

_____

(1) C. C. Channer et M. E. Roberts, *Lace making in the Midlands.*

cette industrie, il convient de définir ce qu'il faut entendre par « dentelle ».

Le *Dictionnaire de l'Académie* (1694) définit la dentelle : « une sorte de passement à jour et à mailles très fines, ainsi nommé parce que les premières qu'on fit étaient dentelées ».

Mrs Bury Palliser la définit : « un réseau formé de fils d'or, d'argent, de soie, de lin ou de coton et orné d'un dessin ».

D'après Mrs F. Nevill Jackson, « on appelle généralement dentelle un tissu à fond clair formé par des fils de lin, de coton, de soie, d'or ou d'argent et, parfois, par des cheveux ou des fils d'aloès ».

M. Lefébure définit ainsi la dentelle : « un tissu à fonds clairs, qui est entièrement formé par le travail de la dentellière ».

Le *Nouveau Larousse illustré* donne de la dentelle une définition analogue. C'est, dit-il, « un tissu à points clairs, dont le fond et le dessin sont entièrement formés par le travail de la dentellière ».

Enfin, dans un article publié dans le *Musée social*, M. Fernand Engerand définit la dentelle « un ouvrage dans lequel un fil, conduit par une aiguille, ou plusieurs fils, tressés au moyen de fuseaux, engendrent un tissu et produisent des combinaisons de lignes analogues à celles que le dessinateur obtient avec son crayon. Elle diffère de la broderie en ce que le décor y est partie intégrante du tissu au lieu d'être appliqué sur un tissu préexistant ; elle se distinguera des étoffes tissées ou brochées quand elle sera faite à la main et non obtenue au moyen d'un mécanisme répétant indéfiniment le même modèle (1). »

Cette dernière définition, qui décrit surtout le mode de travail de la dentellière, établit du même coup la distinction fon-

(1) *Musée social*, VIᵉ année, mai 1901, p. 133.

damentale entre la dentelle à l'aiguille et la dentelle aux
fuseaux

Fig. 2. — BRODERIE A POINTS COUPÉS (Musée de Cluny).

* * *

La dentelle à l'aiguille se fait en jetant d'abord quelques

fils de bâti, suivant un dessin tracé sur papier ou parchemin, et ces premiers fils servent de support pour rattacher les points qui constituent la dentelle à l'aiguille (1).

Fig. 5. — Coin d'une nappe en lacis (Musée de Cluny).

Le travail de cette dentelle se rapproche de celui de la broderie et, en ce qui concerne la dentelle à l'aiguille, il est cer-

(1) Lefébure, *op. cit.*, p. 173.

tain qu'elle tire son origine d'une espèce particulière de broderie, la *broderie à jour* ou *à fonds clairs*, très en honneur au XVe et surtout au XVIe siècle, en Flandre et en Italie.

Après les croisades, le luxe des belles étoffes s'était considérablement développé; les princes avaient favorisé leur fabrication; les dames et les seigneurs portaient habituellement le velours et la soie. Le luxe du beau linge suivit le luxe des belles étoffes, et les toiles de Bretagne, d'Alençon, de Lille, celles surtout de Flandre et de Hollande, atteignirent une grande perfection. On se mit à broder sur la toile et, pour enlever à cette broderie son aspect froid et monotone, on ménagea dans la broderie des *jours* ou *fonds clairs* qui formaient une opposition agréable avec les parties mates ou en relief

Au début du XVIe siècle, on brodait beaucoup *à points coupés* (fig. 2), c'est-à-dire en coupant la toile dans certains espaces réservés entre les motifs brodés. Ces parties coupées et ajourées furent d'abord peu nombreuses; mais, à mesure que leur bon effet fut apprécié, on donna une part de plus en plus large à ce genre de travail. Tantôt c'était la fleur qu'on réservait en toile et que l'on contourait d'un feston; tantôt c'étaient les fleurs et autres motifs qui étaient travaillés à l'aiguille au milieu des vides coupés dans la toile (1).

On brodait aussi *à fils tirés*, c'est-à-dire en retirant de la toile certains fils et en ne conservant que les fils nécessaires pour soutenir et relier entre eux les points de la broderie. Certains de ces ouvrages, fort décoratifs, étaient brodés sur une toile claire appelée *quintain* (2). Un poète, fai-

---

(1) Lefébure, *op. cit.*, p. 177.

(2) On fabriquait cette toile à Quintin, petite ville de Bretagne.

sant allusion à cet ouvrage, disait aux dames de l'époque :

Vous n'employrez les soirs et les matins
A façonner vos grotesques quaintains,
O folle erreur ! o despence excessive ! (1)

Enfin, on faisait encore le *lacis :* la toile claire était remplacée ici par un réseau à mailles carrées, appelé en France *filet brodé en reprises ;* sur ce fond se détachait le dessin, parfois coupé en toile et appliqué, mais plus souvent reprisé à points comptés, comme la tapisserie (fig. 3).

Entre ces divers genres de broderie et la dentelle à l'aiguille la transition se fit naturellement. Déjà à la fin du XVe siècle, certains points coupés et quelques lacis ressemblaient, à s'y méprendre, à de la dentelle. Ces broderies à fonds clairs étant très recherchées, l'idée vint de reproduire et de réunir en recueils les dessins qui servaient à les exécuter.

L'invention de la gravure et de l'impression typographique facilita cette tâche et, pendant la première moitié du XVIe siècle, des « livres de patrons » à l'usage des brodeuses furent édités en France, en Italie, à Anvers, à Liége et ailleurs. En 1528, la dentelle à l'aiguille fait sa première apparition dans un livre de patrons : aux ouvrages de lacis et de point coupé sont ajoutées, en effet, des bordures à dents plus ou moins hardiment découpées et qui nécessitent, pour être exécutées, un nouveau procédé de travail. Dans ces bordures il n'y a plus de toile pour soutenir les points de broderie ; les bords sont découpés, *dentelés,* et on les travaille *en l'air,* indépendamment d'un tissu préexistant. C'est ce que le vénitien Antonio Tagliente, auteur de l'*Esempio di ricami* (exemple de broderies, 1528) appelle le « punto in aere » (point en l'air), et désormais nous allons retrouver cette expression dans toute l'Italie pour désigner la dentelle à l'aiguille

Celle-ci ne tarda pas à être appréciée par les élégants de

(1) *Consolation aux dames,* 1620.

l'époque. C'était l'époque où naquit en Italie la mode des fraises comme ornement du cou pour les femmes et les hommes. Par les Médicis, la mode fut importée en France et de là elle gagna toute l'Europe, répandant avec elle l'usage de la dentelle, dont il fallait de grandes quantités pour orner ces fraises et les manchettes assorties.

Quel est le pays d'origine de la dentelle à l'aiguille? Il est presque certain que ce fut l'Italie. Ce que nous avons déjà dit plus haut tend à le faire croire. C'est d'Italie que nous viennent la plupart des « livres de patrons » et, notamment, les plus anciens qu'on connaisse. C'est aussi à Venise que le luxe des dentelles à l'aiguille prit naissance. La république des doges devint en très peu de temps le centre de leur production. Il s'y faisait un commerce considérable de cols et de manchettes et le goût italien donnait le ton aux autres pays. Dès la première moitié du XVIᵉ siècle, des officiers de la république portant le titre de *Proveditori alle Pompe* rendirent plusieurs ordonnances interdisant de porter dans la ville des *punti in aere* ou *in aria* sous peine de 200 ducats d'amende. L'une d'elles, datant de 1514, réglemente « les manteaux de dames, les dentelles, les gants travaillés d'or et de soie, les broderies, les éventails, les gondoles et les chaises à porteur ».

D'autre part, ce fut lors d'un voyage qu'il fit à Venise, en 1574, que le roi de France Henri III rapporta son goût très vif pour les luxueuses fantaisies italiennes. L'histoire rapporte qu'on le vit si jaloux d'avoir des fraises de dentelle irréprochables, qu'il ne dédaignait pas de les repasser lui-même au fer à plisser, pour peu que les gaudrons de ses cols ou des ses manchettes fussent amollis ou chiffonnés (1).

Il est donc probable que les broderies italiennes donnèrent le jour à la dentelle à l'aiguille. Toutefois, il faut remarquer qu'aux XVᵉ et XVIᵉ siècles, l'art de la broderie était pratiqué ailleurs qu'en Italie.

(1) CHARLES BLANC : *L'art dans la parure*, p. 297.

L'Allemagne, la Suisse et la Flandre s'étaient fait une véritable spécialité de la broderie sur toile claire et à points comptés. Le lacis était en grand honneur en France et le musée de Cluny conserve d'admirables spécimens de lacis d'origine française. Au musée Gruuthuuse, à Bruges, se trouvent de beaux exemplaires de broderies flamandes à fils tirés, des carrés de lacis et un bonnet de mousseline orné d'un entre-deux en point coupé, très fin; des ouvrages analogues, d'origine flamande, se retrouvent au musée de South-Kensington et y sont catalogués comme suit : Deux carrés de lacis : *Early flemish work on the Elbe;* un rectangle de lacis à deux tons et entouré d'un passement aux fuseaux, ouvrage de la fin du XV* siècle : *Old flemish settlements on the Elbe;* un bonnet rehaussé de point coupé : *Flemish settlements on the Elbe; Flemish workwomen established by the sister of Emperor Ch^{les} V., maried to King Christian of Denmark* (1).

D'autre part, un certain nombre de livres de patrons pour la broderie furent publiés en Allemagne, en France, en Belgique (2).

Enfin, les Italiens eux-mêmes se servirent, pour leurs livres de patrons, de dessins et de manuscrits dont certains étaient de provenance ancienne ou étrangère. Nicolo d'Aristotile est l'auteur de *Gli universali dei belli ricami antichi et moderni* (L'universalité des belles broderies anciennes et modernes). Tagliente, déjà cité, nous dit qu'il a dessiné lui-même une grande partie du présent ouvrage, mais qu'il donne aussi

---

(1) Voy. l'*Histoire des colonies belges en Allemagne et Autriche*, par E. DE BORCHGRAVE. L'auteur établit que, dès le XIIe siècle, de nombreux Flamands se fixèrent à Brême et sur les bords de l'Elbe. En 1516, la princesse Isabelle, sœur de Charles-Quint, ayant épousé le roi Christian de Dane-mark, celui-ci, pour complaire à sa jeune femme, fit venir un grand nombre de Flamands, qui s'établirent dans l'île d'Amak (aujourd'hui Amager) et continuèrent à y pratiquer leurs anciennes industries.

(2) LEFÉBURE, *op. cit.*, p. 196.

« *varii designi di maestri copiuti* », différents dessins copiés des maîtres. Giovanni Antonio Vavassore commence le premier livre que nous connaissons de lui en disant : *Havendo io pel passato fatto alcuni libri di esempi* (ayant moi-même dans le passé fait quelques livres d'exemples). Ce Vavassore avait pillé avec tant de sans-gène les autres éditeurs que ceux-ci lui appliquèrent le surnom de *Guadagnino* (le Rapace). Son premier ouvrage, l'*Esemplario di Lavori* (1530), reproduit des broderies allemandes avec les aigles à deux têtes et d'autres motifs qui n'ont pas du tout le caractère italien (1).

Dans la première édition de sa *Corona delle nobili et virtuose donne*, parue en 1591, Cesare Vecellio publie le patron d'une dentelle dont nous avons retrouvé le dessin dans un portrait de deux dames, peint par Carpaccio, lequel mourut en 1515. Ce portrait est au musée Correr, à Venise.

L'Académie de peinture de Venise possède un autre tableau, portant la date de 1500 et peint par Gentile Bellini, où la robe d'une dame est garnie au col d'une dentelle blanche.

Enfin, Cesare Vecellio reproduit dans la deuxième et la troisième édition de la *Corona*, en 1593 et 1596, deux patrons d'une riche dentelle à l'aiguille, à becs largement découpés, qu'il qualifie lui-même de point flamand. Dans la première édition

---

(1) Comme le fait remarquer M. Lefébure, au point de vue du style, deux courants semblaient apporter les dessins aux éditeurs, l'un venant du Nord, l'autre de l'Italie. Les broderies sur toile claire et à points comptés ont presque toutes un caractère allemand très prononcé : on y trouve beaucoup d'aigles et d'emblèmes héraldiques, des feuilles de chêne, des glands, du houx, rappelant la végétation du Nord, et enfin des chasses ayant un caractère de vérité très accentué. Les motifs de facture italienne, plus spéciaux pour les points coupés et les *punti in aere*, se composent de rosaces, de rinceaux élégants, de feuillages plus conventionnels ; on y voit des personnages réels ou imaginaires séparés par des colonnes, des vases, des fontaines, des *paese con historie antiche*, des paysages avec des scènes mythologiques, où les saints sont alternés avec les dieux de l'Olympe.

de son ouvrage, Vecellio avait donné de ces patrons des dessins insignifiants, *sans titre* ; dans l'édition de 1593, le premier de ces dessins porte comme titre : *Corona di mostre bellissime* (couronne de très beaux modèles), et, en dessous, l'inscription : *Una bellissima mostrata di punto fiamengo da maneghetti* (un très beau modèle de point flamand, pour manchettes) ; dans l'édition de 1596, le second dessin, plus riche encore que le premier, porte l'inscription : *Maneghetti di punto fiamengo* (manchettes en point flamand).

De tout ceci, le baron Liedts, conclut, dans la notice explicative de son catalogue du Musée Gruuthuuse, que « l'origine flamande des passements à l'aiguille est un fait désormais indubitable » et que l'établissement de cette vérité « devient, en même temps, une réelle revendication nationale ».

Sans être aussi affirmatif, nous croyons que l'argument tiré de la publication de Vecellio n'est pas dépourvu de valeur, étant donné que la question de l'origine de la dentelle à l'aiguille n'est pas encore élucidée. Cependant, il est très admissible que le *punto in aere*, inventé à Venise au début du XVIe siècle, ait été ensuite importé en Flandre et qu'à la fin du siècle, Vecellio, ayant vu les dessins des artistes flamands, ait voulu les reproduire pour l'édification et l'instruction de ses concitoyens. Les nombreuses relations qui existaient alors entre Venise et la Flandre rendent cette explication assez plausible.

*
* *

L'origine de la dentelle aux fuseaux est restée plus obscure que celle du point à l'aiguille. M. Lefébure définit cette dentelle : « Un tissu formé en croisant et tressant des fils enroulés d'un bout sur des fuseaux et fixés de l'autre bout sur un coussin par des épingles. »

Les premières dentelles aux fuseaux furent désignées, en

France et en Angleterre, sous le nom de *passements* (1), terme générique embrassant les galons, lacets ou cordonnets, qu'ils fussent d'or, d'argent, de soie, de lin, de coton ou de laine. La plupart de ces primitives dentelles ou passements différaient peu d'un galon ou lacet; « ils étaient faits de fils passés ou entrelacés les uns dans les autres ; de là le nom de passements. Par degrés, ce travail fit des progrès ; il s'embellit de dessins variés, on y employa un fil plus fin, et le passement, ainsi perfectionné, devint avec le temps de la dentelle (2) ».

En Angleterre, le mot *lace* (dentelle), qui dérive probablement du latin *lacinia* et de l'anglo-normand *lacez*, apparait pour la première fois dans le compte de dépenses du couronnement de Richard III, en 1483. En France, le mot « dentelle » n'existe pas dans les anciens vocabulaires ; il faut, pour l'y voir figurer, que la mode ait produit des passements *dentelés*. On le rencontre pour la première fois, d'après Mrs Bury Palliser, dans un inventaire de Marguerite de Valois, sœur de François Ier, en 1545; on y lit : « Payé la somme de VI livres pour soixante aunes fine dantelle de Florance, pour mettre à des collets. »

Les auteurs sont partagés sur la question du pays d'origine de la dentelle aux fuseaux. Il est certain que les grossiers et étroits galons de fils entrelacés qui précédèrent cette dentelle,

---

(1) Le terme de *passement* a été aussi appliqué parfois aux dentelles à l'aiguille. Le catalogue du Musée Gruuthuuse mentionne fréquemment les anciens passements à l'aiguille. Dans l'inventaire d'Henriette de France (1619), il est question de « petits et grands passements; id. à l'aiguille, id. faicts au métier ; id. de Flandres à pointes ; avec réseuil, dantelles grandes et petites ».

D'après M. Lefébure (*op. cit.*), le nom de passement donné aux premières dentelles aux fuseaux leur vient de ce que cette industrie était comprise dans la corporation des passementiers, qui seuls avaient droit, comme il est dit dans leurs statuts d'avril 1663, « de faire toutes sortes de passements de dentelles sur l'oreiller, aux fuseaux, aux épingles et à la main ».

(2) Mrs Bury Palliser, *op. cit.*.

ont été faits dès le début du XVᵉ siècle, en Italie, en France et en Angleterre aussi bien qu'en Flandre. Ces galons servaient souvent d'engrèlures à des pièces de lacis ou de fils tirés et un auteur anglais nous dit que les ouvrières qui les fabriquaient plaçaient leurs échevaux de fil dans les mains d'un homme et se servaient de ses doigts comme de chevilles pour entrelacer et tordre les fils. En employant à cela deux hommes, elles pouvaient tresser jusqu'à vingt fils à la fois (1). Quel fut le pays qui substitua à cette méthode primitive le carreau, les épingles et les fuseaux? Tout fait croire que ce fut l'Italie ou la Flandre, mais les arguments décisifs pour se prononcer entre ces deux pays font défaut jusqu'à présent.

En l'absence de documents exacts, la plupart des auteurs donnent la jolie légende que voici sur l'origine vénitienne de la dentelle aux fuseaux.

Un jeune pêcheur de l'Adriatique était fiancé à la plus belle fille d'une des îles de la Lagune. Aussi laborieuse que belle, la jeune fille lui fit un filet neuf, qu'il emporta sur sa barque. La première fois qu'il s'en servit, il ramena du fond de la mer une superbe algue pétrifiée, qu'il s'empressa d'offrir à sa fiancée.

Mais voici que la guerre éclate et oblige tous les matelots à partir sur la flotte vénitienne vers les rives de l'Orient.

La pauvre jeune fille pleure le départ de son fiancé et reste des jours entiers à contempler la belle algue qu'il lui a laissée comme gage de son amour. Tout en regardant ces jolies nervures reliées entre elles par des fibres si légères, elle tresse les fils terminés par de petits plombs, qui pendent autour de son filet : peu à peu elle reproduit de ses doigts habiles le modèle aimé, sur lequel ses yeux se portaient sans cesse. A la fin elle réussit : la *dentelle à piombini* était inventée.

La Flandre a aussi une gracieuse légende, d'après laquelle Bruges serait le berceau de la dentelle.

(1) C. C. CHANNER et M. E. ROBERTS : *Lace making in the midlands*, p. 3.

Au temps de la légende, pendant le règne de la maison de Bourgogne, une pauvre femme, nommée Barbara, habitait à Bruges dans une ruelle étroite, donnant sur un petit canal, non loin du quai du Rosaire. Elle était veuve et vivait avec ses cinq enfants dans la sombre et triste demeure que son mari, un marin mort dans un naufrage, lui avait laissée pour tout bien. Le chagrin et la misère avaient courbé sa taille et altéré sa santé, et elle était incapable de travailler pour nourir les siens. Toute la charge de la maison retombait sur l'ainée de ses enfants, une jeune fille d'une merveilleuse beauté, mais maladive et frêle. Séréna — c'était son nom — n'avait que le produit de son rouet pour subvenir aux besoins de la famille ; et, depuis l'aurore jusqu'à la nuit, on la voyait, courbée sur son ouvrage, n'obéissant qu'à son dévouement et à sa foi en la Providence, mais succombant sous la tâche trop lourde.

De l'autre côté du canal, en face de la maison de la veuve, demeurait un marchand de bois des îles, maître van Oost. Le père de Séréna avait souvent amarré le bâtiment qu'il commandait, près de sa demeure et de celle du marchand. Des relations de voisinage s'étaient établies entre les deux familles et s'étaient continuées depuis la mort du mari de dame Barbara ; le trait d'union entre celle-ci et maître van Oost, c'étaient leurs enfants, et Arnold, le fils aîné du marchand, arrivait souvent chez la veuve.

Les années s'écoulèrent. Arnold devint un homme, Séréna la jeune fille que nous connaissons. Ils s'aimèrent et se le dirent, et il fut convenu entre eux que dès qu'Arnold aurait été reçu dans la corporation des sculpteurs, dont il briguait l'entrée, les jeunes gens prieraient leurs parents de consentir à leur union. Tout semblait leur sourire. Arnold devenait un artiste et ses progrès rapides dans l'art de la sculpture faisaient prévoir qu'il serait bientôt admis dans la corporation. Cependant, au foyer de la veuve, la misère devenait toujours plus grande. L'hiver avait été long et dur au pauvre monde ; mais dame Barbara cachait sa pauvreté et Séréna lui cachait son chagrin et ses projets de bonheur; et chaque fois que la cloche de la chapelle de Saint-Basile sonnait l'*Angelus*, la pauvre enfant allait s'agenouiller aux pieds de l'image vénérée de Notre-Dame des Douleurs.

Un matin, après une nuit d'insomnie, Séréna laissa tomber de ses lèvres pâles un vœu sublime, héroïque : « Sainte Vierge, dit-elle, donnez-moi le moyen de secourir ma famille et je renonce aux joies et aux espérances de mon cœur. »

C'était un dimanche de printemps. Dame Barbara, croyant que le grand air ferait du bien à sa fille, organisa une promenade à la campagne. Arnold accompagnait Séréna. Le temps était radieux et les fils de la Vierge balançaient mollement dans les airs leurs blanches arabesques. Séréna s'était assise pensive sur l'herbe d'une prairie émaillée de fleurs. Arnold, debout près d'elle, cherchait à deviner le secret de sa tristesse. Tout à coup, l'air semble s'obscurcir au-dessus des jeunes gens; une quantité immense de fils de la Vierge s'abattent sur le tablier noir de Séréna et elle remarque avec étonnement que de leur entrelacement naissent de gracieuses figures : ce sont des fleurs, des oiseaux, des ornements délicats. La jeune fille étudie l'arrangement des fils, leur croisement et se dit : « Si une ignoble araignée fait avec un fil impalpable un dessin charmant et régulier, pourquoi moi, créature intelligente, ne ferais-je pas mieux avec le fil si fin, si égal de mon rouet? N'est-ce pas un conseil, une leçon que la Vierge me donne en traçant ces fleurs sur mes habits de deuil? »

Mais comment conserver le précieux dessin? Arnold s'en charge : avec des branches d'arbre entrecroisées, il fait un léger châssis; le tablier de Séréna, couvert de fils de la Vierge, y est placé et rapporté ainsi, avec des précautions infinies, au logis de la veuve.

La nuit, Séréna vit dans ses songes le miraculeux travail; le matin, en s'éveillant, elle l'examina longtemps et, s'agenouillant devant une statue de la Madone : « Sainte Vierge, dit-elle, vous avez accepté mon vœu en m'envoyant cette image miraculeuse, afin que je l'imite et qu'au moyen de ce travail merveilleux, je puisse donner à ma bonne mère et à mes frères et sœurs le pain de chaque jour. Vous savez si Arnold m'est cher, mais je me dois, avant tout, à ma famille ; donnez-moi donc le courage de ne point faillir. »

Séréna se mit immédiatement à l'œuvre. Elle prit du fil très fin, qu'elle avait filé et blanchi elle-même, en coupa des bouts et, son modèle sous les yeux, elle chercha à l'imiter. Elle n'y parvenait pas. Ses fils se mêlaient et, à tout instant, elle devait ou en prendre d'autres ou défaire ce qu'elle avait déjà tracé. Arnold arriva ; il regarda les essais de Séréna, s'y associa par ses conseils et, pour empêcher les fils de s'embrouiller, il attacha au bout de chacun d'eux un petit morceau de bois. Un grand pas était fait : le fuseau était trouvé.

Le lendemain Séréna recommença avec courage. Elle fixa son travail sur une grosse pelote, que lui avait donnée une religieuse : le carreau était inventé. Il restait des épingles sur la pelote ; la jeune fille s'en servit pour maintenir ses fils. Enfin, elle travailla tant et si bien que, le dimanche suivant, elle plaçait sur la couronne de la Vierge un tissu qui ressemblait pour le dessin à celui qu'elle avait imité. D'autres essais réussirent encore mieux ; Arnold fournit à Séréna des dessins nouveaux. Bientôt le bruit de la miraculeuse invention se propagea. Toutes les grandes dames voulurent voir travailler Séréna et toutes lui commandèrent pour leurs coiffes des pièces du léger tissu. On la payait richement et l'aisance commençait à régner au foyer de la veuve.

De son côté, Arnold ne demeurait pas inactif. Le chef d'œuvre qui devait lui faire conférer la maîtrise s'achevait ; il put enfin le soumettre au jury de la corporation et, quelques jours plus tard, il était reçu maître sculpteur. Aussitôt, il fut chez la veuve. « Je suis passé maître, mère, lui dit-il, voulez-vous de moi pour votre fils ? » Mais au moment où la pauvre femme prenait la tête d'Arnold entre ses mains et disait au jeune homme : « Je te bénis, sois mon fils, » un cri terrible se fit entendre dans la salle voisine. Séréna l'avait poussé. On s'empresse autour de la jeune fille chancelante; Arnold la soutient dans ses bras, pour l'empêcher de tomber : « Parle, lui dit-il, ô ma bien-aimée, et dis-moi que tu consens à être ma femme chérie. » — « Jamais », répond Séréna, et elle tombe inanimée sur les dalles.

L'hiver est revenu, rigoureux pour la famille de la veuve ; Séréna, pâle, languissante, maladive, l'a passé sur une chaise basse, au coin du pauvre foyer, souvent vide de feu. Arnold a souvent renouvelé sa demande ; il a prié, il a supplié Séréna de rétracter le mot fatal, mais en vain. Le vœu de la jeune fille était sacré, la mort lui eût semblé moins affreuse que de le trahir. La Vierge avait accepté le vœu de Séréna ; elle lui avait révélé le secret d'une industrie charmante, productive, qui commençait à faire vivre sa famille, car Séréna avait déjà enseigné à ses sœurs l'art miraculeux. Le vœu devait être religieusement tenu.

Arnold était désespéré : il ne travaillait plus. La vie semblait échapper à ces deux beaux enfants, flétris par le chagrin. L'hiver ainsi se passa et le soleil revint, ranimant la nature engourdie. Soit souvenir, soit pressentiment, Séréna voulut célébrer l'anniversaire du miracle de la dentelle et elle se traîna jusqu'à la prairie où, un an plus tôt, jour pour jour, son vœu avait été accepté. Elle pensa à Arnold, à leur amour perdu et demanda à la Vierge de consoler son ami d'enfance.

Le temps était calme ; tout à coup sur l'azur du ciel on voit se balancer de nombreux fils de la Vierge. L'air en est obscurci. Ils semblent planer sur la tête de la jeune fille. Alors se reproduit le phénomène de l'année précédente. Les fils tracent sur la robe noire de Séréna une charmante couronne de mariée, entremêlée de roses et de fleurs d'oranger. Séréna soupire

« Sainte Vierge, dit-elle, si c'est une couronne de martyre, je l'accepte. Toute autre m'est défendue. »

A peine avait-elle prononcé ces mots, qu'une main invisible, semblant guider les fils blancs et soyeux, écrivait au milieu de la couronne : « Je te relève de ton vœu ! »

Un cri de joie s'échappe des lèvres de Séréna; une oreille attentive le recueille. Arnold avait suivi de loin la jeune fille et, caché derrière un buisson, il contemplait sa bien-aimée. En un bond, il est auprès d'elle. Il l'interroge du regard et elle, rougissante, lui montre du doigt l'inscription. « Le ciel a parlé, c'est lui qui te donne à moi », dit Arnold, comprenant enfin le mystère qui les a torturés tous deux.

La noce ne se fit pas attendre; Arnold conduisit à la chapelle Saint-Basile sa gracieuse fiancée; Séréna porta ce jour-là un voile de dentelle, pour rendre hommage à la Vierge, sa bienfaitrice. Arnold et Séréna furent heureux et eurent beaucoup d'enfants. Ces enfants furent des filles, qui toutes perfectionnèrent la tradition de la dentelle.

La plus ancienne mention aujourd'hui connue en Italie du travail aux fuseaux se trouve dans un partage fait à Milan, le 12 septembre 1493, entre les sœurs Angela et Ippolita Sforza-Visconti. Il y est question d'*una binda lavorata a poncto di doü fuxi per uno lenzolo* (une bande travaillée au point de douze fuseaux pour border un drap). Ces *fuxi* sont-ils l'origine de cet art ingénieux qui s'est développé plus tard à travers toute l'Europe et surtout en Flandre ?

Un autre document, cité par M. Lefébure (p. 255), c'est un recueil conservé à la Bibliothèque royale de Munich, intitulé : *Neu modelbuch allerley gattungen Dantelschnür*, imprimé à Zurich par Christopher Froxhowern, et traitant de toute espèce de travaux de dentelle fabriquée et en usage en Allemagne, pour l'instruction des apprenties et autres femmes travaillant à Zurich et ailleurs. Sur le titre sont représentées en gravures sur bois deux femmes travaillant à la dentelle aux

fuseaux. Puis suit une longue préface, dans laquelle il est dit :
« Parmi les différents arts, nous ne devons pas oublier celui
qui a été commencé dans notre pays depuis 25 ans. La dentelle
a été introduite dans l'année 1536 par des marchands venant
d'Italie et de Venise. Alors plusieurs femmes intelligentes
trouvèrent qu'elles pouvaient en tirer un bon parti, et apprirent
bientôt à l'imiter et à la reproduire fort bien. »

« Ainsi donc, conclut M. Lefébure, voilà un livre de patrons
qui nous prouve que, déjà en 1536, Venise faisait depuis plusieurs années de la dentelle, puisqu'on en exportait et que les
femmes d'Allemagne et de Suisse apprenaient, par des gens
venus de Venise, à travailler aux fuseaux. »

Ceci ne prouve pas que Venise ait commencé à faire la dentelle aux fuseaux et il est tout aussi vraisemblable d'admettre
que des marchands flamands aient appris aux Vénitiennes à
faire cette dentelle que de soutenir qu'elle fut introduite en
Allemagne par des marchands de Venise.

L'argument que tire Mrs Nevill Jackson (p. 16) d'un vieux
livre de patrons ne nous paraît pas plus décisif. Ce livre, que
nous avons vu, le plus ancien que l'on connaisse pour les
dentelles aux fuseaux, fut publié à Venise en 1557 et se
trouve aujourd'hui à la Bibliothèque de l'Arsenal de cette
ville. Comme il ne renferme aucune description du matériel
nécessaire pour faire la dentelle aux fuseaux et du mode de
travail, il est probable qu'il ne fut pas le premier de l'espèce.

En regard de ces arguments qui tendent à revendiquer pour
l'Italie les débuts de la dentelle aux fuseaux, nous rappellerons d'abord que Mrs Bury Palliser, après de très longues
recherches, est arrivée à cette conclusion que la dentelle aux
fuseaux est née en Belgique. D'après elle et d'après Mrs Nevill
Jackson, on pourrait placer au commencement du XV° siècle,
c'est-à-dire à une époque où la dentelle était inconnue en Italie,
les débuts de la dentelle de Bruxelles aux fuseaux. Les
anciennes églises du Brabant en possèdent de précieux spéci-

mens et le style des premiers dessins qu'on fit dans ce genre, ainsi que plusieurs tableaux de la fin du XV⁰ siècle, de l'école des Pays-Bas, — tableaux où figurent des personnages portant de la dentelle, — confirment Mrs Bury Palliser dans son opinion (1).

(1) Mrs Bury Palliser, dans son ouvrage déjà cité, signale, dans l'église Saint-Pierre de Louvain, un tableau de Quentin Metsys (1466-1530), où l'on voit une jeune fille faisant de la dentelle aux fuseaux en se servant d'un carreau à tiroir pareil à ceux employés aujourd'hui. Nos recherches nous permettent d'affirmer que jamais pareil tableau n'exista à Louvain. Il est vrai qu'un triptyque représentant la *Légende de Sainte-Anne* fut commandé à Quentin Metsys par la confrérie de Sainte-Anne, pour sa chapelle dans l'église Saint-Pierre, et livré par l'artiste en 1509. Transportée au Louvre par les commissaires de la Convention, cette peinture fut restituée à Louvain en 1815 et déposée à Saint-Pierre jusqu'en 1879, année où elle fut achetée par l'État. Ce vaste triptyque, l'un des plus purs chefs-d'œuvre du maître anversois, est aujourd'hui au musée de Bruxelles ; il ne renferme rien qui rappelle une dentellière, mais présente cependant un détail intéressant pour l'histoire

de la dentelle : c'est un étroit passement, reproduit par la figure 6, qui orne la chemise de l'une des femmes pleurant la mort de sainte Anne, dans le panneau de gauche. Le

Fig. 6. — Passement ornant la chemise d'une femme, dans un triptyque de Quentin Metsys.

motif du dessin est reproduit six fois et clairement indiqué. Cette peinture, qui est datée de 1509, prouve qu'à cette époque déjà la dentelle était portée par les riches flamandes.

Le musée de Bruxelles possède deux autres peintures de cette époque avec des personnages portant de la dentelle : un tableau de *Jean Gossaert* (1470-1541) représentant la Vierge dans un riche costume du commencement du XVIe siècle et portant une chemise ornée d'un petit bord en dentelle ; l'*Histoire de Marie-Madeleine*, triptyque d'un maître flamand inconnu, peint à la fin du XVe siècle, et où l'un des personnages du volet de gauche porte également au cou une étroite dentelle.

MM. Séguin (*La Dentelle*, Paris 1875) et Lefébure (*op.cit.*) parlent tous deux

M. Reiffenberg, dans ses *Mémoires de l'Académie de Bruxelles* (1820), assure que les cornettes ou bonnets de dentelle étaient en usage dès le XIV⁰ siècle dans les Pays-Bas. L'historien des ducs de Bourgogne, M. de Barante, nous apprend, d'autre part, que Charles le Téméraire perdit ses dentelles à la bataille de Granson (1476); il ne cite pas son auteur.

Il existe une série de gravures, d'après Martin de Vos (1581), représentant les occupations des sept âges de la vie; dans la troisième, consacrée à l'âge mur, on voit une jeune fille assise, un carreau sur les genoux, et faisant de la dentelle aux fuseaux.

La magnifique collection de dentelles du Musée Gruuthuuse contient quelques pièces intéressantes et très anciennes de passements aux fuseaux d'origine flamande. Citons une pièce en lacis et toile brodée entourée de passements aux fuseaux et remontant à la fin de l'époque des ducs de Bourgogne (1476-1506) (1); un rectangle de lacis à deux tons, mentionné plus haut, de la fin du XV⁰ siècle, et entouré d'un passement aux fuseaux (2); une nappe en lacis et toile brodée, entourée de passements aux fuseaux (1500-1550) (3); plusieurs volants en guipure de Flandre; un col avec parement (1500-1550) en dentelle de Bruges (4), etc.

Quoi qu'il en soit, nous savons aujourd'hui qu'à la fin du XV⁰ siècle, l'art de faire la dentelle faisait partie de l'éducation des femmes dans les Pays-Bas et que déjà Charles-Quint ordonnait qu'il serait enseigné dans les écoles et les couvents.

---

d'un tableau de Quentin Metsys à l'église Saint-Gommaire de Lierre, comme renfermant une dentellière qui travaille au carreau. Il existe dans cette église un tableau d'un peintre inconnu de la fin du XV⁰ siècle, probablement l'auteur de l'*Histoire de Marie-Madeleine*, mais aucune dentellière n'y figure, contrairement aux assertions de ces auteurs.

(1) *Catal. du Musée Gruuthuuse*, à Bruges, p. 11, n° 3.
(2) *Ibid.*, p. 13, n° 5.
(3) *Ibid.*, p. 13, n° 6.
(4) *Ibid.*, p. 23, 27 et 29.

*
* *

Les provinces belges des Pays-Bas devinrent, au bout de peu de temps, un centre des plus actifs pour la fabrication et le commerce de la dentelle. Les ouvrières flamandes surtout n'avaient pas leurs pareilles pour la dentelle aux fuseaux. La matière première, on la trouvait sur place; c'était presque toujours le lin le plus fin, bien qu'on fît aussi de la dentelle avec des fils d'or et d'argent (1). Les dessins, qui ressemblaient d'abord aux rinceaux gothiques en honneur à Venise, se séparèrent assez vite des types italiens et firent à la flore locale de judicieux emprunts. Ces perfectionnements donnèrent aux Flandres la juste réputation d'être le centre principal du travail aux fuseaux.

La dentelle aux fuseaux se répandit bientôt dans presque tous les pays étrangers avec laquelle la Flandre était en relation. En Italie, Milan et Gênes furent les deux villes où cette fabrication s'établit le plus largement, tandis que Venise resta plus spécialement attachée aux travaux à l'aiguille (2).

En Saxe, c'est une dame Barbara Etterlein, femme de Christophe Uttmann, grand propriétaire de mines habitant le château de Sainte-Annaberg, qui introduisit la dentelle aux fuseaux, pour venir en aide aux femmes des mineurs de la contrée. Quelques auteurs, entr'autres William Felkin, dans son ouvrage déjà cité, attribuent à Barbara Uttmann l'invention de la dentelle aux fuseaux; ils se basent sur l'inscription sui-

(1) Un livre de facture d'un négociant en dentelles de Gand, tenu de 1643 à 1655, mentionne de nombreuses commandes de dentelles d'or et d'argent. (Bibliothèque de l'Université de Gand.)

(2) Le fait que Venise s'est occupée presque exclusivement de dentelle à l'aiguille et a relégué au second plan le travail aux fuseaux semble une preuve nouvelle que cette dernière fabrication n'eut pas pour berceau la cité des agunes.

vante, que porte sa tombe, dans le cimetière de Sainte-Annaberg : « Ici repose Barbara Uttmann, décédée le 14 janvier
1575, qui, en inventant la dentelle en l'année 1561, devint
la bienfaitrice de la région montagneuse du Hartz. » Il paraî-
trait que Barbara Uttmann aurait elle-même appris l'art de la
dentelle d'une ouvrière protestante, d'origine brabançonne,
qui quitta son pays pendant le gouvernement du duc d'Albe.
La châtelaine d'Annaberg enseigna la dentelle à ses compatriotes, fit venir de nouvelles ouvrières flamandes à Sainte-
Annaberg et donna à la dentelle un tel développement, que,
peu d'années après, la Saxe comptait 30,000 dentellières.

L'Espagne, qui recherchait les effets de relief et de clin-
quant, s'adonna surtout à la fabrication des riches dentelles
d'or et d'argent ainsi qu'aux dentelles de soie noire. Ce pays,
ainsi que ses colonies les plus éloignées, était encore, il y a cent
ans, un des grands débouchés de la dentelle belge.

Dès le milieu du XVIe siècle, nos dentelles s'introduisaient
en Angleterre. En 1546, Henry VIII faisait venir des dentelles
de Florence « pour sa très chère femme » (la sixième et dernière, Catherine Parr) et il se trouvait dans cet envoi, entre autres « gentillesses », des mouchoirs de Hollande frangés d'or de
Venise, de soie rouge et de soie blanche et des mouchoirs frangés « d'ouvrage de Flandre ». D'autre part, des refugiés protestants, flamands et brabançous, importèrent à Honiton la
fabrication du point de Bruxelles.

En France, la dentelle s'établit en Auvergne vers la fin du
XVIe siècle : Aurillac se fit une spécialité des dentelles d'or et
d'argent ; le Puy-en-Velay s'attacha plutôt aux dentelles de fil
et aux guipures de soie, mais déjà avant cette époque les dentelles flamandes et brabançonnes faisaient fureur à la cour
de France, parmi les nobles et dans le haut clergé.

La dentelle avait été fabriquée au début presque exclusivement par les couvents et les grandes dames. On cite plusieurs
reines habiles dans les travaux à l'aiguille, entre autres Cathe-

rine de Médicis et la reine Berthe au grand pied, toutes deux
expertes au point coupé. Catherine d'Aragon passait ses journées à travailler à l'aiguille et Marie Stuart trompait les longueurs de son emprisonnement en faisant de la dentelle.

Il est impossible de préciser la date à laquelle la dentelle se
transforma en industrie populaire. Nous croyons que de nombreuses ouvrières s'y adonnaient, en Flandre et en Brabant,
dès la première moitié du XVIe siècle ; et il faut bien le supposer, car le luxe de la dentelle était déjà considérable en
1530-1540. Pendant la seconde moitié de ce siècle, l'industrie
ne fit que s'étendre. En 1582, les dentellières figurent en
corps à l'entrée du duc d'Anjou dans la cité de Lille, alors ville
flamande. Elles portent un costume particulier : « Un par-
dessus de callemande rayée et un bonniquet de toile fine plissé
à petits canons ; une médaille d'argent pendue au cou par un
petit liseré noir complétait ce costume (1) », qui s'est conservé
à Lille jusqu'au milieu du XIXe siècle.

Le seul document de cette époque que nous ayons trouvé
dans les archives du pays — une ordonnance du Magistrat de
Gand en date du 21 mars 1590 — contient, au sujet de l'importance de l'industrie dentellière dans cette ville, un rensei-
gnement curieux. L'ordonnance est prise en exécution d'un
placard de Philippe II, du 5 décembre 1589. On y voit que
Philippe II, au contraire de ce qu'avait fait son père, « charge
tous les magistrats et officiers de la ville de Gand d'exercer
bonne surveillance sur les abus commis en matière de salaire
et louage (d'ouvrage) par les domestiques mâles et les servantes, abus résultant de ceci, que beaucoup de jeunes filles
capables de servir les bonnes gens s'adonnent à faire des
choses de point ou très peu de valeur ou profit pour la commune, telles que des bagatelles (*minuteyten*) de travail aux

----

(1) Voy. DERODE, *Histoire de Lille*, Paris, 1848. L'auteur ajoute qu'il a vu ce
costume trente ans auparavant.

fuseaux (*spellewerk*, littéralement : travail aux épingles) et
d'autres encore ». En exécution de ce placard, le Magistrat de
Gand « défend formellement que personne, qui que ce soit,
continue à faire encore aucun travail aux fuseaux ou à en faire
fabriquer, excepté les petites filles habitant chez leurs parents et
ne dépassant pas les douze ans. Il est, de plus, ordonné à toutes
les petites filles et jeunes filles habitant leur propre maison
qu'elles remettent, dans les huit jours, à l'hôtel de ville, leurs
noms et prénoms, l'endroit de leur habitation, la nature du
travail manuel et du métier qui les fait vivre, afin qu'il soit
décidé là-dessus selon qu'il convient. Tout cela sous peine
d'amende de trois florins carolus, à supporter par celles qui
seraient en faute de comparaître au jour fixé (1) ».

Cette ordonnance interdisant aux jeunes filles de faire de la
dentelle pour que les bonnes gens ne manquent pas de servantes et ne doivent pas les payer trop cher, donne matière à
d'étranges réflexions sur la façon dont les administrations de
cette époque comprenaient les intérêts et « le profit de la commune » ! Pour qu'on en vînt à de pareilles mesures, il fallait
qu'à ce moment la population féminine de Gand s'occupât
avec ardeur de la dentelle aux fuseaux.

Très heureusement, l'ordonnance n'eut point pour effet la
ruine de l'industrie dentellière à Gand. Ceci eût été désastreux,
car aucune industrie, au témoignage des historiens, ne contribua plus que la fabrication des dentelles à la prospérité et à
la splendeur des villes flamandes. Tandis qu'au milieu des
guerres civiles et politiques, plusieurs de nos industries
fuyaient le sol national et s'établissaient à l'étranger, l'industrie dentellière seule se sentit assez forte pour résister au courant de l'émigration et pour se maintenir obstinément dans le
pays. Nulle part elle ne fit d'aussi rapides progrès qu'en Belgique, et elle a contribué à sauver les Flandres d'une ruine

(1) Archives de la Ville de Gand. Hôtel de Ville. Registre G. G. f° 123, v.

complète, nonobstant les coups sensibles qui furent portés à l'exportation de ce produit vers la France et l'Angleterre, ses principaux débouchés.

Les édits interdisant le port des dentelles se succédèrent en France depuis 1547 jusqu'en 1660, pour aboutir à la fondation de la Manufacture royale de dentelles, par Colbert (1).

Le port de la dentelle constituait anciennement un privilège tacitement reconnu à la noblesse, qui cherchait à maintenir la différence des castes par la réglementation du costume. Or, la dentelle, fort recherchée d'abord par les seigneurs et les dames, devint bientôt un objet de convoitise pour les riches bourgeois et pour leurs femmes. De là, plaintes de la noblesse, qui voyait dans cet empiètement sur un de ses privilèges une insulte et une tentative d'émancipation. En 1547, première année de son règne, Henri II, cédant aux instances des seigneurs, interdit l'usage de la dentelle en France. Mais l'influence de sa femme et de ses fils maintinrent à la cour les fraises ornées de lacis et de point coupé qu'on avait portées jusqu'alors, et en 1574, à l'occasion du passage à Venise de Henri III, on déclara qu'il serait permis aux dames invitées de porter tous vêtements, ornements et joyaux quelconques, « même visés dans les ordonnances ».

Vers 1576, les fraises ornées de dentelle avaient atteint à la cour de France des dimensions telles, que ceux qui les portaient pouvaient à peine tourner la tête. L'effet en était si ridicule que le chroniqueur d'Henri III, Pierre de l'Estoile, prétend qu'on eût dit « le chef de saint Jean-Baptiste dans un plat ». Les édits sur le luxe se succèdent. De 1549 à 1583 on n'en compte pas moins de dix. Mais les édits étaient pris en vain ; la cour donnait le mauvais exemple. En 1577, aux États de Blois, Henri III portait sur ses habits *quatre mille aunes* de dentelles d'or fin. Son successeur, Henri IV, édicta de nou-

(1) Voy., à ce sujet, Mrs BURY PALLISER, *op. cit.*, pp. 112 et suiv.

velles ordonnances contre les « clinquants et dorures » et lui au moins joignit l'exemple à l'édit. Sully, bien résolu à seconder le roi, se riait de ceux « qui portaient leurs moulins et leurs bois de haute futaie sur le dos ». — « Il est nécessaire, disait-il. de nous débarrasser des marchandises de nos voisins, *qui inondent le pays* » ; et il défendit, sous peine d'un châtiment corporel, tout trafic avec les marchands flamands. A l'avènement de Louis XIII, le luxe reprend avec une intensité nouvelle. Les points de Flandre sont extrêmement demandés en France. Les manchettes des dames, leurs cols, leurs coiffures, leurs tabliers, sont ornés de dentelles. Les hommes en portent à leurs cols rabattus, sur leurs manchettes à revers et jusque dans l'embouchure de leurs bottes. Marie de Médicis, la reine mère, publie en 1613, un « Règlement pour les superfluités des habits », défendant toute dentelle et broderie. De nouveaux édits, en 1620, 1623, 1625, défendent de porter « clinquants, collets, fraises, manchettes et autre linge; passements, point coupez et dentelles, comme aussi des broderies et découpures sur quintin ou autre toile ». Une ordonnance de 1636 défend à nouveau les points coupés, etc., faits en France, comme ceux venant de l'étranger, « sous peine de bannissement pour cinq ans, de la confiscation et d'une amende de 6,000 livres ». Un code spécial est édicté contre l'usage de la dentelle, le *Code Michaud*. Mais ces interdictions ne font qu'exciter l'hilarité du peuple et on ne parvient pas à les faire observer (1). Louis XIII meurt et, sous la régence d'Anne d'Autriche, les édits somptuaires se succèdent. Cependant, la régente elle-même continue d'être passionnée pour le beau linge et les belles dentelles. En 1653, on voit Mazarin, pendant qu'il fait le siège d'une ville, entretenir une grave correspondance avec Colbert, son secrétaire, relative à l'achat

---

(1) En 1692, Saint-Mars mourait, laissant plus de trois cents parures de cols et manchettes garnies de dentelles.

de points de Flandre, de Venise et de Gênes. Il croit « convenable de mettre trente ou quarante mille livres à ces achats », ajoutant qu'en les faisant en temps opportun, on obtiendra des prix avantageux.

En 1660, Mazarin fit paraître un nouvel édit, d'une grande sévérité, qui causa beaucoup d'émoi, car il fut promulgué la veille du mariage de Louis XIV, alors que chacun, pour fêter la jeune épouse du roi, s'apprêtait à étaler sur soi tout ce qu'il avait de galons, de guipures et de fines dentelles.

Cet édit provoqua de la part de Molière une approbation ironique, qu'il mit dans la bouche de Sganarelle (*École des maris*) :

> Oh ! trois et quatre fois béni soit cet édit,
> Par qui des vêtements le luxe est interdit !
> Les peines des maris ne seront plus si grandes,
> Et les femmes auront un frein à leurs demandes.
> Oh ! que je sais au roi bon gré de ces décris,
> Et que, pour le repos de ces mêmes maris,
> Je voudrais bien qu'on fît de la coquetterie
> Comme de la guipure et de la broderie.

En réponse à l'édit, un groupe de belles dames, qui se réunissaient à l'hôtel de Rambouillet, firent paraître une satire en vers, intitulée : *La révolte des passements,* très intéressante au point de vue technique, parce qu'elle énumère toutes les dentelles connues à ce moment. On y voit, en conséquence de l'édit somptuaire contre le luxe du costumes,

> « Mesdames les Broderies,
>   » Les Poincts, Dentelles, Passements,
>   » Qui, par une vaine despence,
>   » Ruinoient aujourd'hui la France, »

se réunir et se concerter sur les mesures à prendre pour leur commune défense (1).

---

(1) Cette pièce de vers a été publiée en appendice dans l'ouvrage déjà cité de la Comtesse de Brazzà Savorgnan.

Ces multiples édits étaient sans prise sur la dentelle fabriquée en Belgique et en Italie. Seule la dentelle française, d'Auvergne et de Normandie, plus grossière et moins demandée, était frappée, et les habitants de ces contrées s'en plaignaient amèrement.

C'est alors que Louis XIV, prenant conseil de son intelligent ministre Colbert, brisa avec la politique vexatoire de ses prédécesseurs et entreprit d'importer en France la belle industrie qui faisait la richesse de ses voisins, afin que, si les fortunes s'épuisaient dans l'acquisition de ces objets de luxe, l'argent au moins ne sortît pas du royaume. En 1665, Colbert choisit une dame Gilbert, native d'Alençon et déjà familiarisée avec la manière de faire le point de Venise, et l'établit dans son château de Lonray, avec trente dentellières, qu'il avait fait venir à grands frais de Venise. Au bout de quelque temps, Mme Gilbert arriva à Paris avec les premiers spécimens de son travail. Le roi les vit, en fut enchanté, témoigna le désir que désormais personne ne parût à la cour avec d'autres dentelles et leur donna le nom de *point de France*.

Le 5 août 1665, Colbert accorda un privilège exclusif pour dix années et une gratification de 36,000 livres à une compagnie, dont les bureaux et magasins furent installés à Paris et qui avait pour objet « de faire toutes sortes d'ouvrages de fil, aussi bien à l'aiguille qu'aux fuseaux ».

En même temps, des manufactures furent créées en province, de préférence dans les centres où se fabriquaient déjà des dentelles, et, d'après Voltaire, deux cents ouvrières flamandes furent adjointes aux vénitiennes établies près d'Alençon. La faveur du souverain fit la fortune de l'entreprise. Le point de France fut prescrit par l'étiquette de la cour : tous ceux qui faisaient partie de la maison du roi, tous ceux qui étaient reçus à Versailles ne purent porter, les femmes comme les hommes, que les dentelles de la Manufacture royale.

Le « point de France » eut bientôt fait de supplanter le point de Venise. Il s'inspira tout d'abord de ce dernier et visa à l'imiter le plus exactement possible, puis il se transforma, sous l'influence française, et substitua aux réseaux gracieux et sans fin du point vénitien une ornementation plus pondérée, plus précise, des développements bien équilibrés à droite et à gauche, autour d'un motif central d'un symbolisme souvent très caractérisé (1).

Le prix élevé du point de France en restreignait l'usage aux gens riches. Ceux qui ne pouvaient se permettre de si dispendieux ornements les remplaçaient par la dentelle aux fuseaux, mais, bien que la fabrication de celle-ci prît chaque jour plus d'extention, la vogue était à la dentelle à l'aiguille, consacrée par la faveur royale. Alençon devint le principal centre de la production du point de France et nulle part celui-ci n'atteignit une élégance et une finesse plus grandes.

Pendant la seconde partie du règne de Louis XIV, on porta du point de France à profusion. Les ornements du culte en étaient garnis; les nouveaux-nés qu'on menait au baptême en étaient enveloppés des pieds à la tête; les toilettes de mariage étaient garnies « de point de France si haut qu'on ne voyait point de toile ». Jupes, corsets, mantes, tabliers avec leurs bavettes, souliers, gants, éventails: tout en était couvert.

Les hommes n'en consommaient pas moins que les femmes. Ils portaient la dentelle en rabats, manchettes et canons d'un prix exorbitant. Certains de ces canons coûtaient 7,000 livres la paire. « A la cour de France, écrit Savinien d'Alquié, on regarde comme peu de chose d'acheter des rabats, manchettes et canons de la valeur de 13,000 écus (2). »

Les dames en portaient à leur corsage et à leurs manches; leurs jupes étaient ornées de dentelles *tournantes* ou *volantes* (d'où le nom de « volant » donné depuis aux dentelles larges);

(1) LEFÉBURE, *op. cit.*, p. 222.
(2) SAVINIEN D'ALQUIÉ, *Les Délices de la France*, 1670.

leurs coiffures s'élevaient en échafaudages à plusieurs rangs de point montés sur fil de laiton.

D'après M. Félix Aubry, la consommation annuelle des dentelles en France s'élevait, au commencement du XVIII° siècle, à environ huit millions de notre monnaie (1). C'était alors la période de l'épanouissement complet des guipures de Venise et du point de France ; les dentelles aux fuseaux qu'on fabriquait en Belgique étaient réléguées au second rang par nos voisins et elles le restèrent jusqu'à l'avènement de Louis XV.

Cependant, c'est pendant le règne du grand roi qu'apparaissent ou se développent nos points les plus illustres : le point de Bruxelles et la dentelle de Binche rivalisent de beauté et de finesse ; la dentelle d'Angleterre leur fait une concurrence des plus sérieuse ; Ypres débute en 1656 dans la fabrication de la Valenciennes et cette dentelle commence à disparaître du Hainaut français ; les points de Flandre, entr'autres les guipures à l'aiguille et aux fuseaux, prennent une extension de jour en jour plus grande ; la Malines naît en 1665 et devient une des plus riches dentelles qui aient jamais vu le jour en Belgique.

Tandis que la France était presque fermée à nos produits, nos débouchés intérieurs avaient pris une grande extension, comme en font preuve les nombreux portraits de cette époque conservés dans nos musées. La Hollande, malgré la simplicité de ses habitants, faisait aussi une assez grande consommation de nos dentelles, mais ce fut surtout l'Angleterre qui se fournit chez nous, pendant tout le cours du XVII° siècle.

D'après Mrs Bury Palliser (p. 231), pendant la seconde moitié du XVI° siècle, la plupart des dentelles portées en Angleterre étaient d'origine flamande. Dès cette époque, des lois somptuaires anglaises vinrent entraver notre commerce de den-

(1) FÉLIX AUBRY, *Rapport sur les dentelles fait à la Commission française de l'Exposition universelle de Londres, en 1851.*

telles. La Réforme aussi lui fut défavorable en amenant la suppression des dentelles qui ornaient les objets du culte. Mrs Nevill Jackson (p. 60) le constate et dit que « la plupart des belles dentelles et broderies quittèrent les églises, et cela, hélas ! le plus souvent, pour être mises en pièces et recouvrir les chaises et les lits des prédicateurs de la foi nouvelle ». Cependant, de même qu'en France, les entraves apportées en Angleterre à l'usage de la dentelle belge ne gênaient guère l'expansion de celle-ci. Diverses ordonnances furent prises pendant le règne d'Elisabeth, ce qui n'empêcha pas qu'en 1569, l'importation annuelle des passements, dentelles aux fuseaux, etc., s'élevait à 10,000 livres sterling. La « Reine Bess » laissa à sa mort 3,000 robes ornées de dentelles et une quantité innombrable d'objets de toilette qui en étaient couverts. Rien, de son temps, ne semblait trop luxueux ou extravagant et on portait à sa cour jusqu'à du *point tressé*, dentelle faite avec des cheveux et qui comptait encore naguère d'habiles ouvrières dans la Dalécarlie (Danemark).

A partir de Jacques Iᵉʳ, les dentelles de Flandre font fureur à la cour d'Angleterre. Sous Charles Iᵉʳ, en 1635, on fait un premier effort sérieux pour protéger les manufactures de dentelles anglaises et l'on prohibe strictement les dentelures, dentelles aux fuseaux, points coupés étrangers, aussi bien que toute marchandise ornée de dentelle ayant une origine étrangère.

La République (1649-1660) fut un temps fort triste pour les fabricants de dentelle ; mais ce fut principalement sur la classe moyenne et la basse classe que la règle puritaine s'appesantit.

Dans les hautes classes, les puritains eux-mêmes continuaient de porter de la dentelle, quoique moins ouvertement que par le passé ; Mrs Bury Palliser nous dit que Cromwell, après sa mort, fut couvert de vêtements de pourpre, d'hermine et de dentelle de Flandre, plus riches que ceux de la plupart des

Fig. 6bis. — VIEILLE DENTELLE DE BINCHE (XVIIe siècle).

souverains, et que les comptes de lady Lambert mentionnent sept gorgerettes en dentelle de Flandre, coûtant chacune 2,000 francs de notre monnaie, et six chemises également garnies en dentelle de Flandre, du prix global de 12,000 francs.

Le luxe n'attendait que le retour des Stuarts pour réapparaître dans toute sa force.

C'est l'époque où le *point d'Angleterre*, tant à l'aiguille qu'aux fuseaux, fait son apparition. Mrs Bury Palliser explique de la manière suivante l'origine du nom de cette dentelle : « En 1662, le Parlement anglais, alarmé des sommes considérables qui passaient à l'étranger pour l'achat de dentelles, et voulant protéger la fabrication anglaise de la dentelle aux fuseaux, prohiba l'importation de toute espèce de point. Les marchands de dentelle anglais, ne sachant comment fournir de point de Bruxelles la cour de Charles II, invitèrent des ouvrières flamandes à venir établir en Angleterre des manufactures spéciales. L'entreprise cependant ne réussit pas : le pays ne produisait pas l'espèce de lin convenable et la dentelle était de qualité inférieure. En conséquence, les marchands adoptèrent un expédient beaucoup plus simple. Possédant le marché des dentelles de Bruxelles, ils firent entrer celles-ci en contrebande et les vendirent sous le nom de *point d'Angleterre* ou *point anglais* (1). Les détails de la prise faite par le marquis de Nesmond, en 1678, d'un navire chargé de dentelles de Flandre à destination de l'Angleterre donneront quelque idée de l'étendue de ce genre de contrebande : la cargaison se composait de 744,953 aunes de dentelles, non compris les mouchoirs, les cols, les fichus, les tabliers, les jupons, les éventails, les gants, etc., le tout garni de point d'Angleterre (2). »

A partir de cette époque, le nom de point de Bruxelles

(1) Il en résulte, contrairement à ce qu'ont prétendu plusieurs auteurs anglais, que le point d'Angleterre est d'origine belge.

(2) Mrs Bury Palliser, *op. cit.*, p. 95.

disparait; il n'y a plus que du prétendu point d'Angleterre.

Charles II comprit que les édits n'auraient pour effet que d'augmenter la contrebande et il accorda à John Eaton l'autorisation de faire entrer la quantité de dentelle nécessaire pour toute la famille royale, et, afin de rendre cette autorisation moins choquante, il ajouta que « les dessins de ces dentelles serviraient comme modèles pour la fabrication indigène ».

Sous les règnes de Guillaume III et de la reine Anne, de nouvelles ordonnances sont alternativement édictées et retirées et le luxe des dentelles va croissant. Jamais la cour ne fit de si grandes dépenses en dentelles que du temps du roi Guillaume. Dans les comptes de la reine Anne, on voit figurer pour la première fois, sous leurs noms, les points de Bruxelles et de Malines ; en 1712, rien que pour ces deux dentelles, les notes de la cour anglaise s'élèvent à 1,418 livres sterling.

Le XVIIIe siècle amène une transformation radicale dans la mode des dentelles. Au XVIe et au XVIIe siècles, le fond ordinaire des dentelles à l'aiguille était le fond varié et irrégulier des guipures, et ces dentelles étaient le plus souvent lourdes, raides et majestueuses ; au XVIIIe siècle, c'est le contraire qui arrive : le réseau se substitue à la guipure et la dentelle prend un aspect vaporeux, léger, en parfait accord avec la frivolité de l'époque. Le *réseau*, qui s'appelait autrefois *réseuil*, devient l'appellation régulière de toutes les mailles ; on y joint le nom de la contrée qui produit chaque forme spéciale de ces mailles, et c'est ainsi que l'on dit : réseau d'Alençon, réseau d'Argentan (autre variété du point de France), réseau de Chantilly, de Bruxelles, de Malines, de Valenciennes, etc. La dentelle aux fuseaux, devenant de plus en plus souple, voit sa vogue augmenter considérablement et est en grand honneur à la cour de Louis XV et, plus tard, dans l'entourage de Marie-Antoinette. Le style des dentelles se modifie également et le *rococo*, avec ses architectures disgracieuses, ses nœuds de rubans et ses petits bouquets entremêlés de larmes ou de grains de café, règne jusqu'à la fin du XVIIIe siècle.

L'industrie dentellière belge trouva son compte à ces changements de la mode et jamais cette industrie n'occupa autant de bras que pendant le XVIIIe siècle. Ouvrières des campagnes et des villes, couvents et béguinages rivalisaient d'activité. Les besoins des cours étaient d'ailleurs considérables. Les fournitures de dentelles pour le lit de la reine de France s'élevaient, en 1738, à 30,000 livres et étaient tout en point d'Angleterre. Ces garnitures, dit le duc de Luynes dans ses *Mémoires*, étaient renouvelées chaque année. Le trousseau de noces d'une jeune fille de bonne maison s'élevait couramment à 100,000 écus. Le goût du linge orné de dentelle avait atteint un tel degré que, lorsqu'en 1739, Madame, fille aînée de Louis XV, épousa l'infant d'Espagne, la note des objets portant de la dentelle s'éleva à 625,000 francs. Les comptes de Mme du Bary nous apprennent qu'il lui fallut 23,000 livres de point d'Angleterre pour quatre garnitures complètes et quelques fournitures sans importance. Chaque dentelle avait alors sa saison déterminée : les points d'Alençon et d'Argentan furent déclarées par la mode « dentelles d'hiver », tandis que la Malines, l'Angleterre et quelques autres étaient « dentelles d'été ».

Chez nos voisins d'outre-Manche, le luxe n'était pas moins grand au XVIIIe siècle. D'après Mrs Bury Palliser, la dentelle de Bruxelles l'emportait sur toutes les autres. Les dentelles de Flandre n'étaient pas moins estimées. Un auteur du temps fulmine contre cette passion des dentelles étrangères. « Les dames anglaises, dit-il, dépensent plus de deux millions annuellement en dentelles étrangères ; autant vaudrait, pour des protestants, doter des couvents, puisqu'ils savent que ces dentelles de provenance flamande sont l'œuvre de religieuses papistes ».

La contrebande des dentelles était pratiquée sur une large

échelle en Angleterre. Les fabricants belges se plaignaient, à l'occasion, de la sévérité des prohibitions anglaises, comme le prouvent les doléances adressées, en 1781, à Joseph II, lors de son voyage en Belgique, par les fabricants de Bruxelles (1); mais, en réalité, les prohibitions ne comptaient pour rien : les femmes voulaient à toute force des dentelles étrangères et recouraient, pour se les procurer, aux fraudes les plus extraordinaires. Un cercueil ayant débarqué en Angleterre, où il devait être mis en terre, les employés de la douane eurent la curiosité de l'ouvrir et ils trouvèrent que le corps, à l'exception de la tête, des mains et des pieds, avait été remplacé par du point de Flandre d'une valeur considérable.

En France, on recourait à des moyens de fraude moins lugubres et l'on introduisait les dentelles belges au moyen de chiens dressés tout exprès. On nourrissait grassement un chien en France; puis, lorsqu'il s'était attaché à l'endroit où il menait bonne vie, on le conduisait en Belgique, où il était enchaîné, maltraité, à peine nourri. Au bout de quelque temps on ajustait sur lui la peau d'un chien plus grand et l'on remplissait de dentelle l'espace intermédiaire. Le chien était alors remis en liberté et il prenait en toute hâte le chemin de la France, où le guidait le souvenir de copieuses pitances. Cette manœuvre se renouvela jusqu'à ce qu'enfin la douane française l'éventât et prit des mesures pour y mettre un terme; mais il fallut pour cela plusieurs années et, de 1820 à 1836, on ne détruisit pas moins de 40,278 chiens, une prime de 3 francs par chien ayant été offerte (2).

---

(1) Ces fabricants de dentelles profitèrent du voyage de Joseph II pour lui demander des droits d'entrée sur les dentelles étrangères. Ils se plaignirent de la décadence du métier, résultant des taxes imposées en Angleterre sur les dentelles belges, comme représailles pour les taxes que la Belgique levait sur les marchandises anglaises. (E. HUBERT, *Le voyage de Joseph II dans les Pays-Bas, en 1781*, pp. 106 et 107.)

(2) Mrs BURY PALISER, *op. cit.*

A la fin du XVIIIe siècle, la grande époque de la dentelle a pris fin. Marie-Antoinette, qui donne le ton à la France, introduit le règne de la simplicité dans le costume. La vogue est encore aux dentelles aux fuseaux, mais elle se porte surtout vers les mousselines, les tulles, les linons et les souples tissus des Indes. Alors, ces productions charmantes qui s'appellent la Malines, la Valenciennes, l'Angleterre prennent la forme qu'elles ont gardée jusqu'aujourd'hui ; les ouvrières brabançonnes font l'*application de Bruxelles* sur fonds de réseau véritable ; la dentelle noire de *Chantilly* et la *Blonde* de soie, ainsi appelée parce que sa couleur rappelle le blé mur, remplacent le somptueux point de France et les imposantes guipures vénitiennes. Ces dentelles, si voulues cinquante ans auparavant, ne sont plus guère de mise que dans le haut clergé, resté fidèle aux beaux points, et on en fait aussi les barbes exigées par l'étiquette de la cour.

La Révolution, en abolissant les privilèges et l'ancienne vie de cour, en ruinant la noblesse et l'Église et en établissant un régime égalitaire qui supprimait le luxe et sa raison d'être, porta un coup mortel à l'industrie dentellière. Le commerce de la dentelle cessa complètement en France pendant douze ans et trente manufactures importantes fermèrent pour ne plus se rouvrir. Pendant cinquante ans, Venise ne fit plus de dentelle et l'industrie belge connut, jusqu'à l'avènement de Napoléon, une période de stagnation presque complète : le marché intérieur et le marché français n'existaient plus pour elle, et si, en Angleterre, l'on portait encore un peu de point à la cour et dans les cérémonies officielles, la mode, là aussi, depuis la Révolution, était aux tulles et aux mousselines indiennes.

Peu après le Directoire, les belles dentelles commencent à reparaître en France et Napoléon s'efforce de faire revivre l'industrie dentellière, tant pour donner du travail aux ouvrières que pour rétablir à la cour le luxe et l'éclat de la monarchie. Il favorise tout particulièrement les manufactures

de Bruxelles, d'Alençon et de Chantilly et, comme sous Louis
XIV, il prescrit les dentelles de point pour le costume d'apparat. D'énormes commandes de dentelles sont faites pour la
cour et M. Félix Aubry, dans son rapport de 1851, estime que
la reproduction des points exécutés pour le mariage de Marie-
Louise coûterait plus d'un million de francs. La Valenciennes et
le point d'Angleterre n'étaient pas moins en honneur auprès des
élégantes de l'époque, et voici le récit que Mrs Bury Palliser fait
d'un bal donné à Paris par Mme Récamier, pendant le Con-
sulat. « Le premier consul était attendu et de bonne heure
l'élite de Paris remplissait les salons. Mais où donc était
Mme Récamier ? — « Elle est souffrante », murmura-t-on, rete-
nue au lit par une indisposition subite ; toutefois, elle rece-
vrait ses hôtes « couchée ». On passa donc dans la chambre à
coucher, attenante, selon l'usage, à l'un des salons, et l'on put
contempler la plus belle femme de France, étendue sur un lit
doré, sous des rideaux du plus beau point de Bruxelles à guirlandes de chèvrefeuille et doublés de satin rose tendre ; le
couvre-pieds était pareil et, des oreillers de batiste brodée,
tombaient des flots de Valenciennes. La dame elle-même était
enveloppée dans un peignoir garni du plus ravissant point
d'Angleterre ; jamais elle n'avait paru plus charmante ; jamais
elle n'avait fait plus gracieusement les honneurs de son hôtel. »

Napoléon tenta vainement de restaurer en France l'industrie de la Valenciennes. Cette dentelle, dont la production
diminuait déjà sous Louis XIII, avait passé tout entière dans
les Flandres.

A Ypres, en 1684, lors d'un recensement ordonné par
Louis XIV, il y avait trois maitresses dentellières et 63 ouvrières ; en 1850, il y en avait de 20 à 22,000 dans la ville et
dans les environs. A Gand, où la fabrication des Valenciennes
avait cependant beaucoup diminué depuis la cessation de nos
relations avec l'Espagne, la statistique industrielle et manufac-
turière du Département de l'Escaut nous apprend que la

valeur des produits qu'établissent les 1,200 ouvrières de la ville est, en 1811, de 430,000 francs et, en 1813, de 370,000 francs (Archives de la ville de Gand) (1).

Le style des dentelles à cette époque était le style prétentieux et froid qui régnait dans l'architecture et le mobilier : des pyramides, des palmes, des festons conventionnels et maigres, symétriquement disposés, et souvent, comme motif de fond, l'abeille chère à l'empereur.

De 1815 à 1817, les manufactures de dentelles sont de nouveau dans le marasme, par suite des événements politiques. En 1819 elles subissent une crise plus cruelle encore, par suite de l'invention du tulle mécanique, qu'on commençait à fabriquer en France.

Les points de Bruxelles et d'Angleterre furent, dès lors, appliqués sur tulle fait à la machine, ce qui permettait de produire, à prix réduit, des pièces considérables.

Le tulle uni étant trouvé, on chercha à lui faire imiter la dentelle en le brodant à la main : de là, crise des dentelles aux fuseaux et chute des points de Malines et de Binche.

Tandis que nos points à l'aiguille se soutenaient, péniblement, il est vrai, par l'introduction de l'application sur tulle, nos dentelles aux fuseaux avaient à subir une concurrence redoutable ; il fallut en diminuer les prix, en abaisser la production ; le tulle inondait tous les marchés de l'Europe. Heureusement, les États-Unis d'Amérique ouvrirent à ce moment une nouvelle voie à l'exportation des dentelles.

Vers 1833, la substitution des fils de coton aux fils de lin, dans la confection de la plupart des dentelles, amena une grande modification de l'industrie. Les beaux fils de lin ne furent plus conservés que pour les fins points de Venise, les pièces

(1) Le recensement des industries et métiers de 1896 renseigne pour Ypres 75 dentellières. La situation est donc, extérieurement, la même aujourd'hui que sous Louis XIV. A Gand, l'industrie de la dentelle aux fuseaux a complètement disparu.

de choix de Bruxelles et pour quelques volants en Valenciennes, en Binche ou en point de Flandre. Pour les autres dentelles, on trouvait l'emploi du coton ou du fil d'Écosse beaucoup plus avantageux comme prix, plus facile à travailler et moins sujet à se briser.

En 1837, l'invention de Jacquard permit de faire des *tulles brochés,* et introduisit des perfectionnements nouveaux dans les dentelles d'imitation. Il en résulta un tort énorme pour l'industrie dentellière. La Valenciennes, qui s'était maintenue dans une prospérité relative jusque vers le milieu du XIXe siècle, fut particulièrement frappée par les imitations qu'on en fit vers 1851. Le point d'Angleterre et les fleurs aux fuseaux en point de Bruxelles furent imitées à leur tour et appliquées sur tulle.

Cependant, depuis 1840, l'usage de la véritable dentelle est redevenu à peu près général et, avec des alternatives de hauts et de bas, n'a plus cessé d'être admis par la mode.

Le luxe moderne, en matière de dentelles, ne soutient pas, il est vrai, la comparaison avec la magnificence des temps passés. L'usage de la dentelle dans les costumes d'apparat a cessé d'être prescrit par l'étiquette ; les hommes n'en portent plus ; les femmes en portent souvent de la fausse ; les très belles pièces sont l'apanage des cours et aussi des rares femmes qui ont le goût de la véritable élégance et les moyens de se la payer. Mais si le marché ancien des dentelles et sa clientèle de choix ont disparu, par contre les débouchés se sont étendus : toute femme dans une situation relativement aisée porte tant soit peu de dentelle véritable. L'ouvrage ordinaire, à bon marché, tend à remplacer la belle dentelle, mais du moins les traditions se conservent et l'art du beau travail n'est pas encore perdu. Le style des dentelles modernes a même fait des progrès considérables et, s'il n'est pas à la hauteur de ce qui se faisait au XVIIe siècle, il faut reconnaître cependant que les dessins d'aujourd'hui dépassent le plus souvent en beauté ceux

du temps de Louis XV et de l'Empire. Les meilleurs dessins
modernes sont presque tous empruntés à la flore, traités dans
une style simple, sans convention ; ce sont des guirlandes de
fleurs gracieusement dessinées et ombrées avec un talent
exquis, des bouquets variés encadrés d'ornementations capricieuses, souvent aussi des motifs empruntés aux productions
des temps passés.

La fabrication de la dentelle suivit en Belgique une période
descendante jusque vers 1840. A ce moment, la grande
industrie avait supprimé peu à peu l'ouvrière dentellière des
villes, et dans les campagnes, où l'apprentissage n'était plus
sérieusement organisé, les vieilles femmes étaient presque
seules à faire de la dentelle. Une effroyable crise de paupérisme
désolait les Flandres et la misère était à son comble. C'est
alors que, sous l'influence d'humbles curés de paroisses, de
personnes charitables, de quelques directeurs de couvents,
l'industrie dentellière prit soudain un nouvel essor. Dans les
couvents des deux Flandres et du Brabant, on se mit à
enseigner la dentelle aux enfants ; là où il n'y avait pas
d'établissement de ce genre on en fonda et bientôt il n'y eut
presque pas de couvent dans les Flandres qui n'eût son école
dentellière. De nouvelles congrégations religieuses prirent
naissance et toutes groupaient autour d'elles les enfants des
villages où elles s'établissaient. Les religieuses, dentellières
expertes, envoyaient les dentelles fabriquées par les enfants
de l'ouvroir, aux grands fabricants de Bruxelles et de la province ; elles conservaient la tradition du plus beau des arts
féminins ; dans bien des endroits, elles introduisaient la
richesse et le bien-être, et si aujourd'hui la Belgique occupe la
première place dans le monde pour la fabrication des dentelles,
c'est certainement en bonne partie à l'action des congrégations
religieuses que nous le devons.

A côté de ces symptômes favorables, dont l'influence se
manifeste encore à l'heure présente, il est d'autres indices,

moins rassurants : décadence de certains points — les plus fins — et développement des dentelles communes; perfectionnements toujours nouveaux de l'imitation; disparition de l'industrie dentellière dans un certain nombre de centres; centralisation de l'industrie et du commerce des dentelles; multiplication du nombre des intermédiaires; crise des salaires, etc. Mais n'anticipons point. L'étude de la situation actuelle de l'industrie dentellière, la mise en regard des motifs d'espérer et des raisons de craindre, ne sont pas du domaine de l'histoire, mais font l'objet de l'exposé qui va suivre.

ÉTUDE DES MILIEUX

I. — Milieu physique et démographique.

La fabrication de la dentelle est répandue dans toutes les provinces de la Belgique, excepté la province de Liége. Les deux Flandres sont le siège principal de cette intéressante industrie. En effet, sur un total de 47,571 dentellières, relevé par le *Recensement industriel* de 1896, la Flandre occidentale arrive avec 25,547 personnes faisant de la dentelle, et la Flandre orientale n'en compte pas moins de 18,199. (1)

En Flandre occidentale, la dentelle se fait presque partout ; quelques villes seulement, les villages de la côte et les communes voisines de la frontière française, au nord de Poperinghe, ont cessé de s'adonner à cette industrie. L'arrondissement de Thielt est celui où l'on fait le plus de dentelle : 6,397 personnes (d'après le recensement de 1896) s'en occupent, soit une proportion d'environ 18.3 p. c. de la population féminine ; puis viennent les arrondissements de Dixmude, avec 3,253 ouvrières, soit 12.1 p. c. de la population féminine, et Roulers, avec 4,122 ouvrières (8.3 p. c.). L'arrondissement d'Ypres, où l'industrie dentellière était si florissante jusqu'il y a 50 ans, ne contient plus que 1,905 ouvrières, soit 3.1 p. c. de la population féminine, ce qui est la proportion la moins élevée dans cette province.

---

(1) Le *Recensement* renseigne 117 hommes comme faisant de la dentelle en Belgique.

En Flandre orientale, la dentelle se fait surtout aux environs d'Alost. Bien que la grande et la petite industrie aient fait, dans cette région, beaucoup de tort à la fabrication de la dentelle, surtout dans les villes, l'arrondissement d'Alost comptait encore, en 1896, 8,552 ouvrières dentellières, soit 12.9 p. c. de la population féminine. L'arrondissement de Termonde vient en second lieu, avec une population dentellière de 3,767 ouvrières, représentant 6.5 p. c. de la population féminine. Aeltre, Beveren, Tamise, les environs de Deynze et de Saint-Nicolas constituent aussi des centres assez importants. Dans le pays d'Audenarde l'industrie périclite et elle a complètement disparu à Renaix, à Gand et dans la plupart des villages du nord de la province.

L'art de la dentelle est encore profondément ancré au cœur des populations flamandes. Dans certaines régions, on peut dire que toutes les femmes, jeunes et vieilles, manient les fuseaux ou l'aiguille; là où la dentelle est tombée, elle ne cesse pas de jouir d'une sorte de popularité, son souvenir reste vivant et il faudrait peu de chose pour la remettre en honneur.

Que la Flandre ait été le berceau de la dentelle ou simplement le théâtre de son expansion dès le XV° siècle, il est certain que l'origine si ancienne de cet art national et sa longue période de gloire sont pour beaucoup dans la faveur dont il jouit aujourd'hui encore parmi nos populations flamandes. Ajoutons que la dentelle s'est acclimatée tout naturellement dans un pays qui fournissait du lin d'une finesse merveilleuse et où les ouvrières ont manifesté toujours une grande habileté pour les travaux de l'aiguille. Cette habileté est devenue presque proverbiale et ne s'est pas démentie en ces derniers temps, même dans les régions qui ont abandonné le carreau. C'est en Flandre, en effet, que l'industrie de la couture des gants, introduite récemment, au détriment de la dentelle, recrute à présent ses plus habiles ouvrières. Enfin, le grand élément du maintien de la dentelle dans les Flandres, c'est la simplicité de mœurs et l'esprit de travail qui distinguent la population de ces contrées. Cette population est peut-être la plus dense de l'Europe ; il faut donc que tout le monde travaille. Les femmes le comprennent : elles se contentent de peu et restent fidèles aux traditions.

En Brabant, l'industrie dentellière est en décadence. Le recensement de 1896 relève un total de 1,419 dentellières ; quelques-unes — 200 environ — habitent Louvain, Diest, Aerschot, Bruxelles et ses faubourgs ; les autres sont localisées dans une quinzaine de villages échelonnés le long de la frontière flamande et dont le principal centre est Liedekerke (689 ouvrières). La grande industrie, les communications nombreuses et faciles avec la capitale, ont été cause de la ruine de la dentelle en Brabant : ce qui en reste encore peut-être considéré comme le prolongement naturel de l'industrie dentellière flamande.

Dans la province d'Anvers, à part un nombre insignifiant d'ouvrières établies à Malines, à Anvers, à Puers et à Bornhem, toute l'industrie dentellière est concentrée dans la ville de Turnhout. Sur les 1,701 dentellières que compte la province, il y en a 1,562 à Turnhout et 114 dans le faubourg de Vieux-Turnhout.

En dehors de ce centre, la dentellière campinoise n'est donc plus qu'un mythe et ceci prouve encore combien l'esprit de travail et la persévérance dans l'effort dominent davantage dans les Flandres. La Flandre qui continue la Campine à l'ouest, en est le prolongement géologique. Si les sables de cette contrée n'avaient été amendés et rendus fertiles par l'effort patient des laborieux Flamands, jamais les Flandres n'auraient pu donner que de mauvaises récoltes ; mais, par un incessant travail, les Flamands ont changé cette terre naturellement stérile en campagnes d'une grande fécondité (1) ; et, tandis

(1) E. RECLUS, *Nouvelle géographie universelle*, t. IV, p. 53. . . . . . .

que les hommes remuaient le sol et le rendaient productif, les femmes, pendant plus de quatre cents ans, ne cessaient pas de faire de la dentelle. En Campine, au contraire, la population n'a jamais su donner ces preuves d'énergie et d'initiative ; jusqu'en ces derniers temps, d'immenses étendues y étaient restées vierges et la culture était absolument rudimentaire ; la population y est encore infiniment moins dense que dans les Flandres et tout cela explique que la dentelle ne fut jamais beaucoup pratiquée en Campine : les ouvrières des campagnes l'ont absolument abandonnée ; à Lierre, on n'en fait plus depuis que la broderie sur tulle a été introduite ; Turnhout est le seul centre de production.

Lierre est devenu un centre important pour la fabrication de la broderie sur tulle, dont il sera question dans cette étude à cause de l'analogie qu'offre cette industrie avec la dentelle. Sur 1,265 brodeuses que compte la province d'Anvers, 1,219 résident à Lierre, les autres à Anvers. La broderie sur tulle s'est répandue aussi depuis quelques années dans le nord de la Flandre orientale. Environ 450 ouvrières en font leur occupation habituelle et les centres principaux de cette industrie en Flandre sont les villages de Kieldrecht, Meerdonck, La Clinge et Maldegem, tous situés à proximité de la Hollande, où la broderie sur tulle commence également à se répandre.

En Limbourg, la dentelle semble avoir été assez répandue, au siècle dernier, dans les environs de Hasselt. Elle s'est retirée progressivement des plaines hesbayennes, pays de grande culture et relativement peu habité, pour se localiser à Saint-Trond, où il y avait, en 1896, 103 dentellières, sur 104 ouvrières que comptait la province.

L'industrie de la dentelle a perdu toute importance dans le pays wallon.

En Hainaut, elle a été véritablement noyée dans la grande industrie et elle est complètement tombée à Binche, où elle était si florissante autrefois. Sur les 74 ouvrières du Hainaut recensées en 1896, 57 appartiennent aux arrondissements d'Ath et de Soignies et travaillent pour des fabriques de la Flandre orientale.

La province de Liége, où il y avait encore, vers 1860, quelques ouvrières disséminées aux environs de Huy, ne fait plus de dentelles aujourd'hui.

Dans les Ardennes, pays rude, aux communications difficiles, où les centres importants sont rares et les habitants peu nombreux et clairsemés, on n'a jamais fabriqué beaucoup de dentelle. Jusqu'en 1870, presque toute la population de Laroche et la plupart des villages des environs de Marche faisaient de la dentelle. Il y avait aussi des ouvrières à Bastogne et à Durbuy. Aujourd'hui, le Luxembourg compte environ 400 dentellières (1), établies dans l'arrondissement de Marche, et l'industrie de la dentelle tend à disparaître complètement de cette province. Le seul centre où elle est encore activement pratiquée, c'est le village d'Aye, où presque toute la population féminine (176 ouvrières) s'en occupe.

Dans la province de Namur, la dentelle est fabriquée par 207 femmes, dans le village de Cerfontaine ; elle s'est presque complètement retirée de Couvin, où elle occupait, en 1860, 600 ouvrières.

II. — Milieu économique.

En Belgique, les *centres purement agricoles* constituent le milieu normal de l'industrie dentellière. Car, d'une part, les endroits peu habités sont, nous l'avons vu, réfractaires à cette industrie, qui a besoin, pour se développer, des agglomérations ; et, d'autre part, partout où une industrie accessible aux femmes fait concurrence à la dentelle, celle-ci tend à disparaitre

Les Flandres, région éminemment agricole, ont toujours

(1) Le recensement de 1896 en mentionne seulement 320.

présenté des conditions très favorables à l'expansion de l'industrie dentellière. La dentelle se fait à domicile et n'exige pas qu'il soit rien modifié aux dispositions de la maison occupée par l'ouvrière. L'installation est des plus simples et permet à l'ouvrière de travailler soit devant sa fenêtre, soit sur le pas de sa porte, soit encore près de la table, qui, au cours des longues soirées d'hiver, supporte l'unique lampe du ménage. Tandis que le père de famille et ses fils s'occupent aux rudes travaux des champs, la mère et ses filles restent chez elles et, tout naturellement, elles travaillent à la dentelle. Les unes en font un véritable métier et, pendant de longues heures chaque jour, on les voit courbées sur leur carreau ou sur leur aiguille ; pour d'autres, la dentelle est une industrie d'appoint : elles s'occupent avant tout de leur ménage. Pendant la bonne saison, ces femmes vaillantes vont aux champs, elles aussi, car on a besoin de tous les bras pour la moisson ; mais, l'automne venu, elles ne manqueront pas de reprendre leur dentelle.

Si les Flandres conservent un caractère agricole nettement prononcé et si l'exploitation du sol fait vivre et occupe près du tiers de la population totale âgée de plus de douze ans, la petite et la moyenne industrie, parfois aussi la grande industrie, recrutent aussi beaucoup de bras dans ces contrées et cela même dans les centres qui font beaucoup de dentelle. La petite industrie pour la transformation de matières dérivant directement de l'exploitation du sol est très répandue dans les Flandres : nombreuses sont les meuneries, les fabriques de chicorée, les brasseries, les distilleries, les huileries, les manufactures de tabac, les tissages à domicile, les briqueteries, etc. Beaucoup d'ouvriers flamands et brabançons vont chercher chaque année du travail à l'étranger : 40,000 ouvriers, les *Franschmans*, émigrent chaque printemps vers la France, où leur concours est très apprécié dans les grandes exploitations agricoles. Un grand nombre vont travailler aux briqueteries des environs de Bruxelles, aux sucreries du pays wallon, d'autres sont ouvriers

terrassiers ; quelques-uns, enfin, principalement ceux des
environs de Grammont, se rendent chaque jour à Charleroy ou
à Mons et y travaillent dans les mines. En dehors des ménages
où le mari est ouvrier, on trouve un nombre très restreint de
petits cultivateurs dont les femmes et les filles s'adonnent à la
dentelle ; on ne rencontre ceux-ci que dans les centres où toutes
les femmes sont dentellières et où il semblerait inouï qu'une
femme ne fît pas usage de ses doigts dans ses moments perdus.
Parfois aussi le mari d'une dentellière ou la dentellière elle-
même tient un petit cabaret, et dans quelques maisons des
quartiers ouvriers de Bruges il y a devant la fenêtre une
pancarte portant : « Ici on vend de la bière », tandis que de
l'autre côté de la fenêtre une femme est penchée sur son
carreau. Dans le nord de la Flandre orientale, beaucoup
d'hommes vont à la pêche et un certain nombre gagnent de
belles journées en colportant du poisson à l'intérieur du pays.

Les grands centres industriels sont rares dans les Flandres,
surtout à la campagne. Les filatures, les tissages, les grands
ateliers de construction mécanique, les fabriques d'allumettes,
de produits chimiques, etc., sont établis principalement dans
les villes. Le nombre des femmes employées dans ces établissements augmente de jour en jour, et, comme l'apprentissage y est plus facile et les salaires plus élevés que dans
l'industrie dentellière, on s'explique que cette industrie se soit
presque complètement retirée des villes. Gand et ses environs,
centres principaux du tissage et de la filature, ont vu
s'éteindre presque complètement la fabrication de la dentelle.
A Courtrai, à Tamise, à Alost, à Termonde, où ces industries
fonctionnent également, la dentelle aura bientôt disparu ; elle
a été tuée à Saint-Nicolas et à Grammont par les fabriques de
cigares, à Eecloo par les ateliers de préparation de peaux de
lapins, à Hamme et à Ingelmunster par les fabriques de tapis.

Cependant, la fabrication de la dentelle n'est pas absolument
confinée dans les campagnes. A Bruges, elle est encore assez

vivace, puisqu'on y comptait, en 1896, 3,394 ouvrières et plusieurs écoles florissantes. Mais il n'y avait pas de raison pour que la population brugeoise abandonnât une industrie traditionnelle, alors que la grande industrie est encore embryonnaire dans cette ville et paraît devoir le rester. A Turnhout, la situation est analogue.

Par contre, à Saint-André, village à une demi-heure de Bruges, une fabrique de brosses a été fondée vers 1890, et la dentelle, qui occupait autrefois toutes les femmes du village, n'en compte plus aujourd'hui qu'une cinquantaine sur 4,177 habitants.

Certaines petites industries font peut-être plus de tort encore à la dentelle. C'est un symptôme peu rassurant pour l'avenir de la dentelle que de voir que partout où une petite industrie féminine s'établit, la dentelle lui cède la place. A Renaix, Audenarde, Ninove, Sottegem, la ganterie a remplacé la dentelle ; à Iseghem, Thourout, Poperinghe, Sottegem, Lierre, Binche, nombre de dentellières sont devenues piqueuses de bottines ; à Lierre, la broderie sur tulle, à Sweveghem, la broderie sur linge, à Malines, l'empaillage et le vernissage des chaises, ont chassé la dentelle ; et combien d'ouvrières, dans tout le pays, ont abandonné leur modeste carreau pour devenir couturières, tailleuses, modistes ou servantes !

Le milieu économique de l'industrie dentellière est le même en Brabant que dans les Flandres. A Bruxelles, centre de grande et surtout de petite industrie, ville de luxe, où les femmes trouvent aisément un métier plus rémunérateur que celui de la dentelle, le point à l'aiguille n'occupe plus guère que quelques vieilles femmes.

A Turnhout, la population mâle travaille dans les papeteries et les fabriques de cartes à jouer ; à Lierre, elle est occupée par la fabrication des bottines et des instruments de musique.

A Saint-Trond et dans les quelques centres des Ardennes où la dentelle se fait encore, une notable partie de la population mâle travaille dans les charbonnages ou dans les carrières de pierre. Aux environs de Laroche, dans les villages d'Aye et de Cerfontaine, il y a quelques ouvriers agricoles et de rares bûcherons, mais il y a encore plus d'oisifs et de gens qui préfèrent ne rien faire que de travailler pour moins de trois ou quatre francs par jour. Je tiens du bourgmestre d'Aye que pendant l'hiver la plupart des hommes n'exercent pas de métier et vivent presque exclusivement du produit de la dentelle.

III. — Milieu social et moral.

L'état social et moral des populations flamandes, prises dans leur ensemble, est excellent. Dans cette race forte et vaillante, les mœurs sont restées simples, les besoins limités ; l'esprit de travail y est dominant, le respect des traditions profondément enraciné. Les centres industriels ont vu se modifier ou se perdre ces qualités distinctives de la race ; en revanche, leurs habitants ont plus d'initiative et ne craignent pas les innovations lorsqu'elles paraissent avantageuses.

Partout où ces traits dominants des populations flamandes se sont conservés, l'industrie dentellière s'est maintenue dans un état de prospérité plus ou moins considérable, sauf cependant en quelques endroits où les circonstances économiques ont amené sa décadence. Il n'est pas douteux, au surplus, que le maintien de cette industrie n'ait contribué pour une large part à la sauvegarde morale des Flandres. La dentellière reste à son foyer et y garde cette influence bienfaisante qui trop souvent échappe aux mères de famille de nos grands centres urbains ; que dis-je, elle constitue à elle seule le foyer pour l'ouvrier qui rentre, harrassé de fatigue, dans son modeste intérieur. La fille apprend la dentelle à l'école du voisinage, un couvent presque toujours ; parfois encore c'est aux côtés de sa mère qu'elle s'initie aux secrets de son art, et, sous ses yeux, elle poursuit son apprentissage jusqu'au jour où, devenue à son tour mère de famille, elle fera de la dentelle pour subvenir aux besoins de son propre ménage. Femmes et filles, vieilles et jeunes, on les voit maniant l'aiguille ou le fuseau avec une activité que rien ne peut interrompre, se dévouant sans compter et travaillant aussi longtemps qu'il leur est humainement possible de le faire, pour un salaire souvent infime.

Leur degré d'instruction est peu élevé, leur esprit d'initiative et d'entreprise très borné. On les voit parfois abandonner la dentelle pour embrasser un métier plus lucratif, mais d'effort pour obtenir un salaire plus élevé ou des conditions de travail plus favorables, de tentative de syndicat, de fondation de caisse d'épargne ou de secours, on n'en connaît point. Elles sont femmes, en effet, et travaillent à domicile, ne cherchant pas à se connaître, se défiant les unes des autres, tenant caché le nom du facteur pour lequel elles travaillent et le salaire qu'elles en reçoivent.

Étrangères à toute idée d'émancipation et d'amélioration de leur sort, les ouvrières dentellières sont restées réfractaires — est-il besoin de le dire? — à la propagande socialiste. Le milieu des campagnes flamandes n'a d'ailleurs jamais été favorable à l'éclosion des principes socialistes et le jour où nos populations agricoles suivront les tendances qui se remarquent parmi une partie des ouvriers des grandes villes paraît encore éloigné.

L'esprit est moins bon dans les centres dentelliers du pays wallon et de la Hesbaye. Les ouvriers mineurs sont presque tous ralliés aux idées nouvelles; un bon nombre d'ouvriers agricoles sont imbus du même esprit, se montrent très exigeants sur la question des salaires et affichent des prétentions exorbitantes vis-à-vis des grands cultivateurs.

L'état moral des dentellières est généralement irréprochable, et, à ce point de vue, on ne peut que se féliciter de voir leur travail se faire à domicile. Très rares sont celles qui travaillent en ateliers; ce sont, presque toujours. de vieilles ouvrières, réunies à quelques-unes chez un grand fabricant pour achever et rattacher entr'elles les fines dentelles. A Tamise, il y a un atelier de jeunes filles pour l'imitation de la dentelle de Luxeuil ; Lierre compte une dizaine d'ateliers où des jeunes fillles font la broderie sur tulle.

Nous consacrerons une étude spéciale à l'organisation du travail dans les couvents. Bornons-nous ici à constater que les ateliers dirigés par des religieuses sont plutôt des prolongements des écoles dentellières, dont nous parlerons plus loin ; une surveillance rigoureuse y est exercée et la conduite de celles qui les fréquentent est à l'abri de toute critique.

Au point de vue de la conservation des principes moraux et des sentiments religieux parmi les ouvrières dentellières et, d'une façon générale, parmi les populations flamandes, les congrégations religieuses ont rendu d'inappréciables services. Le personnel de ces établissements, très nombreux dans les deux Flandres et dans le Brabant, se recrute dans la population. Les enfants y sont envoyés dès l'âge le plus tendre et les filles y reçoivent, en même temps que l'instruction primaire, l'enseignement religieux et professionnel.

Fig. 10.

OUVRIÈRE EN POINT A L'AIGUILLE (Meirelbeke).

(Cliché de M. Joseph Nève.)

PREMIÈRE PARTIE
ORGANISATION COMMERCIALE

———◦◦◦———

CHAPITRE PREMIER.
Organisation économique de l'Industrie.

———

I.

ÉVOLUTION ÉCONOMIQUE DE L'INDUSTRIE.

L'histoire, si abondante en documents sur les transforma-
tions techniques et artistiques de l'industrie dentellière, ne
nous a transmis presque aucun détail sur son évolution économique. Le luxe de celles et de ceux qui autrefois portèrent la
dentelle et les prix fabuleux payés pour ces délicates parures
sont longuement décrits dans les mémoires, dans les comptes,
dans les livres consacrés à l'histoire des mœurs et des arts;
mais on ignore encore ce qu'était la dentellière des temps
passés : on ne sait presque rien de la manière dont était
organisé son travail ; on ne connaît ni son salaire, ni sa façon
de vivre ; et si parfois elle eut à se plaindre de son sort, ses
plaintes ne sont point parvenues jusqu'à nous

Il n'y a pas lieu de s'étonner de ce défaut d'information.
L'égoïsme n'est pas né d'hier et si l'histoire, préoccupée de
célébrer les atours des grandes dames d'autrefois, est muette
sur l'humble dentellière, c'est qu'alors, tout comme aujourd'hui,
le sort de ceux d'en bas n'intéressait guère ceux d'en haut, sur-

tout lorsque ceux d'en bas étaient des femmes, isolées, incapables de faire valoir leurs droits.

Deux circonstances ont concouru de tout temps à placer l'ouvrière dentellière dans un état d'infériorité manifeste. D'abord, l'industrie dentellière fut toujours pratiquée presque exclusivement par les femmes. La dentelle ne demandant pas le travail en atelier, les dentellières travaillaient chez elles et restaient isolées; leur industrie commune ne créait entre elles aucun lien et chacune travaillait pour qui bon lui semblait. Elles n'étaient pas groupées dans des corporations, comme les autres métiers; il n'existait pas de règlements pour leur protection et tout au plus signale-t-on l'une ou l'autre ordonnance prise contre elles. C'est ce qui explique que les archives des principales villes où l'industrie dentellière fut en vogue ne possèdent presque aucun document sur la manière dont le travail était organisé.

En second lieu, l'industrie dentellière a toujours été une industrie de luxe, s'adressant à une clientèle choisie et restreinte, écoulant ses produits dans les grands centres et dépendant des caprices de la mode; dans cette industrie, la fabrication est compliquée et demande des connaissances techniques et des vues d'ensemble qui ne peuvent se retrouver dans le chef d'une ouvrière isolée. On comprend dès lors qu'une direction éclairée et la division du travail se soient imposées dès l'origine de l'industrie et que l'ouvrière ait toujours été dans une situation dépendante vis-à-vis de ceux qui lui procuraient de l'ouvrage.

La réunion de ces deux éléments — d'une part, situation de femmes travaillant isolément, d'autre part, subordination étroite et nécessaire des ouvrières à leurs employeurs — a abouti à cette situation que les dentellières sont restées en dehors de toute tentative d'émancipation aussi bien qu'en dehors de la sphère d'action des pouvoirs publics. Dès lors, rien d'étonnant à ce que cette catégorie sociale si nombreuse et si intéressante ait passé presque inaperçue dans l'histoire.

La situation actuelle, à ce point de vue, est d'ailleurs sensiblement la même qu'autrefois, et l'obscurité continue de régner, aujourd'hui comme alors, sur les conditions de travail et d'existence des dentellières.

* * *

Il est impossible de préciser l'époque à laquelle remonte l'organisation économique moderne de l'industrie dentellière. Nous savons qu'à ses débuts, l'art de la dentelle, ou ce qui le précéda (broderie à point coupé, à fils tirés, sur lacis, etc.), était en quelque sorte un apanage des grandes dames et surtout des couvents. Les secrets et les perfectionnements de la fabrication étaient jalousement gardés par les couvents et ne se répandirent dans le reste de la population que pendant la première moitié du XVIe siècle. Charles-Quint, nous l'avons dit, fut l'un des premiers à prescrire aux couvents l'enseignement de la dentelle; nous rappellerons également ici que, dès 1561, Barbara Etterlein introduisait cette industrie en Saxe (p. 30) et qu'en 1596 la dentelle était très répandue parmi les femmes de Gand (p. 33).

Une série d'ordonnances conservées dans les archives de la ville de Gand jettent un jour assez curieux sur l'organisation de l'industrie dentellière dans les Flandres au XVIIIe siècle : ce sont des règlements ayant pour objet la réparation de certains abus auxquels se livraient les ouvrières dentellières. Le premier remonte à 1762 et fut pris par le Magistrat d'Ypres ; le second est daté de 1765 et fut mis en vigueur à Courtrai. En 1780, les délégués de la Chambre de commerce de Gand se plaignant des fraudes commises par les dentellières, lesquelles, disaient-ils, copiaient ou vendaient les dentelles et patrons des marchands et violaient leurs engagements, le Magistrat de Gand édicta à son tour un règlement, copié, à peu de chose près, sur ceux d'Ypres et de Courtrai, et que nous donnons en note (1). Les pénalités de ce règlement furent renforcées par un

(1) Voici la traduction française de l'ordonnance sur la réglementation de l'industrie dentellière prise par le Magistrat de Gand le 21 mars 1781 :

« Le Magistrat de la ville de Gand, étant informé que des abus sont commis fréquemment dans le commerce des fils et dentelles et que des fraudes sont pratiquées par les ouvrières au grand préjudice de ce même commerce et au détriment des facteurs et factoresses (*kooplieden en koopvrouwen*), si est-il que le Magistrat, après avoir entendu à ce sujet l'avis des délégués de la Chambre de commerce de cette ville, voulant prévenir ces abus et, en même temps, fixer quelques règles dans l'intérêt de la fabrication des dentelles dans cette ville, a ordonné et statué ainsi qu'il suit :

» Désormais, ni facteurs, ni factoresses, ni maîtresses d'école pour les dentelles aux fuseaux (*schoolvrouwen van spellewerk-kanten*) ne pourront rechercher, ni accepter, ni faire ou laisser rechercher des ouvrières travaillant dans les écoles ou dans leurs maisons, à moins que le facteur, la factoresse ou la maîtresse d'école pour lesquels ces ouvrières ont travaillé en dernier lieu n'aient été auparavant complètement dédommagés des avances qu'ils leur auraient faites en argent, en fil ou en autre chose ; ceci devra être prouvé par une reconnaissance délivrée par le facteur, la factoresse ou la maîtresse d'école qui auront employé ces ouvrières en dernier lieu ; de cette reconnaissance devra aussi ressortir que le temps d'engagement de ces ouvrières est tout à fait expiré ; tout ceci sous peine de payer à ces dits facteurs, factoresses ou maîtresses d'école une amende de douze florins lors de chaque contravention, de leur payer, en outre, tout ce que leurs ouvrières leur devaient du chef d'avances sur leur salaire et aussi de les dédommager pour le temps d'engagement qui restait à courir.

» Il est défendu aux ouvrières de contrefaire les parchemins qu'elles auront reçus, encore moins de les remettre ou de les vendre à qui que ce soit ; il leur est également interdit de couper des échantillons hors des ouvrages qu'elles ont entrepris, d'en faire des patrons, de les vendre, de les louer ou de s'en séparer en faveur de qui que ce soit, sous peine d'amende de douze florins pour chaque contravention ; il est fait exception pour les dentelles de marché, dont la valeur ne dépasse pas un quart de florin l'aune. Seront aussi punis de cette amende ceux ou celles chez qui l'on aura trouvé une épingle à piquer, un parchemin ou un patron frauduleusement introduits par une ouvrière. Si les contrevenants ne sont pas en état de payer l'amende et les frais afférents aux poursuites, ils seront punis d'emprisonnement ou d'une autre peine à fixer (*arbitrairelijk*) d'après les circonstances.

» L'expérience ayant appris que les dentelles faites d'après des patrons dont les dessins et l'invention appartiennent aux facteurs, factoresses et maîtresses d'école sont vendus de la main à la main, au détriment de ces derniers et par suite des agissements frauduleux des ouvrières, il est dorénavant permis à ces arrêté de la municipalité de Gand en date du 24 janvier 1809.

On voit dans l'ordonnance de 1781 que l'organisation économique de l'industrie, à cette époque, avait beaucoup de points communs avec l'organisation actuelle.

Alors aussi, les ouvrières travaillaient pour des employeurs locaux, les facteurs et les factoresses, *koopvrouwen*, dont le nom s'est conservé. Ces employeurs correspondaient-ils aux facteurs établis de nos jours dans les campagnes flamandes? Nous croyons que leur rôle commercial était plus important et qu'ils se rapprochaient de cette catégorie de facteurs indépendants qui, aujourd'hui encore, ont leur petit marché et vendent directement à quelques particuliers et à certains marchands de l'étranger.

Les ouvrières gantoises travaillaient aussi pour des facteurs ou marchands étrangers. Le rapport de la Chambre de commerce de 1780, déjà cité, parle, en effet, des fraudes commises par les ouvrières au préjudice des marchands étrangers qui leur envoient des patrons pour les faire reproduire en dentelles.

Nous croyons que l'apprentissage de la dentelle était donné,

facteurs et factoresses de faire saisir les dentelles exécutées d'après leurs dessins, lesquelles seront confisquées à leur profit, sans préjudice de l'amende prévue ci-dessus.

» Les ouvrières qui ne seraient . pas satisfaites de la dentelle qu'elle ont entreprise, soit à cause du salaire, soit pour une autre raison, sont autorisées à apporter leur dentelle par grandes longueurs à la fois aux facteurs, factoresses et maitresses d'école pour qui elles ont entrepris de la faire ; ceux-ci sont obligés d'accepter le travail dans ces conditions et de payer les ouvrières proportionnellement à la longueur de leur travail et selon les conventions prises.

»   .   .   .   .

                » Fait en collège, le 2 mars 1781.
                » (*Signé*) F. van Aelstein. »

Cette ordonnance, ainsi que le rapport de la Chambre de commerce, en 1780, et les ordonnances d'Ypres, en 1762, et de Courtrai, en 1765, se trouve aux archives de la ville de Gand. (Hôtel de Ville. Extraits des *Voorgeboden*, série 108*bis*, n° 184.)

Une ordonnance analogue, prise par la municipalité de Gand le 24 janvier 1809, se trouve à la Bibliothèque de l'Université de Gand (farde : *Dentelle*).

à cette époque, le plus souvent par des maîtresses laïques.
En effet, l'ordonnance de 1781 parle de *schoolvrouwen* (maîtresses d'écoles laïques). Le recensement des dentellières
yproises, en 1684, mentionne également trois maîtresses
d'école laïques. Enfin, tandis que la plupart des écoles dentellières tenues aujourd'hui par des religieuses sont de fondation relativement récente, les quelques écoles du pays flamand
tenues par des laïques — généralement des vieilles filles —
sont d'origine très ancienne et ont conservé, mieux qu'ailleurs,
certains vieux usages.

Cependant, même au XVIIIe siècle, la dentelle avait continué à être pratiquée dans un bon nombre de couvents de
femmes, et c'est ce qui explique le grand essor qui a pu être
donné par les couvents à cette fabrication, vers 1850.

Le règlement de 1781 signale aussi la concurrence que se
faisaient les marchands de dentelles en se volant leurs
ouvrières, en copiant ou en achetant des dessins de dentelles
appartenant à d'autres ; il montre comment ces mêmes marchands, pour forcer les ouvrières à rester à leur service, leur
faisaient des avances en fil ou en argent et il constate que des
différends existaient entre employeurs et employées.

En ce qui concerne le mode de travail, l'ordonnance citée
fait voir, enfin, que le travail des dentellières avait lieu à
domicile, qu'il était fait à l'entreprise et payé à la pièce, suivant un tarif fixé à l'avance, et que le principe de la division
des fonctions commerciales entre le facteur et l'ouvrière était
appliqué. Presque tous ces traits, nous les retrouverons dans
l'exposé du présent, et de cette similitude entre la situation au
XVIIIe siècle et la situation actuelle on peut conclure que, probablement, aux XVIe et XVIIe siècles, les choses ne se passaient
guère autrement qu'aujourd'hui.

Dans un autre ordre d'idées, la situation s'est singulièrement
modifiée. Sous l'ancien régime, la dentelle, très centralisée en
ce qui concerne ses débouchés, était très décentralisée dans sa
fabrication. Les fabricants habitaient sur place et le nombre

d'intermédiaires placés entre l'ouvrière et le consommateur était réduit.

Tout change après la Révolution. La dentelle est portée par les différentes classes de la société. La fabrication tend à quitter les villes pour se localiser dans les campagnes. Les entrepreneurs résident dans les grands centres et le nombre des intermédiaires croit dans des proportions extraordinaires. A Bruxelles on ne signalait, jusqu'en 1830, que trois manufactures importantes de dentelles. L'Office du Travail en mentionne trente-quatre en 1896, mais il faut y ajouter un bon nombre de maisons qui tiennent plus du magasin de détail que de la manufacture. Il existe encore quelques fabricants en province, les uns fixés dans les villes, à Bruges, Ostende, Ypres, Courtrai, Gand, Anvers, Turnhout, les autres habitant la campagne et résidant à Wyngene, Haeltert, etc. Plusieurs de ceux-ci sont très importants, mais cette catégorie tend de plus en plus à disparaître et le moment paraît proche où toutes les entreprises seront centralisées à Bruxelles et dans deux ou trois autres villes.

II.

EXAMEN CRITIQUE DES MODES DE TRAVAIL.

D'après cet exposé d'une situation remontant à un siècle et demi, le lecteur a pu se faire une première idée des conditions dans lesquelles le travail est pratiqué aujourd'hui.

Voici un exposé succinct des modes actuels de travail dans l'industrie dentellière.

La dentelle se fait généralement à domicile, par des filles ou des femmes, et, pour ces dernières, elle constitue le plus souvent un salaire d'appoint; elle est livrée à des intermédiaires locaux, qui sont seuls en rapport avec les ouvrières et portent les dentelles chez les fabricants.

Les ateliers sont rares et réservés, presque partout, à l'apprentissage; celui-ci est donné presque exclusivement par les couvents. Les ouvrières travaillent, en général, sur commande et à l'entreprise; elles sont payées à la pièce; elles doivent fournir les matières premières et les reçoivent souvent des facteurs, comme avances sur leur salaire. Les fonctions commerciales sont divisées entre l'entrepreneur ou fabricant, le facteur et l'ouvrière, et la division du travail proprement dit existe, pour la dentelle aux fuseaux, entre la patroneuse et l'ouvrière ordinaire; pour le point à l'aiguille, entre la striqueuse ou la raccrocheuse et les ouvrières qui font les diverses parties de la dentelle. Enfin, — dernier trait, — les ouvrières et les intermédiaires sont disséminés dans huit provinces du pays; les fabricants résident presque tous dans les grands centres, surtout à Bruxelles.

Que vaut cette organisation au point de vue de la quantité produite?

En règle générale, l'ouvrière produit moins à domicile qu'à l'atelier; l'ouvrière travaillant dans sa maison est forcément distraite de son ouvrage par des occupations étrangères et n'a pas non plus l'émulation propre au travail en atelier. Mais, en ce qui concerne la dentelle, la fabrication à domicile est le seul mode de travail possible pour le plus grand nombre des ouvrières, pour celles qui habitent à l'écart, pour celles qui ont charge de famille ou de ménage et voient dans la dentelle une industrie d'appoint. A ce point de vue, la quantité de dentelle produite est beaucoup plus grande sous le régime actuel du travail à domicile qu'elle ne pourrait l'être si le travail se faisait en atelier. De plus, la dentellière est généralement active et courageuse : elle ne perd pas de temps, ne consacre à son ménage que les heures strictement nécessaires et donne tout ce qu'elle peut, sans jamais songer à s'épargner.

Le travail en atelier est surtout très favorable à l'apprentissage. Les enfants, réunies sous la direction d'une maîtresse dentellière, travaillent plus vite et font de meilleur ouvrage.

Le voisinage de leurs compagnes, l'autorité et les encouragements de la maitresse sont de puissants stimulants pour leur activité, et il n'est pas jusqu'à la cadence de leurs mouvements qui ne donne une impulsion plus rapide au travail de ces petites mains.

D'autre part, la centralisation des fabriques de dentelles fait du tort à l'apprentissage et, d'une manière générale, est peu favorable à la bonne exécution du travail. Les fabricants, résidant en dehors des centres de dentelles, se préoccupent peu de la façon dont l'enseignement est organisé. Ils savent que les jeunes générations apprennent de préférence à faire des dentelles ordinaires, ou consacrent trop peu de temps à l'apprentissage des belles dentelles, et ils ne s'en préoccupent pas. Le marché est envahi par les articles communs ou mal faits; ils le voient et n'ont pas l'air de s'en émouvoir. Parmi les fabricants de Bruxelles, il y en a peut-être deux ou trois qui sont en rapports directs avec leurs ouvrières de province, ou qui exercent une surveillance sérieuse et personnelle sur la fabrication, dans une région déterminée. Les fabricants savent qu'en ce moment un certain nombre de vieilles ouvrières sont encore capables d'exécuter de très beaux travaux, et cela leur suffit; ils se contentent de donner leurs instructions aux intermédiaires avec lesquels ils sont en rapport et ils ne s'inquiètent pas autrement de l'avenir. Par contre, quelques fabricants résidant en province, au milieu de leurs ouvrières, exercent une salutaire influence sur la beauté de la fabrication, et il faut dire la même chose d'un bon nombre de couvents, qui font exécuter, pour les grandes maisons, des ouvrages magnifiques. Quant aux facteurs, la plupart ne prennent aucun soin de perfectionner l'exécution chez leurs ouvrières; un grand nombre se contentent d'une exécution passable : ils demandent à l'ouvrière de faire vite et beaucoup.

La centralisation des fabriques de dentelles influe d'une manière tout aussi regrettable sur le recrutement du personnel ouvrier. Aucune tentative n'est à signaler, du côté des fabricants des grands centres, pour former de nouvelles ouvrières ou pour retenir dans l'industrie dentellière les ouvrières existantes. Celles-ci sont mal payées, parce que les nombreux intermédiaires qui remplacent les fabricants en province prennent le plus clair de... ce qui pourrait être leur salaire, et, n'ayant aucun moyen de faire parvenir leurs plaintes jusqu'aux fabricants ni de se défendre contre les facteurs, elles abandonnent la dentelle à la première occasion. L'action des rares fabricants résidant en province est, au contraire, excellente au point de vue du recrutement de la main-d'œuvre, et nous signalons ici, avec éloge, les efforts persévérants de Mlle Minne-Dansaert, à Haeltert, pour le relèvement du point à l'aiguille dans le pays d'Alost, et l'heureuse influence de Mlle Slock, à Wyngene, pour l'enseignement de la fine duchesse de Bruges.

La division du travail et des fonctions commerciales rend très difficile, même pour l'ouvrière d'élite, l'accession au patronat. Isolée et routinière, l'ouvrière subit son sort ; rarement il lui vient à l'idée de se procurer des dessins ou des modèles et de travailler ou de faire travailler pour son compte. Elle le voudrait, d'ailleurs, que souvent elle ne le pourrait pas, étant liée au facteur par les avances sur le salaire. Cependant un certain nombre d'ouvrières, celles qui disposent d'un petit capital roulant et connaissent un débouché, se sont établies comme factoresses. La plupart des petits intermédiaires locaux sont d'anciennes ouvrières ou des filles d'ouvrières ; mais leur nombre, déjà très grand, ne tend plus à s'accroître.

Une autre conséquence de la division du travail, c'est l'agglomération du personnel ouvrier. Il est de fait que dans toutes les régions où l'industrie dentellière est encore florissante, les ouvrières sont proportionnellement plus nombreuses dans les centres de quelque importance que dans les parties peu habitées. La dentellière a tout intérêt à se trouver à proximité de l'intermédiaire qui lui remet son ouvrage, ses matières premières et son salaire. Là où les dentellières sont en très petit nombre, il est certain que l'industrie périclite, et c'est en bonne partie à cause de la dispersion des habitations et du défaut de communications que l'industrie de la dentelle n'est pas prospère en Campine et dans les Ardennes. Cette nécessité de l'agglomération est surtout vraie, nous l'allons voir à l'instant, pour le point à l'aiguille ; la fabrication de celui-ci demande, en effet, de multiples opérations et l'intervention de plusieurs catégories d'ouvrières.

III.

DESCRIPTION ET FABRICATION DES DENTELLES ET BRODERIES SUR TULLE EXÉCUTÉES EN BELGIQUE.

Les dentelles, comme il a été dit plus haut, se divisent en dentelles à l'aiguille et en dentelles aux fuseaux. La Belgique tient le premier rang dans la fabrication de ces deux genres et nos ouvrières exécutent la plupart des points connus. Nous donnons ici une description sommaire des divers points faits en Belgique et joignons, pour chacun d'eux, quelques détails sur la fabrication et sur les principaux centres de production dans le pays (1).

§ 1. — POINT A L'AIGUILLE.

Comme leur nom l'indique, les dentelles à l'aiguille sont exécutées sans l'aide d'aucun autre accessoire qu'une aiguille;

(1) Les documents publiés sur la fabrication des dentelles sont aussi rares qu'incomplets. Citons cependant : pour le point de Bruxelles, l'excellente monographie de M. Vander Dussen; pour les dentelles aux fuseaux, l'ENCYCLO-PÉDIE DES OUVRAGES DE DAMES, par *Thérèse de Dilmont* (Dornach, Alsace) ; le TRAITÉ DE LA DENTELLE AUX FUSEAUX, par *Mme Louise d'Alcq* (Paris). Voy. aussi les ouvrages, déjà cités, de Mrs Bury Palliser et de M. Lefébure et, dans l'ouvrage de Mrs Nevill Jackson, l'intéressant chapitre intitulé : *A Dictionary of lace.*

elles se composent de tissus faits au moyen de différents points de feston et sont travaillées avec un seul fil.

Les opérations suivantes sont à la base de toute dentelle à l'aiguille.

Il faut d'abord préparer le dessin. Nous dirons plus loin dans quelles conditions celui-ci est exécuté. Avant d'être remis à la dentellière, le dessin, exécuté sur papier blanc, est calqué sur un papier huilé spécial, d'une certaine solidité. Le décalque est appliqué à son tour sur du papier blanc, lequel a été fixé préalablement sur un carreau en crin recouvert de toile; ce papier blanc est lui-même divisé en autant de subdivisions que l'ensemble de la dentelle à exécuter comprendra de morceaux séparés. Ces subdivisions, dont la dimension varie d'après les dessins, atteignent rarement un décimètre carré. Tout étant ainsi disposé, on pique les différentes parties du dessin sur ces morceaux de papier. Cette opération se fait avec une aiguille emmanchée dans un petit cylindre de bois, qui sert de poignée. Au moyen de cet instrument appelé *picot* ou *aiguille à piqueter*, on pique des trouets dans le dessin en traversant en même temps le papier sur lequel celui-ci est placé. On suit ainsi, en les piquant, toutes les lignes du dessin, en ayant soin de ne pas trop rapprocher les petits trous les uns des autres, afin qu'il ne se produise pas de déchirures. Dans certains ateliers, le picot est mû par un procédé mécanique et est seulement dirigé par la main de l'ouvrière, dont le travail est ainsi beaucoup plus rapide.

Le dessin étant ainsi reproduit sur le papier blanc, l'original est déposé dans les cartons du fabricant et les morceaux piqués sont soumis à la *ponçure*.

La ponçure se fait au moyen d'un petit cylindre de gros drap appelé *poncette*, sur lequel on a frotté un peu de blanc de céruse. Sous la piqûre on place un papier de couleur foncée, généralement bleu noirâtre, et, au moyen de la poncette, on exerce sur la piqûre de légers battements; la céruse traverse les trouets de la piqûre et va se fixer sur le papier placé immédiatement au-dessous. Souvent aussi, on évite la ponçure en piquant directement les morceaux de papier bleu qui serviront à l'exécution de la dentelle.

Le dessin étant ainsi préparé, il est remis entre les mains de l'ouvrière. Il comprend généralement une partie de bouquet, d'ornement, de rinceau, formant une division naturelle de l'ensemble du dessin. Cette partie de dessin confiée à une ouvrière porte souvent le nom de *fleur*.

L'ouvrière, ayant reçu son dessin, commence par l'assujettir au moyen d'un léger faufilage sur un morceau de toile ou de cotonnade. Elle réunit ensuite quatre ou cinq brins du fil qui servira à faire la dentelle et fixe la mèche ainsi obtenue sur le contour du des-

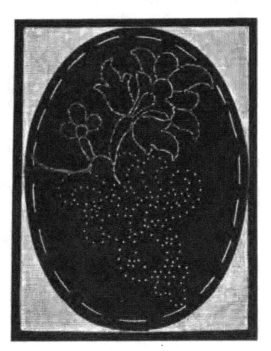

Fig. 11. — Préparation des dentelles a l'aiguille.

sin, à l'aide d'un point jeté par-dessus les fils (*point-clair*) à chacun des trous ou marques de ponçure. Ce point est fait avec un fil d'une finesse extrème, appelé fil de point-clair ; il relie la mèche de fils au dessin et à la toile de doublure, qu'il traverse d'outre en outre, et n'a d'autre but que de soutenir le bâti en fil qui indique les contours de la fleur à exécuter.

Lorsque la fleur sera achevée, l'ouvrière coupera ce fil mince qui reliait sa dentelle à la toile et qui alors ne lui servira plus à rien.

La figure 11 donne une idée des points de piqûre sur lesquels l'ouvrière doit se guider et montre le commencement du tracé, qui est l'opération préliminaire de la dentelle.

Fig. 12. — Confection des dentelles a l'aiguille.

Ce n'est que lorsque le tracé est achevé que l'ouvrière peut commencer la dentelle proprement dite. Celle-ci doit être exécutée avec grand soin, afin que le fil conserve toute sa blancheur. Pour cela, l'ouvrière prend un morceau d'étoffe, ou, de préférence, un carré de toile cirée noire, un peu plus grand que la dentelle à exécuter; elle y coupe une petite ouverture ronde et maintient constamment cette étoffe sur sa dentelle en faisant correspondre l'ouverture à l'endroit où elle est occupée à travailler. Ce n'est que dans l'espace ainsi découvert que l'ouvrière fait manœuvrer son aiguille. Le morceau d'étoffe étant mobile, elle peut toujours déplacer l'ouverture au fur et à mesure que son ouvrage avance.

Le tracé, établi comme nous l'avons dit, sert de support au tissu qui est la dentelle, et qui se compose de parties pleines ou mates et de parties ajourées, celles-ci variant à l'infini. Ces parties ajourées, qu'on appelle les *jours*, sont généralement intercalées dans la dentelle par une ouvrière spéciale ; l'ouvrière ordinaire ne s'en occupe pas et se borne à remplir de *mat* l'espace compris à l'intérieur du tracé, se réglant d'après les indications qu'elle a reçues pour donner à la trame du *mat* plus ou moins de transparence. Elle ne s'arrête que lorsque tous les vides du tracé, à l'exception de ceux destinés à des jours, sont comblés par le travail de son aiguille. Les figures 12 et 13 montrent le *mat* dans une fleur en dentelle de Venise qui ne comporte

Fig. 13. — LE « MAT » DANS LES DENTELLES A L'AIGUILLE.

pas de *jours*. Dans la figure 12, le *mat* n'est qu'en partie terminé et laisse voir une partie du tracé.

Lorsque le *mat* est terminé, l'ouvrière borde les contours du dessin d'un cordonnet de gros fil et elle recouvre ce cordonnet de festons très serrés, exécutés au point de boutonnière (fig. 14).

La première opération de la dentelle à l'aiguille est achevée et l'ouvrière coupe les points clairs qui rattachaient son morceau de dentelle à la toile de doublure. Vient alors la confection du fond, qui doit s'intercaler entre les morceaux d'une même dentelle et les réunir, puis l'assemblage de ces morceaux et l'exécution des *jours*; mais, pour l'étude de ces nouvelles phases de la fabrication, il faut considérer chaque genre de dentelle en particulier.

Les dentelles à l'aiguille fabriquées en Belgique sont : le *point de Bruxelles*, l'*application de Bruxelles* et les *dentelles de Venise*. Celles-ci comprennent : le *point de Venise* proprement dit, le *point de rose*, appelé parfois *Rosaline,* et le *point de Burano.*

Fig. 14. — Achèvement d'une « fleur » en point a l'aiguille.

1. *Point de Bruxelles.*

Le point de Bruxelles est aussi appelé, en Belgique, *point à l'aiguille* et, plus spécialement, *point gaze* ou *point de gaze*. Il faut comprendre aussi sous le nom de point de Bruxelles le point dit *d'Angleterre*, dont nous parlerons en nous occupant des dentelles aux fuseaux.

L'appellation toute moderne de *point gaze* vient de ce que le fonds de la véritable dentelle de Bruxelles se compose aujourd'hui d'un très fin réseau de mailles exagones, travaillé par l'ouvrière, en même temps que les fleurs, comme dans le vieux point de Bruxelles.

Jusqu'il y a un siècle il y avait deux sortes de fonds dans le point de Bruxelles : le *réseau* et la *bride* (1). La bride fut abandonnée peu avant la Révolution française. Quant au réseau à l'aiguille travaillé simultanément avec la dentelle, il commença à être délaissé dès le début du règne de Louis XV. On lui substitua des bandes de réseau uni faites aux fuseaux, et sur ces bandes, rattachées l'une à l'autre, on appliqua les ornements en point à l'aiguille. Le point de Bruxelles s'appelait alors communément point d'Angleterre. Lorsque ce réseau à la main fut remplacé par le tulle mécanique, on se remit à fabriquer l'ancien réseau à l'aiguille faisant corps avec la dentelle, et en même temps que reparut le nom de point de Bruxelles, on inventa la dénomination de point gaze, qui caractérisait une des parties essentielles du point de Bruxelles restauré.

Le point de Bruxelles comprend quatre parties. C'est d'abord le *mat*, tissu réticulaire et serré, à mailles hexagones. Les lignes formant ces mailles doivent être plus fortes et d'un relief plus accentué que celles qui constituent les mailles du fonds ou gaze; à cet effet on les épaissit par l'addition d'un fil. Il y a plusieurs espèces de mat, qu'on emploie suivant les besoins du dessin. Le mat, en point à l'aiguille, représente les parties éclairées du dessin qu'on veut reproduire en dentelle.

La *gaze* est également un tissu réticulaire à mailles hexa-

---

(1) La *bride* est une maille composée de fils plus nombreux et plus tordus que dans le réseau; elle est plus longue que la maille du réseau, plus irrégulière aussi et souvent ornée de picots (*bride picotée*).

gones. Ses mailles sont simples et unies et c'est en quoi elles
diffèrent du point précédent. La gaze est destinée à l'exécution
des fonds, sur lesquels se détachent les ornements en mat, et

Fig. 15. — JOURS EN POINT A L'AIGUILLE.

elle sert aussi pour les parties du dessin qui ne sont que
faiblement ombrées.

Les jours (fig. 15) se composent de petits dessins qu'on peut varier à l'infini, tels que chaînettes, boulettes, étoiles, rosaces, reliés entre eux et maintenus en place par des fils minces. Ces jours, dont la beauté dépend entièrement de l'habileté de l'ouvrière, constituent la partie la plus délicate de la dentelle de Bruxelles. Ils sont destinés à représenter les ombres les plus accentuées du dessin et se placent généralement dans la corolle d'une fleur, au centre d'un ornement dont ils doivent faire ressortir les parties mates.

Enfin, l'emploi des *cordonnets* a pour but de marquer les contours et les lignes saillantes du dessin. Ces cordonnets ou *brodes* (en flamand : *borduersel*) se composent d'un fil plus ou moins épais, suivant la grosseur qu'on veut donner aux reliefs du dessin. Il faut, en effet, que les ornements à demi-masqués, comme certaines fleurs dans un bouquet, soient moins saillants que les ornements qu'on veut faire ressortir. Ces cordonnets, nous l'avons dit, sont recouverts d'un point de boutonnière très serré, dont l'effet est de donner aux reliefs du brillant et de la régularité.

La fabrication du point de Bruxelles est des plus compliquée. De nombreuses ouvrières prennent part à la confection d'une pièce de dentelle importante. Elles se divisent en trois catégories : les *pointeuses*, les *foneuses* et les *monteuses*.

La *pointeuse* (*naaldwerkes*) confectionne les fleurs en point.

La *foneuse* (*grondwerkes*) fait les jours dans les ornements en mat. Ce travail s'appelle *fonage*.

Enfin, la *montcuse* ou *raccrocheuse* est chargé de coudre l'une à l'autre les diverses pièces de dentelle. Comme celles-ci sont très petites et que la confection de chacune d'elles prend parfois plusieurs jours, il s'ensuit que la monteuse a souvent à joindre bout à bout l'ouvrage de très nombreuses ouvrières.

Le point de Bruxelles se fait en fil de coton. Il est peu de dentelles aussi résistantes, aussi coûteuses et d'un usage aussi général : les princesses partagent avec les milliardaires américaines le privilège des robes en point de Bruxelles; pour d'autres, moins fortunées, on en fait de légers papillons, d'impondérables libellules ornant à merveille les cheveux ou le corsage; mouchoirs, berthes, collerettes, éventails, le point de Bruxelles prend toutes les formes, il épouse toutes les fantaisies de nos modernes élégantes. Il franchit aussi, mais plus rarement, la porte de nos églises et sert parfois de garniture aux riches ornements du culte; la figure 4 reproduit un coussin de toute beauté, offert il y a quelques années à S. S. le Pape Léon XIII et exécuté par la maison Minne-Dansaert, de Haeltert.

Ce qui fait la beauté d'une pièce en point de Bruxelles, c'est la régularité du réseau, la netteté et la grâce des contours, le brillant des reliefs, la variété et la finesse des jours, enfin et surtout, peut-être, la perfection du dessin. A ces divers points de vue, la fabrication s'est maintenue dans quelques centres à la hauteur de ce qu'elle a été autrefois. Par contre, dans beaucoup d'endroits, elle est devenue médiocre ou tout-à-fait mauvaise; le réseau est grossier et se rattache tant bien que mal au mat : les fleurs sont irrégulières et les cordonnets qui les contourent, à peine rebrodés, semblent un vulgaire faufilage et alourdissent le dessin; quant à celui-ci. il est, plus que pour d'autres dentelles, quelconque et sans art.

Le point de Bruxelles ne se fabrique presque plus dans la ville qui lui a donné son nom. En 1786, la dentelle occupait plus de 100,000 personnes à Bruxelles et à Malines (1). Jusqu'au milieu du XIXe siècle, les dentellières de Bruxelles avaient la réputation d'être les meilleures ouvrières en point de tout le pays; en 1846, une enquête officielle en relevait 4,000. Aujourd'hui, il y a en tout à Bruxelles environ 200 dentellières, et encore dans ce nombre faut-il comprendre un certain nombre d'ouvrières fabriquant les dentelles autres que le point de Bruxelles et qui ont été transplantées du pays flamand dans

(1) SHAW, *Essai sur les Pays-Bas autrichiens*, édition de 1786, p. 59.

les petits ateliers de la capitale ; il faut y comprendre aussi une forte proportion de striqueuses et de piqueuses et quelques foneuses et pointeuses venant de la province. Bref, la population dentellière de Bruxelles se réduit actuellement à quelques vieilles ouvrières habitant le quartier de la rue Haute et il est certain que dans dix ans il n'y en aura plus une seule.

Le point à l'aiguille est encore fabriqué par quelques ouvrières du Brabant, principalement dans les villages de la frontière ouest et dans le sud de la province. Mais le véritable centre de cette industrie c'est la partie de la Flandre orientale circonscrite entre les villes de Gand, Audenarde, Grammont, Alost et Termonde.

D'autres dentelles sont encore fabriquées dans cette dernière région, mais c'est le point à l'aiguille qui y est surtout en honneur. On n'en fabrique guère dans les villes. A Gand, cependant, un curé d'une paroisse suburbaine vient d'ouvrir une école de point à l'aiguille pour les enfants et jeunes filles sans ouvrage. C'est surtout dans les campagnes, aux environs de Wetteren et Overmeire, et, plus encore, dans le pays d'Alost, que se fabrique le point à l'aiguille. Pour la confection de cette dentelle, le sud-ouest de la Flandre orientale jouit actuellement en Belgique d'un monopole presque absolu.

2. *Application de Bruxelles à l'aiguille.*

Nous avons vu que l'application de Bruxelles a une origine relativement moderne. Jusqu'au début du règne de Louis XV elle était inconnue ; sous Louis XV elle jouit d'une faveur générale. Le vrai réseau qui lui servait de fond se faisait aux fuseaux en fils de lin très fins qui donnaient une souplesse et un moelleux inimitables à ce genre de dentelle « Comme couleur, dit M. Lefébure, ce lin, d'un blanc crémé, était d'une nuance très favorable au teint des femmes blondes qui se sont succédées pendant le XVIII° siècle sur le trône de France. Cela fut si remarqué, que la mode amena l'habitude de tremper les dentelles blanches dans du thé (ou dans du café) pour leur redonner l'apparence séduisante du lin naturel (1). »

Ce réseau (en flamand *drochel* ou *droschel*) était fabriqué par bandes de 8 à 18 centimètres de large (2) sur 1 mètre 10 de long, qu'on réunissait ensuite par un point longtemps connu des seules dentellières de Bruxelles et d'Alençon. On nommait ce point *assemblage* ou *point de raccroc* et l'ouvrière qui l'exé-

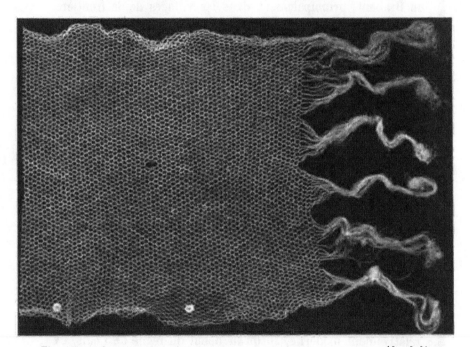

Fig. 17. — Commencement d'une bande de gaze exécutée aux fuseaux *(drochel)*.

cutait était appelée *jointeuse*. Celle qui faisait le réseau était la *brocheleuse* (*drocheles*) et on appelait *dentellière* (*kantwerkes*)

(1) Lefébure, *op. cit.*, p. 299.

(2) Le *drochel* se faisait primitivement avec du lin filé dans des caves humides, d'une souplesse et d'une finesse extraordinaires. Il se confectionnait en minces lanières mesurant un ou un demi-centimètre de largeur. Un magnifique bonnet à fond de *drochel* est conservé au Musée Gruuthuuze, à Bruges.

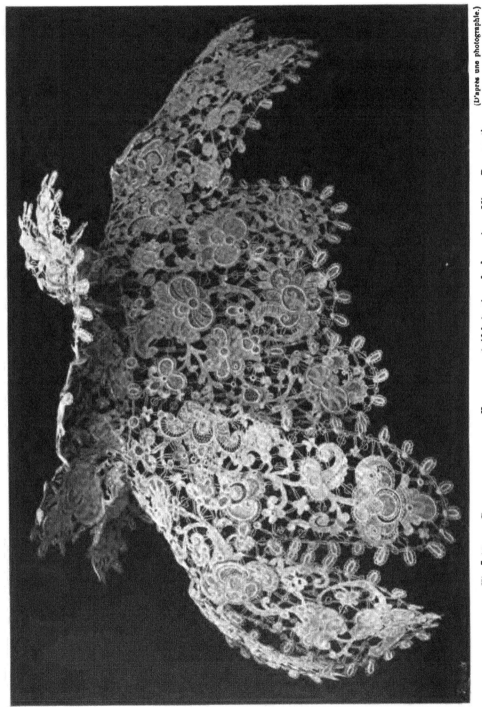

Fig. 48. — Berthe en point de Venise picoté (fabrication de la maison Minne-Dansaert).

(D'après une photographie.)

Prix : 1500 francs.

l'ouvrière qui faisait l'engrèlure formant la lisière du réseau.

Mrs Bury Palliser dit que le réseau se faisait de deux manières : à l'aiguille et aux fuseaux. Nous croyons, cependant, que le réseau aux fuseaux était seul employé pour l'application.

Vers 1830, l'invention du tulle mécanique donna un élan tout nouveau à ce genre de travail. Les prix se trouvant considérablement diminués par la substitution du tulle au vrai réseau, il se consomma, à partir de ce moment, des quantités considérables de ces applications, et celles-ci prirent le nom d'*application de Bruxelles* (application sur tulle de Bruxelles), qu'elles ont gardé jusqu'à ce jour. On appela du même nom les fleurs aux fuseaux appliquées sur tulle, dont nous aurons à nous occuper plus loin, et l'on réserva le nom de *point d'Angleterre* aux seules dentelles aux fuseaux dont les fleurs sont reliées par un réseau à l'aiguille.

Malgré l'invention du tulle mécanique, le véritable réseau aux fuseaux fut utilisé pendant quelque temps encore. L'*Exposé de la situation de la Flandre orientale* pour l'année 1851 dit qu'il y a dans la fabrication du point de Bruxelles « deux ouvrages distincts : celui du réseau, qui consiste dans un tissu très fin, délicat et uni ; celui des fleurs, qui se confectionnent séparément et qui s'appliquent ensuite à l'aiguille sur le réseau ». M. Van der Dussen, qui écrivit en 1860 son opuscule sur l'*Industrie dentellière belge*, parle du réseau véritable comme étant d'une fabrication encore courante, et Mrs Bury Palliser, qui publia en 1874 son beau livre sur l'*Histoire de la dentelle*, constate que le réseau se fait encore dans les cas de commandes royales.

Aujourd'hui, le réseau à la main est complètement remplacé par le tulle mécanique et sa fabrication est perdue.

Le tulle mécanique se fabrique à Bruxelles, à Vilvorde, à Arlon, à Saint-Pierre-lez-Calais, à Nottingham. Les fabricants belges emploient peu de tulle anglais et se servent surtout des

tulles de Vilvorde et de Bruxelles, les plus souples et les plus
réguliers. Le prix des tulles pour application varie de 10 à
50 francs le mètre; les tulles pour broderie coûtent de 2 à
10 francs; la largeur des tulles va de 2^m.80 à 5 mètres.

Non seulement l'invention du tulle mécanique favorisa la
production de la dentelle-application, mais elle permit d'entreprendre des grandes pièces qu'on n'eût jamais osé faire auparavant à cause du prix énorme auquel elles seraient revenues :
tels sont les châles, les voiles de mariée, les robes en application. Pour des objets de moindre importance, tels que volants,
cols, manchettes, cravates, éventails, parasols, on se sert
également de l'application sur tulle, mais les petites pièces
destinées à rester très souples, telles que les mouchoirs, continuent à être exécutées en point gaze.

Le tulle mécanique n'a pas le charme qu'avait le vrai réseau;
fait en coton, tout comme les fleurs qu'on y applique, il est
sans souplesse et n'a pas ce moelleux et cette irrégularité qui
faisaient la grâce de l'ancien réseau en fils de lin. En revanche,
la vogue que son invention a donnée à la dentelle d'application
a concouru à relever beaucoup le niveau artistique des dessins.
L'application de Bruxelles a donné lieu de nos jours à des productions aussi variées qu'originales et les dessins modernes sont
très supérieurs aux branchages légers et souvent insignifiants
qu'on se contentait, au XVIIIe siècle, de lancer sur le réseau.
L'exécution de cette dentelle a fait aussi de grands progrès. La
figure 16 reproduit un éventail en application de Bruxelles,
d'une exécution admirable. Le travail des *mats* et des *jours*,
d'une fermeté rare, imite à la perfection les ombres et les nervures du dessin; le bord extérieur de l'éventail est agre-
menté d'une engrèlure et d'ornements d'une grande finesse,
exécutés aux fuseaux.

Le travail des fleurs d'application est le même que celui des
fleurs du point de Bruxelles. Une seule opération diffère dans
l'exécution de ces deux dentelles : dans le point de Bruxelles,

le fond est fait à l'aiguille et les morceaux sont rattachés entre eux ; dans l'application, les morceaux sont cousus sur le fond en tulle mécanique et cette opération, qui s'appelle *stricage*, est confiée à une ouvrière spéciale, la *striqueuse (strikes)*.

Le stricage se fait sur un grand métier, ayant la largeur de la pièce de tulle qui doit recevoir l'application. Beaucoup d'ouvrières striqueuses habitent Bruxelles, mais l'application se fait aussi dans les mêmes centres que le point gaze.

3. *Points de Venise.*

Les dentelles ou points de Venise se distinguent par la richesse et l'élégance de leurs rinceaux, par l'abondance de leurs festons brodés en relief, par la fantaisie et la finesse de leurs ornements. Tandis que les autres dentelles évoluaient suivant le goût des siècles, le point de Venise a gardé le cachet de somptuosité massive que lui imprima la Renaissance. Ses dessins sont restés ce qu'ils étaient alors et le point de Venise qu'on exécute de nos jours en Belgique et à Burano s'inspire encore toujours des modèles en vogue au temps de Louis XIV ; seules ses applications ont changé.

La fabrication des dentelles de Venise est sensiblement la même que celle du point de Bruxelles ; mais les plus beaux points de Venise requièrent, chez l'ouvrière, une habileté professionnelle plus grande peut-être ; leur caractère, en effet, c'est d'être tout en festons, en reliefs, en ornements brodés ou picotés, souvent aussi difficiles à exécuter que les *jours* du point gaze. La principale différence entre ce dernier point et les points de Venise, c'est que le champ ou fond du point gaze est un tissu réticulaire formant réseau, tandis que les champs des dentelles vénitiennes, à l'exception du point de Burano, sont composées de *brides* ou *barrettes*, ou d'autres ornements à jour. De plus, les points de Venise se font toujours en fils de lin, auxquels on laisse parfois leur couleur jaunâtre, tandis que le point gaze est exécuté en fils de coton très blancs.

Le *point de Venise* proprement dit, dont un bel exemplaire est reproduit par la figure 18, est le plus communément fabriqué en Belgique. C'est la plus massive et la plus somptueuse des dentelles vénitiennes. Elle se distingue par la richesse et la variété de ses jours, par la beauté de ses grandes fleurs, que relient entre elles des brides souvent ornées de picots (brides picotées), par la grosseur de ses festons, bourrés de fil à l'intérieur. On fabrique en point de Venise toutes sortes d'articles, tels que volants, cols, manchettes, berthes, devants de corsages, robes entières. La fabrication se fait en gros et en fin. On a, dans ces derniers temps, porté beaucoup de robes en gros point de Venise travaillé avec du lin jaunâtre. La berthe de la figure 18 est d'un fort beau travail et se fait remarquer par la finesse de ses jours et de ses brides picotées.

Le *point de rose* (fig. 19) est moins opulent mais peut-être plus gracieux que le point précédent. Il se compose de rinceaux très fins, rebrodés en relief, dont les innombrables ramures s'enchevêtrent au point de former presque un tissu (1). Il n'a pas les grands ornements pompeux du point de Venise, mais seulement, de distance en distance, une légère fleur à jour qui rompt la monotonie des rinceaux. Ceux-ci occupent tout le fond de la dentelle. Ils sont reliés entre eux par des barrettes courant en tout sens ou, plus rarement, disposées en losanges. On ne fabrique en point de rose que des volants; ceux-ci ne sont jamais festonnés : la *tête* (bord supérieur) se termine par un cordonnet tout droit; le *pied* (bord inférieur) se compose d'un cordonnet semblable, auquel on ajoute le plus souvent une sorte d'engrèlure à picots et à brides.

Le lin blanc le plus fin est seul employé pour le point de

----

(1) Plus rarement, le point de rose se compose d'ornements symétriques en relief, disposés sur fonds de brides. Une variété un peu moins fine du point de rose est appelée *perles de Venise*.

rose. La fabrication de celui-ci est encore plus difficile que celle du point de Venise. Le point de rose ne se fait qu'en très beaux articles et n'est confié qu'à d'excellentes ouvrières. Celles-ci doivent être rompues au métier ; il faut qu'elles jouissent d'une vue excellente et même qu'elles ne soient pas dépourvues d'un certain sens artistique. L'exécution des rinceaux demande une régularité parfaite dans le travail ; un écartement trop grand entre deux ornements, le relâchement de quelques brides produisent des trous, dont l'effet est d'autant plus désastreux qu'il est fort remarqué. Bref, le point de rose est par excellence une dentelle qui ne souffre pas la médiocrité. C'est aussi la plus chère des dentelles de fabrication belge.

Le *point de Burano* fabriqué en Belgique est une dentelle assez inférieure aux autres points vénitiens. Elle se fait également en fils de lin et a pour fond un réseau qui se distingue de celui du point de Bruxelles par ses mailles presque carrées. On

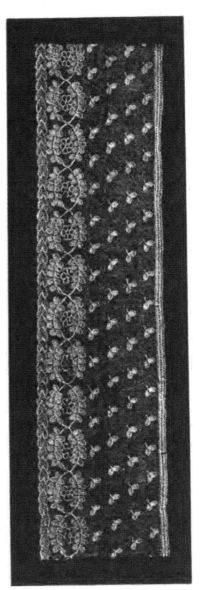

Fig. 20. — Volant en point de Burano.

en fait des volants avec ou sans festons et de petits articles tels que mouchoirs et cravates.

Ces divers points sont fabriqués en Belgique avec une perfection plus grande qu'à Venise et à Burano (1). On m'assure que les magasins de luxe de la place Saint-Marc vendent fréquemment comme dentelles de fabrication vénitienne des productions belges (2). Les principaux centres pour la confection des points de Venise, dans notre pays, sont quelques villages des environs d'Alost et de Wetteren; comme nous le disions plus haut, la fabrication de ces dentelles étant difficile, leur production est fort chère et, par suite, très restreinte.

Fig. 21. — Volant en point de Burano.

§ 2. — Dentelles aux fuseaux.

La caractéristique du point à l'aiguille, c'est le relief et l'accentuation des fleurs; le caractère dominant de la dentelle

(1) L'ouvrière italienne ne sait pas travailler avec un fil plus fin que le numéro 150, tandis que nos bonnes ouvrières belges sont habiles à manier le numéro 500 du même fil. Cependant, en ces derniers temps, l'industrie dentellière vénitienne a réalisé des progrès considérables et, grâce surtout à l'élan qui lui est donné par l'école de Burano, elle ne cesse de se perfectionner, tant sous le rapport artistique qu'au point de vue technique. Les ouvrières de Burano dépassent de loin les nôtres dans la fabrication du point de Burano.

(2) Une des principales maisons italiennes exposa en 1894, à Chicago, des guipures de Venise faites en Belgique.

aux fuseaux, c'est, au contraire, le fondu des contours. « L'aiguille, a dit justement Charles Blanc, est au fuseau ce que le crayon est à l'estompe. Le dessin, que le fuseau adoucit, l'aiguille le précise et, en quelque sorte, le burine (1). » La dentelle à l'aiguille a plus d'éclat et sert à des usages plus nobles; la dentelle aux fuseaux a plus de souplesse et de charme, et ses flots vaporeux semblent faits pour idéaliser la grâce.

Le nom de *dentelle* appartient spécialement à la dentelle aux fuseaux, tandis que la dentelle confectionnée à l'aiguille porte la désignation générique de *point*. Jusqu'à la fin du règne de Louis XIV, cette distinction était connue et appliquée par la mode. Sous Louis XV, l'étiquette de la cour prescrivait le port du point aux réceptions d'hiver, l'usage de la dentelle aux fêtes d'été. Mais déjà dès le milieu du XVIIIe siècle on commença à perdre la distinction primitivement établie de dentelle et de point. Aujourd'hui on dit indifféremment point de Bruxelles et dentelle de Bruxelles, bien qu'il s'agisse d'une dentelle faite à l'aiguille. On dit aussi : point de Lille, point de Flandre, alors que, pour parler correctement, il faudrait dire : dentelle de Lille, dentelle de Flandre, tout comme on dit : dentelle de Binche et dentelle de Malines.

L'appellation moderne de *point* désigne généralement, dans une dentelle, la forme particulière des mailles dont se compose son réseau.

A part les torchons, les guipures et les dentelles qui en sont dérivées, toutes les dentelles aux fuseaux comprennent deux parties principales : le fond ou *réseau*, les ornements ou *fleurs*. Dans certaines dentelles, le fond ne se fait plus aux fuseaux ; ainsi, le fond du *point d'Angleterre* se fait à l'aiguille et le réseau de *l'application de Bruxelles* aux fuseaux est en tulle mécanique, noir ou blanc. C'est cependant toujours par les mailles du réseau qu'on distingue les différentes dentelles dont les parties mates sont confectionnées sur le carreau. (Voir fig. 23.)

(1) Charles Blanc, *L'art dans la parure*, p. 229.

Voici un tableau des diverses dentelles aux fuseaux fabriquées en Belgique, avec l'indication de celles qui ont pour fond un réseau à mailles :

CLASSIFICATION DES DENTELLES AUX FUSEAUX.

1. Valenciennes . . . . réseau aux fuseaux.
2. Point de Flandre . . .   —
3. Binche . . . . . .   —
4. Malines . . . . .   —
5. Point de Lille . . .   —
6. Point de Paris . . .   —
7. Chantilly . . . . .   —
8. Blonde ou dentelle espagnole . . . . . .   —
9. Point d'Angleterre . . réseau à l'aiguille.
10. Application de Bruxelles. réseau en tulle mécanique.
11. Torchon . . . . . pas de réseau.
12. Guipure (1) . . . .   —
13. Duchesse . . . . .   —
14. Bruges . . . . . .   —
15. Dentelles mélangées.
16. Fantaisies.

Le dentelles aux fuseaux sont, en général, d'une exécution plus facile que les points à l'aiguille. Il est certain que l'ouvrière en point à l'aiguille a plus d'initiative à déployer. Elle n'a pour se guider qu'un fil de trace ; tout le reste, elle doit pour ainsi dire le *créer* avec son aiguille ; de plus, son travail est d'une extrême finesse. La fonction de la dentellière est, au contraire, plus mécanique. Elle se borne à suivre pas à pas les indications du modèle placé sur son carreau et le maniement des épingles et des fuseaux devient chez elle un mouvement presque instinctif. — D'autre part, le mécanisme du travail aux fuseaux ne s'acquiert pas vite. L'apprentissage de certaines

(1) Sauf en ce qui concerne le point de Milan, la guipure n'a pas de réseau.

dentelles est extrêmement long et leur exécution est parfois
si ardue, que seules les ouvrières exceptionnelles peuvent
l'entreprendre.

La fabrication de la dentelle aux fuseaux est aussi moins
divisée que celle du point à l'aiguille. En général, la même
ouvrière commence et achève une dentelle. Cependant, le point
d'Angleterre, l'application de Bruxelles et quelques autres
dentelles aux fuseaux se font par morceaux et ceux-ci doivent
être ensuite réunis ou appliqués. De plus, une grande difficulté
dans la fabrication des dentelles aux fuseaux, c'est l'exécution
des patrons qui servent à faire de nouveaux dessins.

Pour les dentelles étroites et peu compliquées, la confection
d'un patron nouveau est facile. Au surplus, le besoin de dessins nouveaux, et par conséquent de patrons, ne se fait que
rarement sentir dans ce genre de dentelles. Pas de difficulté
non plus lorsqu'il s'agit de dentelles se fabriquant avec un
nombre de fuseaux très restreint, telles que la duchesse, le
Bruges, l'application, le point d'Angleterre.

Mais où la difficulté commence, c'est lorsqu'il faut exécuter
en dentelle fine un dessin nouveau de quelque importance. Il
ne suffit pas que la *patronneuse* soit une ouvrière rompue au
métier. Il faut encore qu'elle soit au courant de cet art tout
spécial qui consiste à traduire en dentelle une idée neuve.
Seules, quelques ouvrières très intelligentes et possédant tous
les secrets de la fabrication sont capables de *patronner* une
dentelle. Cet art, elles l'ont appris d'une autre patronneuse et
elles le transmettront à une ou deux élèves jugées dignes de
cette faveur ; si elles négligent de faire connaître leur secret,
l'art dont elles sont les seules dépositaires est condamné à disparaître avec elles.

Avant d'examiner le mécanisme de la fonction de patronneuse, donnons une idée générale du travail de la dentellière
ordinaire.

Le matériel de la dentellière comprend : un coussin, généralement monté sur un support ; du fil, des fuseaux, un dévidoir et un rouet, des épingles, un patron et, si le dessin à exécuter est difficile, un modèle en dentelle.

Le *coussin* servant à la confection de la dentelle aux fuseaux s'appelle, suivant les pays : carreau, oreiller, métier, tambour. En Belgique, l'appellation de *carreau* est seule connue (en flamand : *kussen*, coussin).

Le carreau employé en Belgique (fig. **24**) présente une surface légèrement bombée ; son épaisseur est d'environ 18 centimètres ; sa forme carrée, si la dentelle à exécuter est un volant, ronde, si le travail doit être fait par morceaux ou sur un métier tournant ; il est bourré de coton, de laine ou d'une autre matière qu'une épingle peut percer facilement et couvert d'une enveloppe d'étoffe solide et très bien tendue, pouvant tenir droites les épingles qu'on y enfonce légèrement : cette étoffe est le plus souvent un morceau de forte toile bleue.

C'est sur ce carreau que l'ouvrière place le dessin à reproduire et qu'elle exécute la dentelle. Le carreau est lui-même placé sur un chevalet ou, plus rarement, sur un escabeau, et maintenu dans une position légèrement penchée, comme l'indique la figure **24**.

Les coussins carrés sont divisés en deux parties, qui s'adaptent l'une à l'autre. La plus large, qui absorbe les trois quarts du coussin, sert exclusivement à la fabrication de la dentelle ; la seconde, qui est la continuation du coussin, sert de fermeture à un tiroir ménagé dans la première partie. Ce tiroir renferme la dentelle achevée et est destiné à empêcher qu'elle se salisse ; il reste fermé pendant que l'ouvrière travaille. Lorsque l'ouvrière arrive avec la dentelle en voie d'exécution au bout de son carreau, elle peut allonger celui-ci en fixant à l'extrémité inférieure la partie étroite du carreau qui est adaptée au tiroir.

Les coussins ronds employés pour les dentelles du genre duchesse n'ont pas de tiroir ; on les recouvre d'une étoffe percée d'un trou de 5 à 6 centimètres de diamètre. Ce morceau d'étoffe protège la dentelle achevée et lui conserve sa

Fig. 24. — La dentellière flamande et son carreau.

(Cliché de M. Joseph Casier.)

fraîcheur, tandis que le trou pratiqué dans son milieu laisse à découvert la partie qui est en voie d'exécution.

Très rarement, les ouvrières belges se servent pour l'exécution des petits volants d'un coussin rond en forme de manchon (fig. 25), analogue à celui qu'on emploie en Saxe, en Angleterre et en Irlande.

Ce manchon est engagé dans un coussin plat et tourne sur un axe fixé à l'intérieur du coussin. Son diamètre est calculé de telle sorte que le dessin à reproduire en dentelle occupe toute la longueur du cercle décrit par le manchon. Le coussin plat est muni d'un tiroir, tout comme les coussins carrés, et généralement on le recouvre d'une étoffe percée d'un trou qui laisse émerger le manchon. Un coin de bois, placé entre le coussin plat et le manchon, empêche celui-ci de bouger pendant l'exécution de la dentelle ; quand une partie de la dentelle est achevée, l'ouvrière enlève le coin, donne un tour au manchon, met dans le tiroir la dentelle terminée, puis replace le coin et continue son ouvrage.

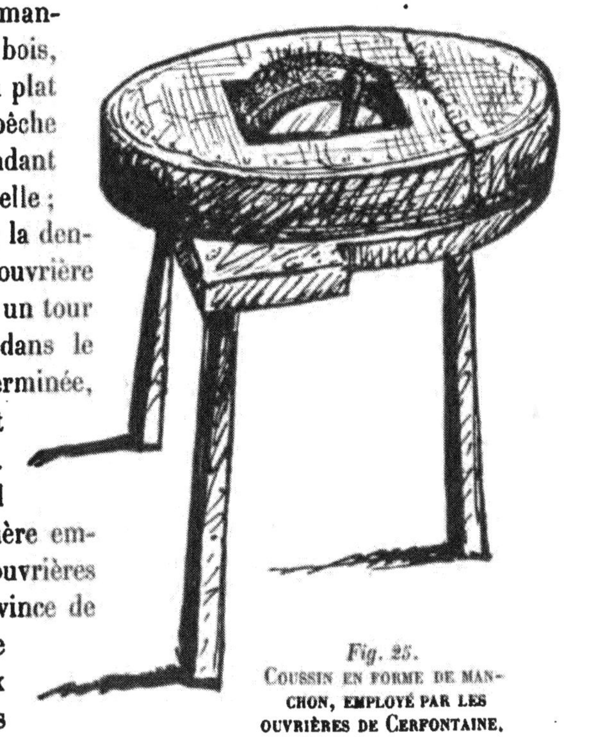

Ce genre spécial de coussin n'est guère employé que par les ouvrières de Cerfontaine (province de Namur). Son usage est très avantageux pour la confection des petits volants ; en effet, l'ouvrière qui se sert d'un coussin carré doit, comme nous l'expliquerons plus loin, déplacer toutes ses épingles chaque fois qu'elle arrive

Fig. 25.
Coussin en forme de manchon, employé par les ouvrières de Cerfontaine.

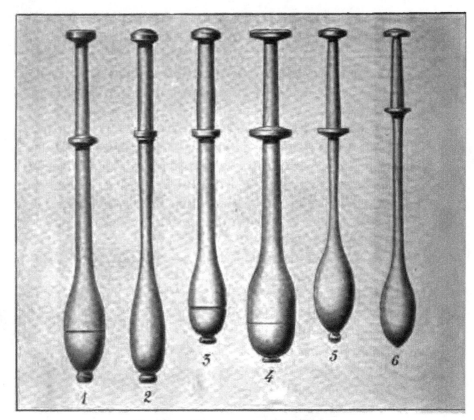

Fig. 26. — FUSEAUX EMPLOYÉS EN BELGIQUE.
1, 2 et 3. Valenciennes. — 4. Malines (cordonnet). — 5 et 6. Malines.

au bout du patron qu'elle traduit en dentelle, et par là elle perd un certain temps. Avec le coussin en forme de manchon, l'ouvrière se borne à imprimer de temps à autre un mouvement de rotation à son dessin, dont elle ne voit jamais la fin, et ainsi, elle peut gagner assez bien de temps dans la confection des petites dentelles. L'emploi du manchon n'est pas à conseiller pour les dentelles plus larges.

Les fuseaux (fig. 26 et 27) sont des petits instruments de bois, qu'on suspend au bout des fils à dentelle pour faciliter le maniement de ceux-ci par l'ouvrière.

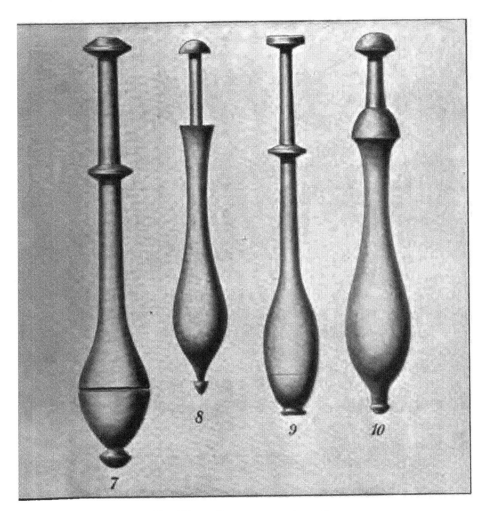

Fig. 27. — FUSEAUX EMPLOYÉS EN BELGIQUE.

7. Point de Paris. — 8. Application de Bruxelles. — 9. Torchon. — 10 Duchesse.

La tradition rapporte que les premiers fuseaux étaient de plomb (*piombini*) ou d'os (*bonework*) (1); aujourd'hui ils sont généralement faits en bois de buis, et l'on y distingue trois

(1) D'après Mrs Bury Palliser, le mot *bonework* (en anglais : travail aux fuseaux) serait dérivé de l'os (en anglais : *bone*) du pied de mouton, dont on se servait, en guise de fuseau, avant l'invention des fuseaux de bois. Voy. aussi la note de la page 100.

parties principales : la *poignée*, la *casse* et la *tête*. La poignée
a la forme d'une poire plus ou moins allongée ; c'est par elle
que l'ouvrière saisit le fuseau. La casse est une bobine termi-
nant le fuseau et placée immédiatement au-dessus de la
poignée ; l'autre extrémité du fuseau est formée par la tête,
seconde espèce de bobine, mais si petite relativement à la
casse qu'on la prendrait plutôt pour une rainure.

Chaque espèce de dentelle a ses fuseaux, mais les ouvrières
emploient souvent une espèce pour l'autre. En règle générale,
les dentelles se faisant sur carreau rond demandent seules
des fuseaux à tête et le poids des fuseaux, ainsi que leur
dimension, doivent être en rapport avec la solidité du fil
employé.

Aussi les dentelles dont les fleurs et ornements sont
entourés d'un gros fil ou d'un cordonnet se font avec deux
sortes de fuseaux : des petits pour les parties de dentelle exécutées en fil fin, des grands pour faire les contours des fleurs.

Quant au nombre des fuseaux à employer, il est subor-
donné à la largeur de la dentelle et peut varier de 4 à 1,200
et plus.

Le *dévidoir* et le *rouet* ou *bobinoir* (fig. 28) servent à
charger les fuseaux de fil. L'ouvrière reçoit le fil en écheveaux
et en charge d'abord un dévidoir ordinaire ; puis elle fixe le
fuseau par la poignée et par le bout de la bobine sur un petit
chevalet dont les échancrures sont tournées du côté opposé au
dévidoir. Le fil du dévidoir est attaché par un nœud sur la
bobine du fuseau, et celui-ci est relié, d'autre part, à un rouet,
au moyen d'un lacet faisant l'office de courroie sans fin. Un
mouvement de rotation est alors imprimé au rouet par la
dentellière et le fuseau se met à tourner, entraînant avec lui le
dévidoir et se chargeant de son fil.

Assez fréquemment, le rouet est remplacé par une simple
lanière que la dentellière passe dans un anneau fixé à sa cein-
ture et à laquelle elle imprime un mouvement de rotation qui
met en branle le fuseau et le dévidoir.

Fig. 28. — Dentellière brugeoise se servant de son rouet et de son dévidoir.
(Cliché de M. Joseph Casier.)

Lorsque le fuseau est suffisamment chargé de fil, l'ouvrière arrête le rouet et jette le fuseau dans un panier; tous les fuseaux étant ainsi préparés, l'ouvrière fixe sur le devant de son carreau, au moyen de quatre épingles, un morceau de papier ou de toile cirée, destiné à empêcher que les poignées de ses fuseaux n'usent la toile du carreau; souvent elle enduit ce papier d'un peu de poudre de savon. Les préliminaires de la fabrication sont terminés; l'ouvrière peut commencer sa dentelle.

Elle place d'abord sur son carreau le modèle à reproduire. Le plus souvent ce modèle est une piqûre (en flamand : *francien*) indiquant les endroits où la dentellière doit placer les épingles qui serviront de support à la dentelle. Lorsque la dentelle à exécuter est un volant, la piqûre a toujours 23 centimètres de long (1) et, d'après la finesse du dessin, elle est faite sur un parchemin teint en vert, sur du papier bleu épais ou parfois aussi sur du carton brun (2) ; lorsque, au contraire, il s'agit d'une dentelle se faisant sur coussin rond, la dimension du patron est variable et le dessin est toujours piqué ou tracé sur papier bleu. Si la dentelle à exécuter est compliquée et si la dentellière la fait pour la première fois, elle reçoit, outre la piqûre, un modèle en dentelle, qu'elle place devant elle sur son coussin.

Pour fixer sur son carreau le patron qu'elle veut imiter et pour exécuter sur ce patron une dentelle, l'ouvrière se sert d'épingles de cuivre, dont la longueur varie d'après les dentelles. Pour la duchesse, le Bruges, l'Angleterre et l'application de Bruxelles, les épingles ont environ 9 millimètres de

(1) Cette longueur de 23 centimètres provient de ce que le parchemin vert employé dans l'industrie dentellière se débite toujours par bandes de 23 centimètres de large. Une fois pour toutes, on a pris comme longueur de tous les patrons de volants cette mesure, qui équivaut environ à un tiers d'aune.

(2) Les patrons de volants, qu'ils soient piqués sur papier ou sur parchemin, sont invariablement désignés en flamand sous le nom de *perkament*. Cette désignation est plus fréquemment employée par les ouvrières que celle de *francien*.

long; pour les autres dentelles, elles ont de 17 à 20 millimètres. Sur le devant du carreau est toujours fixée une pelote
où la dentellière prend les épingles qui lui sont nécessaires et
où elle place celles qui deviennent inutiles (1).

L'ouvrière commence par fixer une première épingle sur un
point principal de son dessin, dans le haut du patron. Elle
assujettit à cette épingle le fil d'un de ses fuseaux, par un
nœud qu'elle serre fortement, et, le fil étant ainsi attaché,
le fuseau se trouve suspendu. L'ouvrière dévide le fil de la
bobine de son fuseau autant qu'il est nécessaire pour qu'elle
puisse travailler et empêche qu'il se dévide davantage en lui
faisant faire deux ou trois tours contre le gland qui termine
la bobine à sa partie supérieure.

L'ouvrière place de la même manière une deuxième épingle,
à laquelle elle attache un deuxième fuseau, et ainsi de suite
jusqu'à ce qu'elle ait sur son carreau le nombre de fuseaux
nécessaires à l'exécution du dessin. L'ouvrière compose alors
son tissu en croisant ou en tressant les fuseaux, en les faisant
passer les uns sur les autres et en les changeant de place, tout
en leur imprimant un mouvement de rotation. Au fur et à
mesure que le travail s'achève, l'ouvrière place ses épingles
plus loin.

Il serait fastidieux de décrire les différentes évolutions que
l'ouvrière fait faire à ses fuseaux pour exécuter les différents
points ou figures dont se compose un dessin à dentelle. Ces
mouvements varient à l'infini et sont déterminés par le genre
de dentelle à exécuter et par la forme des figures à reproduire.
Ils ont d'ailleurs ceci de commun, c'est que les épingles, de
quelque façon qu'on les emploie, leur servent constamment de
point d'appui.

(1) D'après les traditions conservées chez quelques vieilles ouvrières, en
particulier dans le Devonshire, lorsque l'on commença à faire de la dentelle
aux fuseaux, les épingles, étant alors fort chères, furent remplacées par de
fines arêtes de poisson. L'expression *bonework*, que nous avons rencontrée plus
haut, se prête à cette supposition, le mot *arête* n'ayant pas de correspondant
en anglais et se traduisant, comme le mot *os*, par *bone*.

Supposons, par exemple, qu'il s'agisse de former un point triangulaire ou une maille carrée. Il est évident qu'on ne formera pas avec des fils flexibles les contours d'un triangle ou d'un carré sans constituer trois ou quatre points d'appui : ces

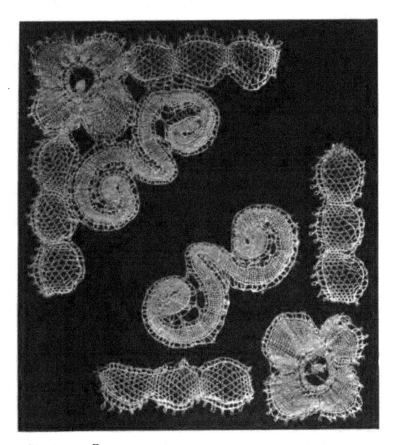

Fig. 29. — FABRICATION DES DENTELLES AUX FUSEAUX DU GENRE DUCHESSE.

points d'appui, ce sont les épingles, que l'ouvrière place au sommet de chaque angle. Il est encore évident que, si les fils n'étaient pas arrêtés autour des épingles par des nœuds ou par de nouvelles figures, les épingles ne seraient pas plus tôt retirées du coussin, que les fils se déplaceraient, s'embrouilleraient et ne formeraient plus aucune figure régulière.

Sans entrer dans les détails d'exécution de chacune des dentelles aux fuseaux, nous croyons cependant devoir établir une distinction capitale entre les dentelles au point de vue de leur fabrication.

Les dentelles aux fuseaux se classent en deux catégories : d'une part, le point d'Angleterre, l'application de Bruxelles, la duchesse, le Bruges et certaines grosses guipures ; d'autre part, les guipures fines, les torchons et toutes les dentelles dont le fond est un réseau fait aux fuseaux.

Ces deux catégories de dentelles diffèrent entre elles par les points suivants :

I. — Les dentelles de la première catégorie se font par petits morceaux séparés, destinés à être réunis par des brides ou par des points de raccroc. Brides ou points sont ajoutés sur-le-champ, mais néanmoins chacun de ces morceaux forme un ensemble indépendant, comme l'indique la figure 29 ; la dentellière achève un premier morceau, le termine par un nœud solide placé au revers de la dentelle et coupe les fils qui rattachaient ses fuseaux aux épingles ; puis elle passe au second, qu'elle rattache immédiatement au premier, et ainsi de suite.

La dentellière qui fait ces sortes d'ouvrage emploie, outre ses fuseaux, un petit crochet appelé *guipoir*, semblable à celui des brodeuses sur tulle (fig. 118).

Les autres dentelles — presque toutes des volants ou entre-deux — se font, au contraire, en une pièce (1). Réseau, fleurs et ornements de tout genre sont exécutés en même temps, avec les mêmes fils (fig. 30). Ces fils courent d'un bout à l'autre de la dentelle, comme la chaîne dans la toile.

II. — Pour la confection des dentelles de la première caté-

_____

(1) A l'exception toutefois de la dentelle de Chantilly et de la Blonde ou dentelle espagnole. (Voy. plus loin.)

gorie, le nombre des fuseaux est toujours très peu élevé; les plus ordinaires de ces dentelles, le Bruges et la duchesse commune, demandent invariablement douze ou quatorze fuseaux. Pour les dentelles à réseau, le nombre des fuseaux varie en proportion de la largeur et de la complication du dessin et les épingles piquées tout en haut du patron soutiennent fréquemment plusieurs fuseaux. Le nombre des fuseaux nécessaires pour la confection des beaux volants est parfois si considérable, que la dentellière, pour ne pas les mêler, les sépare en tas au moyen de longues épingles de cuivre, de dix à douze centimètres, qu'elle fixe à divers endroits de son carreau; elle ne garde alors sous la main que les fuseaux nécessaires pour travailler à une petite partie du volant; quand cette partie est achevée, ces fuseaux sont à leur tour mis en tas et l'ouvrière se sert des fuseaux du tas voisin.

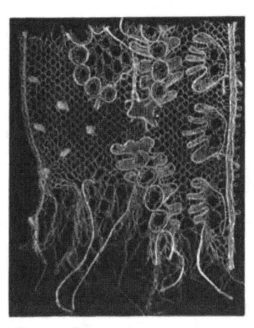

Fig. 50. — Fabrication des dentelles aux fuseaux ayant un réseau.

III. — L'usage des épingles est très différent dans la confection des deux genres de dentelle. L'ouvrière qui fait une dentelle du premier genre se contente de placer ses épingles sur le contour extérieur du morceau à exécuter et elle les enfonce jusqu'à la tête dans le carreau. Ces épingles restent

ainsi placées jusqu'à ce que la dentelle entière soit achevée ;
alors seulement on les enlève. La confection d'une dentelle du
second genre exige, au contraire, que les épingles soient fixées
à l'intérieur du dessin à reproduire, dans tous les trous qu'indique la piqûre. Ces épingles ne sont que légèrement enfon-
cées dans le carreau et elles sont enlevées et placées ailleurs
au fur et à mesure que la dentelle avance. Quand la dentellière
arrive au bout de sa piqûre, elle enlève toutes les épingles,
met dans le tiroir de son carreau la dentelle achevée et continue celle-ci au point où elle l'avait laissée en piquant de nouveau ses épingles au haut du patron.

IV. — Le maniement des fuseaux diffère, lui aussi. Dans
les dentelles de la première catégorie, il se réduit à deux opérations, toujours les mêmes :
8 ou 10 fuseaux sont attachés
à des fils, qui pendent dans
le même sens ; 2 fuseaux
chargés d'un fil plus fort font
une bordure en léger relief ;
2 autres sont portés alternativement de gauche à droite
et de droite à gauche et font
le *point de toile* (fig. 31 et
33). Ailleurs, ce point est
remplacé par des fils se croisant en diagonales et formant avec d'autres fils, per-
pendiculaires à la bordure,
des espèces de mailles hexagones, comme dans le torchon
(point réseau) (fig. 32). Le
point de toile, plus serré,
représente les parties claires

Fig. 31.
FABRICATION DES DENTELLES AUX FUSEAUX
DU GENRE DUCHESSE (POINT DE TOILE).

du dessin, le point réseau figure les parties ombrées. A part

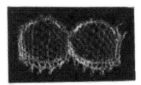

Fig. 32. — Point réseau.

les brides, en forme de tresses, et quelques *jours* aux fuseaux, très sommaires et d'un usage peu fréquent, les dentelles de cette catégorie ne comprennent que les points indiqués ci-dessus, exécutés avec plus ou moins de finesse.

La confection des autres dentelles est plus compliquée.

Chacune d'elles comprend plusieurs parties différentes, qui nécessitent des points spéciaux et très variés : le réseau, qui se fait à l'aide de fils réunis en torsade ; la partie mate des fleurs, appelée *plat* ou *toilé,* à cause de la ressemblance qu'elle a avec une fine batiste ; les *jours,* composés de mailles plus riches, de *points d'esprit,* de *points de neige ;* les *cordonnets,* qui entourent le toilé, dans certaines dentelles.

V. — Enfin, dernière différence, les dentelles de la seconde catégorie sont les seules dont les patrons demandent à être préparés par des ouvrières spéciales, véritables artistes en leur genre.

Un mot sur le travail de la patronneuse. Sa fonction est double : elle reçoit un dessin indiquant les contours du motif à reproduire ; elle doit en faire un modèle en dentelle et une piqûre, destinée à l'ouvrière qui reproduira le dessin après elle.

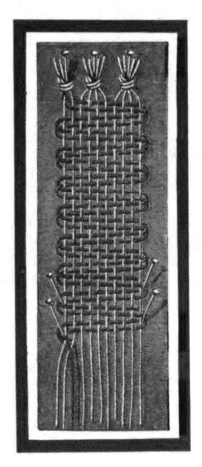

Fig. 33. — Fabrication des dentelles aux fuseaux du genre duchesse.

La patronneuse (1) pose d'abord sur son carreau une bande
de papier bleu et, par-dessus, le dessin à reproduire. Elle dispose le nombre nécessaire de fuseaux et, sans autre guide,
elle commence la dentelle, fixant des épingles aux endroits
voulus, au fur et à mesure que le travail avance. La difficulté
technique de son art consiste à traduire en une série régulière

Fig. 34. — Modèle d'une dentelle de Malines, exécutée par
une patronneuse de Turnhout.

(Propriété de M. A. Carlier.)

de trous d'épingle un dessin dont ces perforations ne suivent
pas les lignes comme le ferait un pochoir, mais indiquent
seulement certaines intersections importantes. Quand la den-

(1) Cet exposé des fonctions de la patronneuse est emprunté à un article
du chevalier de Wouters de Bouchout, sur l'industrie dentellière à Malines.

tellière a ainsi exécuté en dentelle un motif complet, dont la répétition formera une pièce, elle a achevé un *modèle* (fig. 34) et enlève celui-ci du carreau. Elle prend alors le papier bleu perforé en même temps que le dessin et l'applique sur une bande de parchemin teint en vert, de 23 centimètres de long. Elle reporte sur cette bande, autant de fois que sa longueur le permet, les perforations qui indiqueront à la dentellière les endroits précis où il lui faudra placer ses épingles et le *patron* peut, dès lors, être remis entre les mains de la dentellière et reproduit aussi souvent que l'on veut.

1. *Valenciennes.*

La Valenciennes n'a reçu son appellation définitive qu'au XVIIIᵉ siècle. Au temps de Colbert, cette manufacture avait son centre au Quesnay et à Valenciennes. D'après Mrs Bury Palliser, la fabrication de cette dentelle, dans la ville de Valenciennes, date du XVᵉ siècle. Mais certainement les ouvrières flamandes transportées en France par Louis XIV contribuèrent à lui donner son caractère définitif; ce furent elles qui enseignèrent ce travail d'un *plat* serré, qui était le tissu des fleurs de l'ancien point de Flandre et qui s'est conservé dans la Valenciennes moderne. On peut donc considérer le point de Flandre comme la dentelle qui donna naissance à la Valenciennes.

Les fleurs de l'ancien point de Flandre étaient très rapprochées les unes des autres. Peu à peu on les entassa moins, les espaces qui les séparaient s'agrandirent et, dès le XVIIᵉ siècle, on les remplissait d'une sorte de guipure mouchetée de pois répandus comme de la neige. Ce fond en *points de neige* ou *fond de neige* devint aussi le réseau de la dentelle de Binche, et il s'est conservé dans le point de Flandre qu'on exécute encore de nos jours.

Après divers tâtonnements, le réseau classique auquel Valenciennes attacha son nom devint une maille carrée ou ronde (1), régulière, transparente et d'un travail natté très solide. Dans cette dentelle, qui ne s'est plus guère modifiée depuis le XVIII⁰ siècle, le toilé est sans le moindre relief ; ceci facilite beaucoup le lavage, qualité précieuse pour une dentelle destinée surtout à garnir le linge.

(1) L'examen d'une barbe en Valenciennes, datant du XVIII⁰ siècle et conservée au musée de Cluny, nous fait croire que, bien que la maille carrée fût au début la plus répandue, l'invention de la maille ronde doit cependant remonter à la même époque. Le réseau de cette barbe est à mailles carrées, sauf sur une distance de 20 centimètres environ. Cette partie, qui termine une des extrémités de la barbe, a pour fond un réseau à mailles rondes et est rattachée très habilement à l'autre partie. Le dessin du mat est, à peu de chose près, le même dans les deux parties, qui semblent remonter à la même époque et ont sans doute été exécutées par deux ouvrières différentes.

Fig. 36. — Dentelle épiscopale.
(Débuts de la Valenciennes à mailles rondes.)

Jusqu'à la Révolution française, Valenciennes resta le centre de la dentelle qui portait son nom. La fabrication y était d'une finesse et d'une beauté extrêmes. On appelait les dentelles fabriquées à Valenciennes et dans les environs *Valenciennes éternelles* et aussi *vraies Valenciennes*, par opposition à celles fabriquées à Bailleul, Lille, Arras et dans la Flandre belge ; celles-ci étaient connues sous le nom de *fausses Valenciennes* ou *Valenciennes bâtardes*. Et parmi les vraies Valenciennes, on distinguait encore celles qui avaient été faites dans la ville même et celles qui étaient l'œuvre des dentellières habitant les villages des environs. Celles de la ville étaient remarquables pour la beauté du fond, la perfection du dessin, l'égalité du tissu. « Ce beau travail, disait M. Dieudonné (1), est tellement inhérent au lieu, qu'un fait bien établi c'est que, si une pièce de cette dentelle était commencée à Valenciennes et finie hors des murs, cette dernière partie serait visiblement moins belle et moins parfaite que l'autre, quoique continuée par la même dentellière, avec le même fil, sur le même carreau. »

« Les Valenciennois, écrit Mrs Bury Palliser, prétendent que ce phénomène est causé par l'influence de l'atmosphère, et ce n'est pas improbable. A la ville, les ouvrières travaillaient dans des caves, dont l'humidité convenait au fil ; aux environs, elles travaillaient en plein air, ce qui devait sécher le fil et le rendre plus difficile à manier. »

La dentelle exécutée dans la ville même était généralement si belle et d'un travail si long, que, pendant que les dentellières de Lille faisaient de deux mètres à trois mètres et demi de dentelle par semaine, celles de Valenciennes pouvaient à peine en produire de 35 à 40 millimètres, dans le même espace de temps. De certaines Valenciennes une ouvrière ne pouvait faire que 36 centimètres par an, en travaillant 14 heures par jour ; de là, le prix élevé des anciennes

(1) *Statistique du Département du Nord*, par M. Dieudonné, préfet du Nord en 1804.

Valenciennes, bien supérieures à celles qu'on fait à présent.

La Révolution fut fatale aux Valenciennes faites en France et cette belle industrie se transporta presque entièrement en Belgique. Introduite à Ypres au milieu du XVIIᵉ siècle, elle ne cessa de s'étendre dans notre pays et elle gagna rapidement les deux Flandres et même quelques villages du Brabant et du Hainaut. On faisait la Valenciennes dans les villes comme dans les campagnes et les couvents rivalisaient avec les ouvrières travaillant à domicile. Plusieurs auteurs décrivirent alors nos béguinages et les écoles dentellières qui en dépendaient. Parlant du béguinage de Gand, le plus célèbre de tous, Arthur Young écrivait en 1756 : « Les femmes y sont au nombre de près de 5,000 ; elles vont où elles veulent et elles emploient leur temps à faire de la dentelle. » Cette fabrication ne fit que se développer avec la Révolution. Tandis que, malgré les efforts de Napoléon, les manufactures de Valenciennes, de Lille et d'Arras étaient obligées de fermer, la fabrication belge des Valenciennes fit des progrès constants jusqu'au milieu du XIXᵉ siècle.

D'après l'*Exposé de la situation de la Flandre orientale* pour 1851, « il existait, avant 1840, 63 écoles dentellières dans les villes de cette province ; les communes rurales n'en avaient que 21. Depuis 1840, il en a été établi 301 autres, la plupart dans ces dernières localités, et dans 165 de ces écoles on enseignait exclusivement la fabrication du point de Valenciennes. » En Flandre occidentale, cette fabrication était plus générale encore et la Valenciennes était presque la seule dentelle connue des ouvrières.

La vogue des Valenciennes a passé. L'imitation mécanique de ces dentelles, leur prix élevé et la rémunération insuffisante des ouvrières qui les font, enfin l'introduction d'autres dentelles moins chères et plus voulues, ont été autant de causes de décadence pour cette jolie dentelle.

Il y a quelques années mourait à Valenciennes la dernière

dentellière de cette ville. Heureusement, nous n'en sommes pas là en Flandre, mais l'avenir de la Valenciennes belge n'en est pas moins très menacé.

Les vieilles ouvrières sont seules à faire les belles Valenciennes ; les jeunes font des petits volants ou des entre-deux très communs ou, plus souvent encore, elles ont abandonné complètement la fabrication de cette dentelle. C'est là d'ailleurs une situation que nous verrons se reproduire fréquemment dans l'industrie dentellière.

La fabrication de la Valenciennes s'est presque entièrement retirée des villes. A Bruges seulement, 2,000 ouvrières environ, sur un total de 3,394, recensées en 1896, font de la Valenciennes ; près de 500 ouvrières la fabriquent à Poperinghe et l'on en trouve aussi quelques-unes perdues dans les quartiers pauvres de Courtrai, Ypres, Menin, Dixmude, Furnes, Nieuport et Deynze.

Les principaux centres de l'industrie sont, pour la Flandre occidentale, les environs d'Ypres, de Courtrai, de Dixmude, de Lichtervelde et de Bruges. Mais on peut dire, d'une façon plus générale, qu'on fait encore la Valenciennes dans presque tous les villages de cette province où l'on s'occupe de dentelle. Thielt, Wyngene et plusieurs communes environnantes sont les seuls centres qui aient abandonné presque complètement la fabrication de la Valenciennes pour faire de la duchesse et du Bruges.

En Flandre orientale, le sud et l'est de la province ont tout à fait délaissé la Valenciennes ; on en fabrique encore aux environs de Deynze, Nazareth, Aeltre, Eecloo et Maldegem, et à Gand, où le travail aux fuseaux n'existe plus qu'à l'état de souvenir, on trouve encore deux fabricants de Valenciennes (1).

(1) Gand fut un centre célèbre pour la fabrication de la Valenciennes et la dentelle qu'exécutaient ses ouvrières et ses béguines était connue sous le nom de *dentelle de Gand* (fig. 22). La renommée de la dentelle de Gand était si

La Valenciennes, qui se faisait autrefois en fil de lin, se fait aujourd'hui presque exclusivement en fil de coton. Sa fabrication présente, d'après les régions où elle est pratiquée, des différences très perceptibles, surtout dans la confection du réseau. Les mailles de celui-ci sont rondes (fig. 35) ou carrées (fig. 37).

La maille carrée, que la figure 58 reproduit fortement agrandie, est la plus répandue aujourd'hui et la mieux faite. Au XVIII⁰ siècle, les Valenciennes belges à mailles carrées étaient recherchées à l'étranger presque à l'égal des productions d'origine française, tandis que nos Valenciennes à mailles rondes ou hexagones passaient, à tort d'ailleurs, pour des imitations de la Malines.

Les Valenciennes à mailles rondes ne se font plus qu'à Bruges et dans les environs, dans quelques villages du pays

---

grande, au XVIII⁰ siècle, que l'impératrice Marie-Thérèse exprima le désir, en 1743, d'en posséder une robe entière. Le 16 juillet de cette même année, les États de Flandre décidèrent, à l'unanimité des voix, d'offrir à la princesse une robe de dentelles de 25,000 florins et d'en payer les frais avec le produit des impôts du canton de Gand. Un an plus tard la robe était achevée ; Marie-Thérèse en exprima toute sa satisfaction aux États de Flandre et leur envoya son portrait, où elle était représentée revêtue de la robe en question. Ce portrait est conservé à l'Hôtel de Ville de Gand, dans la salle des séances du conseil communal.

En 1810, l'impératrice Marie-Louise, passant par Gand avec Napoléon, se rendit au couvent des Maricolles, où se fabriquaient les plus belles Valenciennes, et, en remerciement d'un présent de dentelles qui lui fut fait, elle offrit aux religieuses une somme d'argent et une médaille d'honneur.

Après une visite que la famille royale de Belgique fit à Gand, en 1853, la Ville, désirant faire acte de loyalisme, fit présent à la duchesse de Brabant, aujourd'hui la reine Marie-Henriette, d'une magnifique robe en dentelle de Gand, du prix de 20,000 francs; 80,000 fuseaux avaient fonctionné sans répit pendant les dix mois que dura l'exécution de cette robe. Ce fut une des dernières manifestations de la splendeur de l'industrie dentellière gantoise. Bientôt après, avec l'avènement de la grande industrie, la décadence de la dentelle de Gand commençait : la fabrication a complètement cessé aujourd'hui. Seules, deux ou trois vieilles femmes la connaissent encore.

de Courtrai, entre autres à Harlebeke, et dans la région de Bailleul, en France.

La maille ronde est moins belle et moins transparente que la maille carrée; cela tient à ce que les fils qui forment la treille de la maille ronde ne sont tordus que deux fois, tandis que, pour la maille carrée, ils sont tordus jusqu'à cinq fois. Au surplus, l'exécution moderne des fonds à mailles rondes laisse généralement beaucoup à désirer. (Voy. les dentelles de la fig. 35, fabriquées à Harlebeke.)

En dehors de cette distinction capitale, on trouve encore, dans chaque région, des différences plus ou moins apparentes dans l'exécution des fonds de la Valenciennes. Ainsi, la maille de Bruges est plus régulière que celle d'Harlebeke, et dans ces deux centres certaines ouvrières font une maille qui se rapproche de la maille carrée; aux environs d'Ypres et de Menin, la fabrication est particulièrement fine.

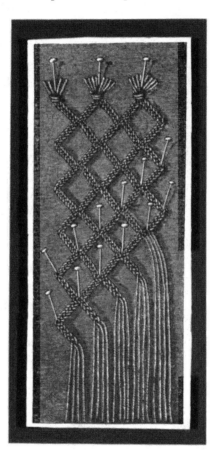

Fig. 38. — Réseau des Valenciennes a maillés carrées.

Le nombre de tours de chaque torsade de fil faisant un des côtés d'une maille varie également : à Gand, les fils faisaient deux tours et demi; à Courtrai et Menin, ils sont

Fig. 39.

VALENCIENNES A MAILLES CARRÉES
(fabriquée aux environs de Menin)
Prix chez un fabricant de Menin :
fr. 3.50 l'aune.

tordus trois fois et demie ; à Ypres, quatre ou cinq fois (1).

Il y a aussi des différences dans la confection du toilé. En Flandre orientale, le toilé est spécialement serré et uni. Le toilé de Gand (fig. 22) était magnifique et avait l'aspect de la toile la plus fine. En Flandre occidentale, le toilé des Valenciennes communes est souvent lâche et irrégulier. A Menin (fig. 39) il est très fin et orné de petites ouvertures obtenues au moyen d'épingles piquées dans la trame, en cours de fabrication. Les fabricants d'Ypres et quelques facteurs de Deynze et Eecloo remplacent parfois le toilé ordinaire, où les fils se croisent à angle droit, par du point réseau, où les fils courent en trois sens. Ce toilé, dont la trame est plus claire, représente les ombres dans les fleurs ; opposé au toilé ordinaire, il produit de très heureux effets. (*V.* fig. 37, nº I et fig. 150.)

_____

(1) Ypres et certains villages de la Flandre occidentale ont toujours été réputés pour la finesse de leurs produits. « A l'exposition de 1851, dit Mrs Bury Palliser, il y avait une Valenciennes d'Ypres du prix de 2,000 francs le mètre. La dentellière, en travaillant douze heures par jour, pouvait en faire à peine huit millimètres par semaine ; il lui aurait fallu douze ans pour en produire six ou sept mètres ; elle gagnait en moyenne 3 francs par jour. »

L'exécution
d'un même
dessin par
deux ouvriè-
res habitant
la même loca-
lité donne
parfois lieu
à des diffé-
rences assez
grandes. Les
fig. 44 et 45
reproduisent
un volant et
un entre deux
qui doivent
servir à la
même garni-
ture et qui
ont été exé-
cutés dans
un village des
environs de
M e n i n, par
deux ouvriè-
res différentes ;
le motif de ces
deux dentelles
est le même, et
cependant l'exé-
cution du volant
ressemble si peu
à celle de l'en-
tre - deux que

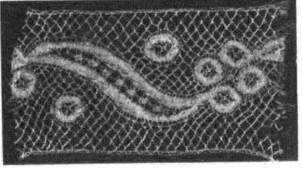

Fig. 40. — Valenciennes ornées de jours aux fuseaux.

l'on croirait, à première vue, avoir devant soi des dessins différents.

Les fabricants ont créé, depuis 70 ans, une grande quantité de dessins fort gracieux, principalement des ramages, des rinceaux et des bouquets, qui ont avantageusement remplacé les fleurettes, les branchages et les semis uniformes des anciennes Valenciennes.

Cependant un bon nombre de types anciens sont encore de fabrication courante parmi les dentellières, qui les connaissent pour les avoir appris dans leur enfance. La plupart de ces dentelles ont reçu des ouvrières flamandes des surnoms que l'usage a consacrés. En voici quelques-uns, qui m'ont été fournis par M. An-

Fig. 41. — Valenciennes avec jours en fond de neige.
(Propriété de M. A. Carlier.)

toine Carlier : la Tulipe, la Croix de Courtrai, le Grain de blé, la Grappe de raisin, la Feuille de vigne, la Crevette, le Bec d'oiseau, le Chapeau de curé, la Hachette, le Petit vapeur *(het Vapeurke)*.

Diverses espèces de jours aux fuseaux (fig. 40) ont été intercalés dans la Valenciennes ; on y a fait figurer parfois l'ancien semis de points de neige (fig. 41) ; on a pratiqué dans le toilé des ouvertures reliées entre elles par des barettes (fig. 42, 43, 44 et 45) ; on a même introduit dans les fleurs des jours en point à l'aiguille, d'un effet fort riche (fig. 37, n° 1). Les fabricants ont créé aussi des articles de pure fantaisie, tels que les papillons des figures 42 et 43. Ces papillons, destinés à être piqués dans les cheveux ou cousus sur un corsage, sont d'une fabrication diffi-

Fig. 42. — Papillons en Valenciennes.
(fabriqués aux environs de Menin).
Prix chez un fabricant de Menin : fr. 1.50, 1.30 et 1.10.

cile. Dans la fig. 42, le réseau est entouré de toilé, contrairement à la disposition ordinaire. Les papillons de la figure 43
sont tout en toilé et d'un fort beau travail.

On fait aussi, mais rarement, des Valenciennes en plusieurs
pièces cousues ensemble ou appliquées sur réseau de Valenciennes, comme
dans l'application de
Bruxelles.

De nos jours, la
Valenciennes sert
principalement à gar-
nir le linge : c'est
même une des causes
de l'encombrement
du marché par les Va-
lenciennes étroites.

On en fait des em-
piècements de che-
mise, des bordures
de mouchoir et sur-
tout des volants et
des entre-deux de
toutes les largeurs.
Plus rarement, nos
élégantes en garnis-
sent leurs jupes et
leurs corsages, en

Fig. 43. — PAPILLONS EN VALENCIENNES
(fabriqués aux environs de Menin).
Prix chez un fabricant de Menin : fr. 2.50 et 1.10

mettent à leurs cols ou à leurs manchettes, en ornent leur
coiffure ou leurs chapeaux.

Paris est le principal débouché pour les Valenciennes à
mailles carrées ; Bruges exporte ses dentelles en Angleterre
et dans le Nord de la France ou les vend à ses hôtes de passage. Harlebeke envoie ses « mailles rondes » à Bailleul,
qui est resté le centre de quelques fabriques de dentelles.

Un débouché important pour les Valenciennes c'est aussi la Normandie et le pays d'Arles. Autrefois, toutes les paysannes du Nord de la France économisaient pendant des années pour s'acheter un bonnet en vraie Valenciennes. La mode, qui sévit partout, même à la campagne, a remplacé dans maint endroit le bonnet par le chapeau. Cependant, les fermières normandes et beaucoup de femmes de vignerons sont restées fidèles au traditionnel bonnet garni de Valenciennes. Quelques-unes, les plus riches, renouvellent leur bonnet tous les ans ou même tous les six mois, et c'est entre elles une rivalité à qui ornera sa coiffure des dentelles les plus délicates. C'est à Perpignan

Fig. 44. — VOLANT EN VALENCIENNES,
DESTINÉ A GARNIR UNE COIFFE DE PAYSANNE DE PERPIGNAN.
(Fabriqué à Menin.)
Prix chez un fabricant de Menin : fr. 18.20 l'aune.

que l'usage de ces bonnets s'est le mieux conservé. Les plus beaux bonnets sont garnis de deux dentelles (fig. 44 et 45) : l'une est un « bord droit » qui prend la tête et dont il faut une aune ; l'autre est une dentelle à bords festonnés assortie à la première. Cette dentelle sert à garnir les ailes du bonnet et il en faut pour un bonnet deux aunes et cinq huitièmes.

Les dentelles servant de garnitures à ces bonnets sont vendues à des maisons de gros françaises ou à des voyageurs qui viennent les prendre en Belgique. Elles passent ensuite entre les mains des lingères du pays, qui les appliquent sur les bonnets et les vendent aux

Fig. 45. — Entre-deux en Valenciennes,
destiné a garnir une coiffe de paysanne de Perpignan.
(Fabriqué à Menin).
Prix chez un fabricant de Menin : fr. 18.20 l'aune.

Fig. 46. — Point de Flandre ou « Trolle-Kant » (fabriqué à Maldegem).

Prix payés a une factoresse de cette localité : 1er volant, fr. 7.38 l'aune ; 2me volant, fr. 4.95 l'aune.

paysannes françaises. Le prix payé par celles-ci pour ces bonnets achevés est ordinairement de 150 à 400 francs, et il paraît que les plus beaux coûtent jusqu'à 800 francs.

2. *Point de Flandre ou « Trolle-Kant »*.

Le point de Flandre exécuté actuellement en Belgique reproduit l'ancienne dentelle qui donna naissance à la Valenciennes. Nous avons vu quelle influence l'art flamand avait eu sur cette dentelle avant déjà qu'elle eût été importée chez nous du Hainaut français. Ce furent les ouvrières flamandes qui introduisirent, dès le XVIe siècle, dans les dentelles de nos voisins les ramages élégants et les arabesques fantastiques qui ornaient les primitives Valenciennes ; sans doute aussi, elles inventèrent les fonds magnifiques qui précédèrent les petites mailles du réseau actuel ; ce furent elles, en tout cas, qui donnèrent à cette ancienne dentelle le nom, jadis célèbre, de *Trolle-kant*.

Le baron Liedts donne l'explication suivante du mot *Trolle-Kant*, dont Mrs Bury-Palliser dit qu'elle n'a pu découvrir le sens :

« Ce mot, dit-il, dérive du suédois : *Trolle (fée)*, comme le mot flamand *Kant* (dentelle), qui est aussi d'origine suédoise et signifie : *bord, rebord*, de sorte que *Trolle-kant* se traduit par *Dentelle féérique* ou fantastique (1). »

Peut-être aussi le mot *Trolle-kant* vient-il de *drol* (en west-flamand : gros fil, d'après le dictionnaire de De Bo).

En effet, ce qui distingue l'ancien *Trolle-kant*, ce ne sont pas seulement les fonds et jours variés qui séparent les parties mates, c'est encore le gros fil qui marque les contours des fleurs. Ces jours, qui comprennent, entre autres, le fond de neige, se trouvent dans les anciennes Malines, les belles Brabant (en particulier, les « rivières de Brabant ») et les Binche.

(1) *Catalogue du musée Gruuthuuse*, p. 47.

Quant au fil de contour, il était aussi employé dans l'ancien *Pottekant* anversois et il existe encore dans la dentelle de Malines : aussi a-t-on parfois donné à ces deux dernières dentelles le nom de *Trolle-kant*.

Cette appellation est aujourd'hui perdue et les dentellières qui font le point de Flandre, conscientes de perpétuer la tradition d'une très vieille dentelle, désignent leur ouvrage sous le nom général d' « *antiek* ».

Le point de Flandre moderne a conservé tous les caractères de l'ancien *Trolle-kant*. Les vieux dessins, si originaux, ne se sont guère modifiés. Le plat est resté très large et entouré d'un *fil plat* d'un relief léger, qui en accentue les contours. Le fond se compose d'une maille très riche et dans les jours nombreux apparaissent les mouchetures du célèbre fond de neige.

Fig. 48. — TROL

Dans un des volants de la figure 46, il y a jusqu'à quatre points de neige différents et, en plus, des jours composés de petites croix.

Les dentelles en point de Flandre sont généralement d'une

exécution soignée; elles sont confiées à des ouvrières de choix et se font presque toujours en fil de lin. Le fil est blanchi et de qualité très fine pour les beaux volants. Il est jaunâtre et plus fort pour les dentelles d'ameublements, bordures de rideaux, grosse lingerie, sous-bols, etc. Parfois ces derniers articles sont exécutés en coton et le fil qui entoure les plats est un cordonnet assez gros. (Fig. 47.)

Le point de Flandre est de fabrication peu courante. Quelques ouvrières le font à Bruges ; on en trouve davantage dans les villages des environs de cette ville, au nord-est de la Flandre occidentale, à Maldegem et près d'Anvers.

Cette dentelle, oubliée pendant longtemps, jouit actuellement d'une vogue assez grande et les articles d'ameublement qu'elle sert à confectionner sont très demandés ; deux écoles de Bruges enseignent la fabrication du point de Flandre à un bon nombre d'élèves.

ST ANCIEN (XVIIe siècle).

3. Dentelle de Binche.

Cette dentelle, qu'on appelle aussi *point de Binche*, a

la même origine que la Valenciennes et, comme elle, fut importée du Hainaut français au commencement du XVIIe siècle. A cette époque, la ville de Valenciennes faisait partie de l'ancienne province belge de Hainaut; il est donc tout naturel que la dentelle fabriquée par les ouvrières de Valenciennes, et qui s'était déjà transportée à Ypres, se soit également introduite dans la petite ville de Binche et dans les villages des environs.

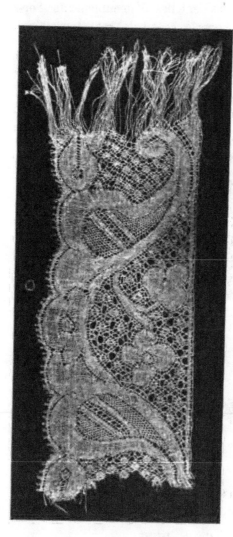

Fig. 49. — DENTELLE DE BINCHE (fabrication moderne.)

A l'origine, les produits de Binche ne se distinguaient pas des dentelles confectionnées à Valenciennes. Elles se rapprochaient par conséquent aussi des produits flamands. Savary dit même quelque part que «ces dentelles sont égales à celles des Flandres ». Avec le temps, cependant, une différence marquée s'établit entre les deux dentelles: dans le point de Flandre, le fond à mailles

Fig. 52. — Dentelle de Binche (fabrication moderne).

(Propriété de M. A. Carlier.)

a, dès l'origine, une grande importance et le point de neige n'intervient que dans les jours ; de plus, les mats étaient toujours bordés de cordonnets ; le fond de la dentelle de Binche est, au contraire, tout en point de neige, sauf dans les jours, où il est parfois fait usage d'un tissu à petites mailles rondes coupées par des barettes de toilé (fig. 49) ; aucun cordonnet n'entoure les ornements en mat.

L'ancienne dentelle de Binche était d'une finesse tout à fait extraordinaire (1). Elle fut en vogue avant la Révolution française : il en est question dans l'inventaire de la duchesse de Modène, fille du Régent (1761), et dans celui de Mlle de Charolais (1758), qui possédait un couvre-pieds, un mantelet, une garniture de robe, un jupon, etc., de cette même dentelle. Dans les *Misérables* de Victor Hugo, le vieux grand-père fouille dans une armoire et en tire « une ancienne garniture de guipure de Binche » pour la robe de noces de Cosette. Ailleurs, Victor Hugo

(1) Je me souviens avoir vu dans un dîner, à Bruges, un naperon en dentelle de Binche, servant de chemin de table et d'une contexture si fine que je le pris d'abord pour du papier de soie orné d'arabesques en trous d'épingle ; je ne me rendis compte de mon erreur, que lorsque la maîtresse de la maison m'eût fait remarquer la beauté de cette pièce en vieux Binche et fait palper du doigt la finesse du tissu.

On a dit souvent que la finesse merveilleuse de la dentelle de Binche provenait de ce que les ouvrières qui la faisaient se réunissaient, pour travailler, dans des caves, dont l'air humide empêchait les fils à dentelle de se casser.

D'après les renseignements qu'à bien voulu me fournir à cet égard M. Derbaix, bourgmestre de Binche, le travail dans les caves serait une légende. Il existait à Binche, jusqu'en ces dernières années, un grand nombre de caves dites « manables » (du latin *manere,* demeurer), notamment à la Grand'Place. Les caves étaient louées à des ouvriers qui les habitaient et s'y livraient à divers métiers, mais ne servaient nullement d'ateliers de dentelles. L'apprentissage de la dentelle se faisait en famille, chaque ouvrière travaillant à domicile ; il existait toutefois certaines maisons où, moyennant une légère rétribution, l'ouvrière avait droit à occuper une chaise. Réunies dans ces quartiers, les dentellières travaillaient en commun, chacune pour son compte. Les plus habiles gagnaient jusqu'à 3 francs par jour, les ouvrières moyennes 2 francs.

raconte que, dans sa jeunesse, il a vu de la guipure de
Binche d'une grande beauté. Aujourd'hui encore, au car-
naval binchois, le Gilles porte une énorme collerette en
dentelle de Binche ; il en met une profusion à ses manches et
il en orne jusqu'aux guêtres qui emprisonnent ses jambes.

Malheureusement, la fabrication de ce point merveilleux est aujourd'hui complètement tombée dans la petite
ville qui lui donna son nom et le Gilles remplace le plus
souvent la dentelle par des bouillons de satin blanc ou

Fig. 53. — Application de Bruxelles (fabriquée aujourd'hui à Binche).

rose. Déjà vers 1850, l'ancien point de Binche commença
à faire place à de petites dentelles en application de
Bruxelles (fig. 53) et les meilleures ouvrières binchoises
émigrèrent vers les Flandres, à l'effet d'y implanter leur
industrie. L'application fut encore florissante jusque

vers 1870, mais elle tomba également, à cause de l'extension considérable que prirent à Binche l'industrie de la chaussure et celle du vêtement. En 1893, M. Derbaix, représentant et bourgmestre de Binche, aidé de M. Hupin, conseiller communal de cette ville, tenta une restauration de l'industrie dentellière. Ils rassemblèrent à grand'peine toutes les pièces d'ancienne dentelle qu'ils purent trouver en ville et fondèrent un comité de propagande. Le président, M. Hupin, fit enseigner à ses frais les premiers éléments de l'ancienne industrie aux jeunes filles d'une école ménagère, mais cette tentative échoua devant la répugnance des élèves, qui préféraient l'apprentissage plus facile et les gains plus élevés de l'industrie de la confection.

Aujourd'hui les dentellières de Binche ne sont plus que neuf, âgées de 60 à 70 ans et gagnant environ 60 centimes par jour, en faisant de l'application de qualité inférieure.

Vers 1835, deux vieilles filles essayèrent d'implanter à Mons l'industrie dentellière binchoise ; elles y fondèrent une école qui reçut des encouragements de S. M. la Reine des Belges et de l'administration communale. Cette tentative fut infructueuse : elle vient, paraît-il, d'être reprise par M. l'abbé Puissant, professeur à l'athénée de Mons.

La dentelle de Binche se fabrique aujourd'hui dans les mêmes centres que le *Trolle-kant*. Elle se fait, comme autrefois, en fils de lin écrus ou blanchis, mais elle a beaucoup perdu de sa finesse et de sa beauté et tend à se confondre avec le point de Flandre. Elle lui emprunte souvent son réseau à petites mailles et ne se distingue plus de la dentelle flamande que par l'absence de cordonnet autour des ornements en toilé. (Voy. fig. 50, 51 et 52.)

4. *Dentelle de Malines* (1).

Les auteurs anglais placent aux environs de 1665 l'apparition de cette jolie dentelle ; le chanoine Van Caster, archéologue malinois, fait remonter sa fabrication à la fin du XVI° siècle et le baron Liedts croit qu'elle existait déjà vers 1500. Il est impossible, croyons-nous, de préciser le moment où la Malines prit naissance et devint en vogue. Avant 1665, les dentelles de Flandre étaient souvent désignées dans le commerce sous le nom de *Malines*, mais on a déjà pu juger de la confusion qui régnait autrefois entre plusieurs anciens points. Et cette confusion s'explique par la ressemblance très grande qui existait entre eux. Le point de Flandre et le Binche, avec leur plat presque pareil et leur fond de neige, sont deux rameaux sortis d'une souche commune ; la primitive Valenciennes et la Malines sont également des dentelles sœurs. Les plus anciens spécimens de Malines sont composés de rinceaux fort larges, laissant entre leurs contours très peu d'espace pour le fond. Les rinceaux y sont entourés, tout comme maintenant, d'un cordon faiblement tordu et d'une certaine épaisseur, que l'ouvrière fixait au moyen de nœuds formés par les fils du fond. Ce cordon était appelé *fil plat* et était destiné à faire mieux ressortir les fleurs. Il leur donnait un peu l'apparence d'une broderie ; aussi appellat-on quelquefois cette dentelle *broderie de Malines*. Dès le XVII° siècle, on ménagea entre les ornements en plat des espaces plus grands que l'on remplit par des jours variés, composés surtout de points de neige. A ce moment, la Malines ressemblait à s'y méprendre au *Trolle-kant* et nous avons vu qu'elle prit parfois son nom.

(1) Plusieurs des renseignements qui suivent m'ont été procurés grâce à l'extrême obligeance de M. le chanoine Van Caster, de Malines.

Volant fabriqué à Turnhout. — Payé dans un magasin de Bruxelles : 25 francs le mètre.

Prix payé à l'ouvrière : fr. 4.10. — Prix payé à un fabricant local ; fr. 9.50.

Fig. 54bis. — DENTELLES DE MALINES (fabriquées à Turnhout).

Au XVIII° siè-
cle, après avoir
suivi les mêmes
tâtonnements que
la Valenciennes
pour le choix
d'un fond qui lui
fût bien appro-
prié, la Malines
adopta comme
réseau une petite
maille hexagone,
très légère et
très fine, qui est
certainement la
plus jolie de tou-
tes les mailles
aux fuseaux. On
fit encore parfois
usage de fonds à
brides (1), on in-
séra aussi dans
les rocailles en
vogue au temps
de Louis XV des
jours en points de
neige, mais le
fond à petites

(1) Dans l'inventaire
de la princesse de Con-
dé, palatine de Bavière,
en 1723, il est question
de *Malines à brides*
comme de *Malines à
réseau.*

Fig. 55. — DENTELLE DE MALINES
EXÉCUTÉE D'APRÈS UN DESSIN ANCIEN DE DENTELLE DE BINCHE.
(*Propriété de M. A. Carlier.*)

mailles resta dominant, sous le nom de *ijsgrond* (fond de glace), qu'il a conservé jusqu'à nos jours parmi les dentellières de Malines et de Turnhout. Ce fond est confectionné sans l'aide d'épingles, par le simple jeu des fuseaux. Les deux côtés des mailles dirigés dans le sens de la longueur sont tressés au moyen de quatre fils, tandis que les quatre autres sont formés par une torsade de deux fils seulement. La confection de ce fond exige de la part de l'ouvrière une grande habileté et il faut une attention soutenue pour donner aux mailles une dimension et une direction uniformes.

Aujourd'hui, le fond à mailles hexagones se rencontre dans toutes les dentelles de Malines (1); il est souvent orné de petits semés (fig. 54). Le point de neige a définitivement été exclu des jours et ceux-ci se composent de losanges, de fleurettes (fig. 55) ou de points d'esprit, petits carrés blancs en léger relief, pareils à ceux qui ornent habituellement le fond du point de Lille. Les articles les plus fréquemment exécutés en Malines sont les volants; on fait cependant aussi, sur carreau rond, des mouchoirs et autres menus objets de lingerie.

Les volants sont à bords droits ou à bords festonnés. Primitivement, toutes les dentelles de Malines à fond de réseau avaient une largeur uniforme sur toute la longueur d'une pièce et, conséquemment, le bas de la dentelle était en ligne droite; la technique spéciale de l'*ijsgrond* était cause de cette disposition. Lorsque plus tard la mode eut introduit les bords festonnés, les ouvrières parvinrent

---

(1) Quelques auteurs prétendent que la Malines est exécutée parfois avec fond épinglé (*spellegrond*); les mailles de ce fond ont, disent-ils, huit côtés; elles sont formées par une simple torsade de deux fils et disposées de façon à laisser entre elles de petits espaces triangulaires; nous croyons que ces auteurs confondent avec le point de Paris, dont le fond correspond à cette description et qui offre, pour le reste, beaucoup d'analogie avec la Malines.

difficilement à cacher dans les échancrures des festons les fils momentanément inutiles; elles furent même parfois obligées de couper ceux qui les gênaient, pour les attacher de nouveau quand la dentelle devait reprendre sa largeur complète.

La Malines est la plus souple des dentelles. Elle se fait toujours en fil de lin blanc. Plus brillante que la Valenciennes, elle se prête à des dessins plus délicats et son toilé, moins serré, est bien plus vaporeux. Ses dessins très légers s'allient merveilleusement avec la transparence et la régularité de ses jolies petites mailles. Les poètes anglais d'il y a deux siècles l'appelaient « la Reine des dentelles ».

La Malines est aussi la plus coûteuse des dentelles aux fuseaux et peut-être celle dont l'existence est la plus menacée. La mode ne lui fut pas longtemps fidèle. Très appréciée à la cour de France, sous Louis XV, et en Angleterre, pendant la première moitié du XVIII° siècle, elle commença, dès 1755, à être délaissée par nos voisins d'outre-Manche. Napoléon fut un de ses derniers admirateurs; on dit que lorsqu'il vit pour la première fois le clocher de la cathédrale d'Anvers, il s'écria, émerveillé de la légèreté de ses ornements gothiques : « C'est comme de la dentelle de Malines! » Pendant le cours du XIX° siècle, la chute de la Malines ne fit que s'accentuer. Son prix élevé, la difficulté et la longueur de l'apprentissage (il durait au moins six ans), la défaveur de la mode, l'inertie des fabricants, qui croyaient n'avoir, comme par le passé, qu'à attendre chez eux les commandes, tout contribua à faire baisser la production dans des proportions considérables. Malines, où toutes les femmes faisaient de la dentelle, il y a un siècle et demi, ne compte plus qu'une quinzaine de vieilles ouvrières, qui se crèvent les yeux en faisant de petites dentelles informes, pour quelques centimes par jour. Une tentative de restauration de l'industrie, faite à Malines, en 1873, par Mme de Canart d'Hamalle, fut sans succès; Louvain, Lierre et Anvers, autrefois des centres importants, ne font presque plus de dentelles; les environs de Saint-Nicolas, qui, jusqu'en 1852, comptaient trois écoles pour la seule fabrication de la Malines, ont également abandonné cette industrie. Celle-ci ne se maintient plus qu'à Turnhout, où, sur 1,674 ouvrières, 800 environ font de la Malines. Mais les beaux produits y sont rares et il n'existe plus à Turnhout que trois ouvrières pouvant patronner de nouveaux dessins.

5. *Point de Lille.*

Dès 1582, Lille faisait des dentelles noires et blanches. Au XVIIIe siècle, Lille imite les Valenciennes, tout comme

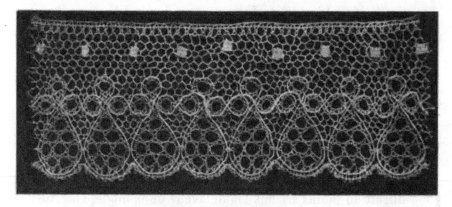

Fig. 57. — POINT DE LILLE ORDINAIRE (fabriqué à Aye, en Luxembourg).

Arras et Bailleul, et ses dentelles atteignent une grande perfection; elles se caractérisent par un fond très transparent, à mailles hexagones, des bords droits et des dessins un peu raides, avec plats très minces, qu'entoure un gros cordonnet. Cette dentelle, qui occupait à Lille, en

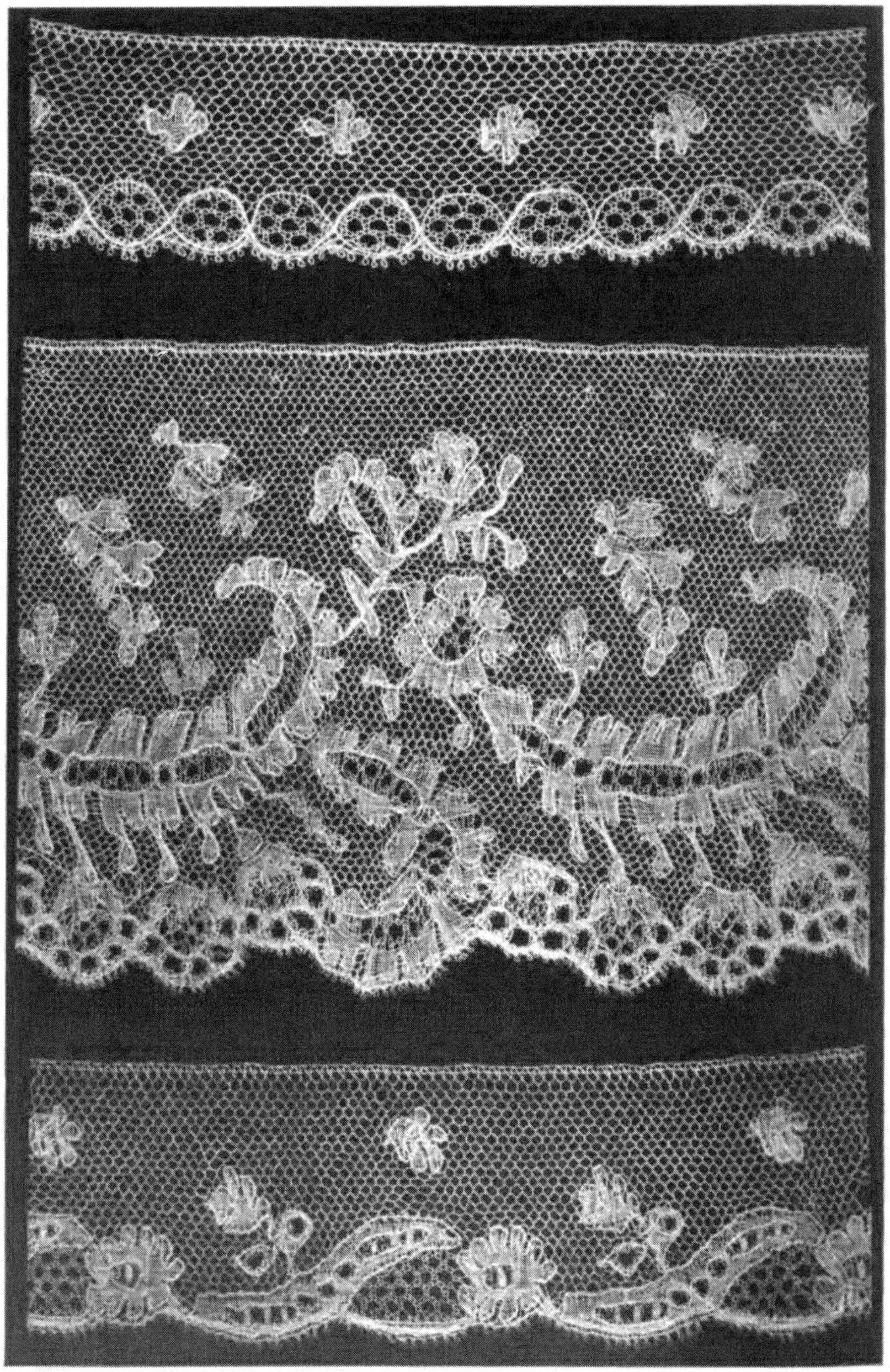

Fig. 60. — POINT DE LILLE DESTINÉ A LA FRANCE (fabriqué à Turnhout).

I. — Prix payé à l'ouvrière :	fr. 0.80 l'aune.		Prix payé à un facteur local :	fr. 0.95 l'aune.
II. —	—	—	fr. 10.00 —	—	—	fr. 11.50 —
III. —	—	—	fr. 1.60 —	—	—	fr. 1.90 —

1788, plus de 16,000 dentellières (1), perdit peu à peu tous les caractères de la Valenciennes; dès la fin du XVIII° siècle, elle ressemblait beaucoup à la Malines; mais son exécution est beaucoup plus facile, car le réseau se fait avec des épingles.

C'est probablement cette ressemblance qui a amené l'introduction en Belgique de la dentelle de Lille. Cette dentelle, dont la fabrication a presque cessé en France, occupe aujourd'hui en Belgique un nombre assez considérable d'ouvrières.

Les principaux centres sont Beveren, Kieldrecht, Rupel-

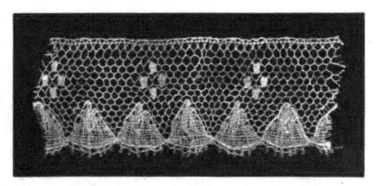

Fig. 61. — Point de Lille ordinaire (fabriqué à Marche).

monde et plusieurs villages du pays de Waes, Turnhout, Saint-Trond. Aye, près de Jemelle, (fig. 57) et la petite ville de Marche (fig. 61) fabriquent aussi des dentelles assez ordinaires ayant les caractères du point de Lille.

Le principal débouché du point de Lille est aujourd'hui la Hollande. Tout comme les fermières de la Normandie, les paysannes hollandaises, celles du moins qui sont restées

(1) Mrs Bury Palliser, *op. cit.*, p. 187.

fidèles aux costumes nationaux, continuent de porter des bonnets ornés de dentelle. Les premières ne veulent que la Valenciennes; celles-ci demandent une qualité spéciale de point de Lille : ce qu'il leur faut, ce sont les volants à bords droits avec réseau semé de points d'esprit et orné de grands ramages à effet (fig. 59). La destination hollandaise de ces dentelles est si habituelle que les dentellières de Turnhout et de Beveren, centres de la fabrication, ne les connaissent que sous le nom de *Dutsche slag* (point de Hollande).

Les dessins du point de Lille ont souvent une véritable élégance; les ramages en sont très décoratifs et un seul de leurs grands motifs, répandu sur toute la longueur d'une pièce, suffit parfois à décorer les ailerons

Fig. 62. — Point de Brabant. (*Voy. p. 156.*)

d'un bonnet (fig. 58). Telle est, dans certains de ces
volants, la finesse du réseau et la délicatesse du plat, qu'à
première vue on serait tenté de les prendre pour de la
Malines. Cependant un examen attentif les fera toujours
reconnaître : les mailles du point de Lille courent dans un
sens contraire à celui de l'engrêlure, tandis que celles de
la Malines sont disposées parallèlement à l'engrêlure; le

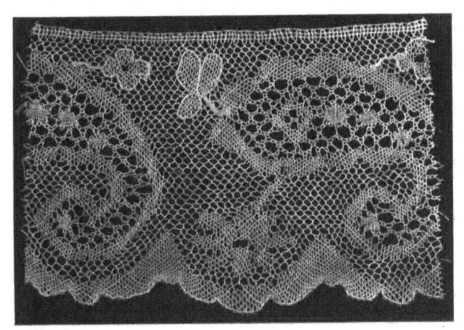

Fig. 63. — Point de Brabant. (*Voy. p. 136.*)

nombre de torsades composant les mailles diffère dans les
deux dentelles; de plus, le réseau, uniforme dans la Malines,
est le plus souvent orné de points d'esprit dans le point de
Lille; enfin, les arabesques en plat sont généralement plus
larges dans le point de Lille que dans la Malines et elles
sont fréquemment ornées de petites ouvertures à jour qui
en accentuent les reliefs.

Certaines dentelles, fabriquées seulement à Turnhout.

rappellent encore davantage leur illustre rivale : ce sont les volants en point de Lille destinés à la France (fig. 60). Ici, l'imitation est presque complète : bords festonnés, forme des rinceaux, finesse du plat, rien n'y manque; même, il n'y a pas de points d'esprit dans le réseau et celui-ci ne se distingue du réseau de la Malines que par la forme de ses mailles. Cette dentelle est assez demandée à Paris et certains fabricants n'hésitent pas à l'y faire passer pour de la Malines authentique.

Les figures 62 et 63 reproduisent une variété de point de Lille, que M. Carlier, fabricant à Bruxelles, a créée récemment et à laquelle il a donné le nom de *point de Brabant*. Cette dentelle, destinée à l'ameublement, se rattache au point de Lille par son réseau, tandis que les jours reproduisent l'ancien fond du point de Paris, dont il sera question plus loin. Le dessin est emprunté à un vieux point de Paris qui s'est fait jadis en Espagne. Le point de Brabant est confectionné par quelques ouvrières aux environs de Louvain et à Turnhout.

6. *Point de Paris* (fig. 64).

Le *point de Paris* (1) était, au XVII° siècle, une petite dentelle commune, beaucoup fabriquée à Paris et dans quelques villes de la Normandie. A partir de 1665, la mode exigeant toujours de plus belles dentelles, les ouvrières sentirent la nécessité de perfectionner leur travail et, par degrés, elles arrivèrent à faire un point d'une finesse et d'une exécution remarquables. La Malines étant très en vogue sous Louis XV, elles adaptèrent sur le fond

(1) Le point de Paris était souvent appelé en France *point double;* les ouvrières flamandes l'appellent *engelsche grond* (dentelle à réseau anglais). Les surnoms suivants ont souvent été appliqués en France ou en Belgique aux variétés du point de Lille et du point de Paris : le *canard* (fig. 64), le *petit jambon*, la *chimère*, le *feu d'artifice*, la *feuille de trèfle*, la *sorcière*, la *tête de mort*, le *doigt de pied de paysan* (fig. 66). (Communiqué par M. A. Carlier.)

Fig. 65. — Point de Paris, surnommé « Le Canard ».
(Propriété de M. A. Carlier.)

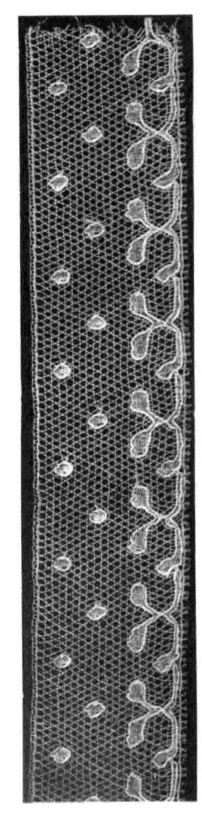

Fig. 66. — Point de Paris, surnommé « Le Doigt de pied de paysan ».
(Propriété de M. A. Carlier.)

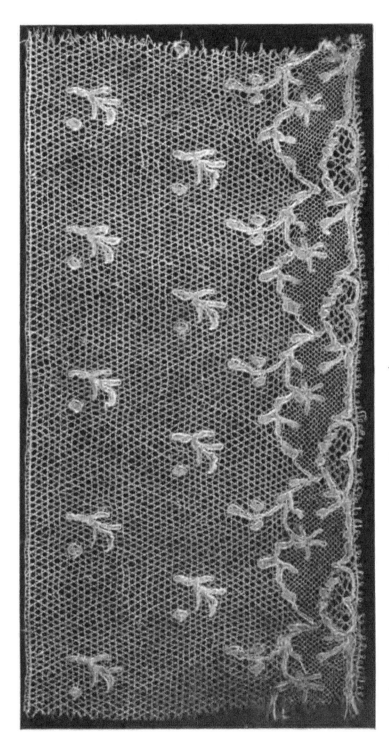

Fig. 67. — Point de Paris avec jours en point de Lille (fabriqué à Turnhout).

Prix payé à l'ouvrière : fr. 4.50 l'aune. — Prix payé à un fabricant de Turnhout : fr. 5.40 l'aune.

Fig. 68. — Point de Paris avec jours en fond de neige. (*Propriété de M. A. Cartier.*)

du point de Paris des ornements analogues à ceux de la célèbre dentelle belge et ainsi prit naissance le point de Paris moderne.

Le réseau de cette dentelle a été décrit plus haut (en note de la page 130 ; la facilité relative de son exécution a été cause que, dès le XVIIIe siècle, le point de Paris fut introduit et fabriqué chez nous.

On le rencontre surtout à Turnhout. Les ouvrières de cette ville exécutent en point de Paris d'assez jolis volants à bords droits ou festonnés, dont les ornements, entourés de gros cordonnets, ressemblent surtout à ceux du point

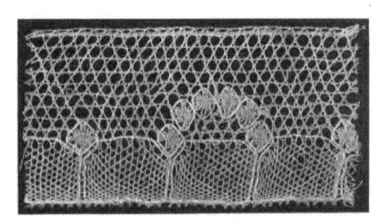

Fig. 69. — Point de Paris (fabriqué à Marche).
Prix payé à l'ouvrière : 1 franc le mètre.
Prix payé à un facteur local : fr. 1.35 le mètre.

de Lille. Ces dentelles manquent souvent de fini, les fabricants de Turnhout en confiant l'exécution aux ouvrières incapables de faire la Malines. Leur aspect est aussi beaucoup moins séduisant que celui de la Malines : le fond est plus lourd et le plat, bien que plus accentué comme relief, ressort beaucoup moins bien. Certains volants en point de Paris, relevés par des jours en point de Lille (fig. 67) ou en fond de neige (fig. 68), sont cependant d'un aspect plus agréable.

Quelques productions toutes modernes, s'inspirant de dessins anciens, ont cependant réussi à s'élever au-dessus du niveau habituel du point de Paris. Nous nous faisons

 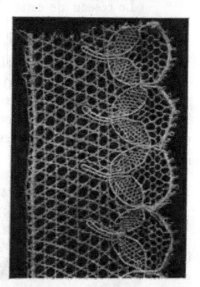

Fig. 70. — Prix : fr. 1.15 l'aune.   *Fig. 71.* — Prix : 1 franc l'aune.

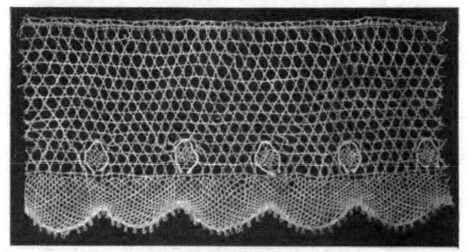

Fig. 72. — Prix : fr. 1.05 l'aune.
POINT DE PARIS (acheté chez un facteur de Cerfontaine).

un plaisir d'en reproduire plusieurs, exécutés pour M. Antoine Carlier (fig. 74, 75 et 76).

On fait encore des petits volants très ordinaires en point

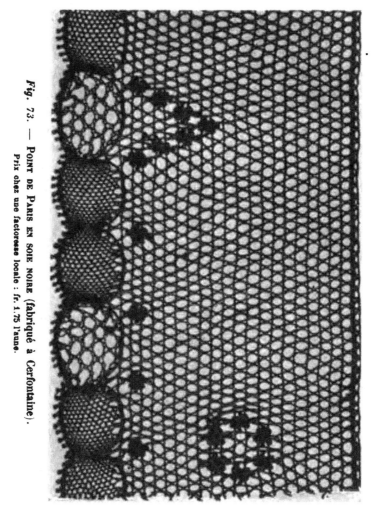

Fig. 73. — Point de Paris en soie noire (fabriqué à Cerfontaine).
Prix chez une factoresse locale : fr. 1.75 l'aune.

de Paris, à Marche, dans quelques villages aux environs de cette ville et à Cerfontaine (fig. 70, 71 et 72). Dans cette dernière localité, presque toutes les femmes font du point de Paris, d'après les dessins rudimentaires que leur fournissent les facteurs de l'endroit. On y fabrique également du point de Paris en soie noire assez finement exécuté (fig. 73); hormis ce cas, le point de Paris, tout comme le point de Lille, est toujours exécuté en fil de coton.

On désigne souvent sous le nom de *façon de Malines* les points de Lille et de Paris et, en général, toutes les dentelles dont les fleurs et les ornements sont entourées du gros fil plat caractéristique de la Malines proprement dite, quelle que soit la forme et la disposition des mailles formant le fond de la dentelle. On doit comprendre sous ce terme générique le *Pottekant,* grosse dentelle qu'on fabriqua à Anvers dès le XVIe siècle et qui ne ressemblait à la Malines que par le cordonnet dont on entourait les ornements. On la faisait dans certains béguinages et dans le dessin figurait toujours un vase, d'où le nom de *Pottekant* (dentelle à pot). On variait la forme et les ornements du vase et les fleurs qui en sortaient, selon la fantaisie (1).

Au XVIIIe siècle, cette dentelle fut exécutée par les ouvrières d'Anvers, pour faire face aux commandes de Malines, qui augmentaient toujours.

7. *Chantilly ou dentelle de Grammont.*

Après avoir débuté fort modestement dans la fabrication du point de Paris, — cette pâle copie de la Malines, — la ville de Chantilly donna son nom, vers 1740, à des dentelles de fil blanc et surtout de soie noire, dont la réputation devint très grande. Les dessins de ces dentelles

(1) Le pot à fleurs était le symbole de l'Annonciation. Dans les anciens dessins représentant l'apparition de l'ange Gabriel à la Vierge Marie, l'ange porte dans sa main un lis, ou bien celui-ci est placé dans un vase. Par degrés, on supprima l'ange, le lis fut remplacé par des fleurs diverses, puis enfin la Vierge disparut et il ne resta que le vase et les fleurs.

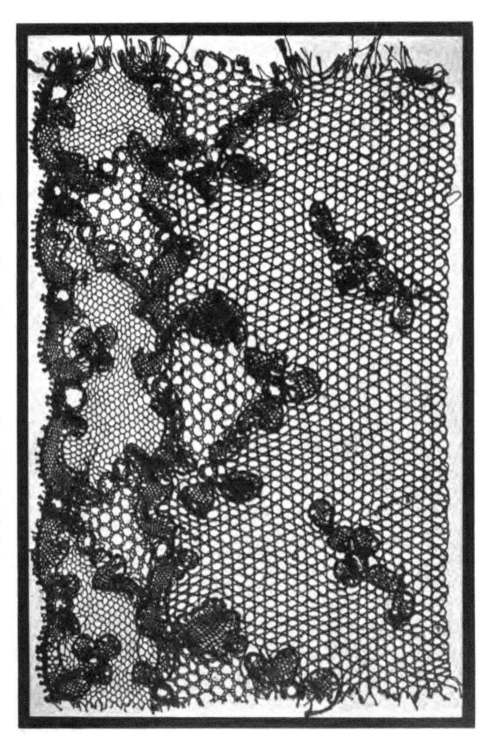

Fig. 74. — Point de Paris en soie noire. (Propriété de M. A. Cartier.)

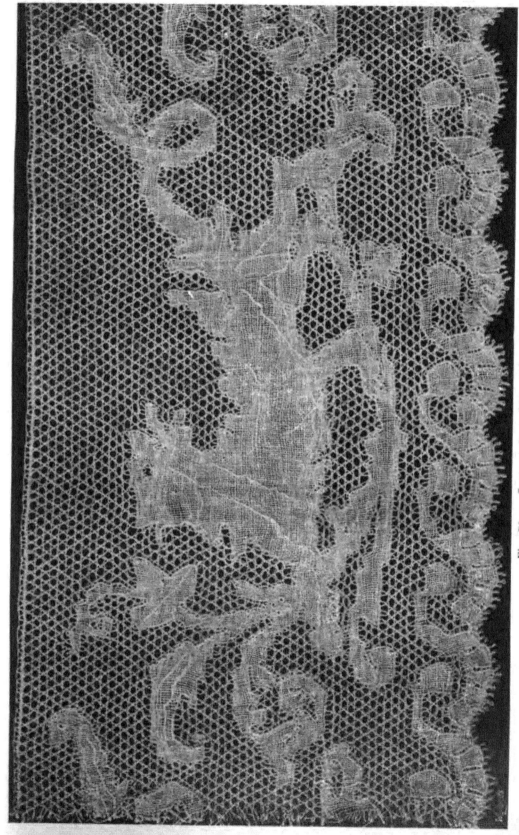

Fig. 76. — Point de Paris (exécuté pour M. A. Cartier).

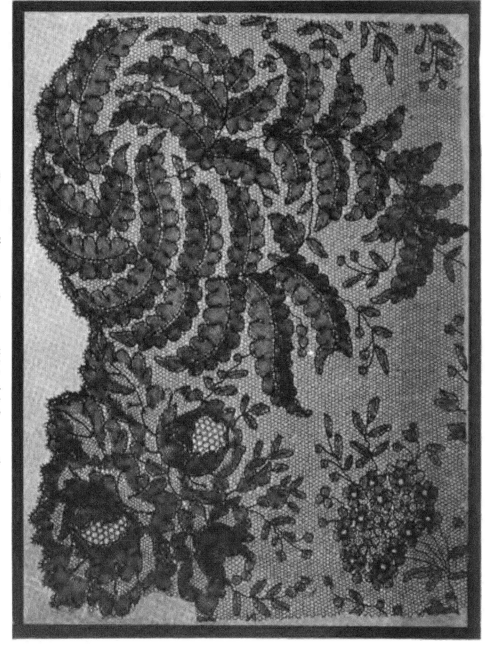

Fig. 77. — Volant en Chantilly (fabriqué à Grammont).

Prix payé dans un magasin de Bruxelles : 500 francs le mètre.

sortaient du genre rocaille et se composaient de corbeilles fleuries et de vases imités des céramiques de Chantilly, qui ont joui d'un certain renom précisément à la même époque. Les ornements en plat se rapprochaient, pour l'exécution, de ceux de la Malines; la maille du réseau était un losange dont les angles supérieur et inférieur étaient coupés par un fil horizontal; on appelait ce réseau le *fond chant,* par abréviation de Chantilly.

La fabrique de Chantilly tomba en 1793. Considérée comme manufacture royale et ne produisant que pour les classes riches, elle fut la victime de la fureur démagogique : les malheureuses dentellières furent assimilées aux grandes dames qui se paraient du travail de leurs mains, et elles périrent sur l'échafaud, ainsi que leurs patrons. On n'entendit plus parler de la dentelle de Chantilly que sous l'Empire, époque pendant laquelle elle jouit de la plus grande prospérité. A ce moment, les « blondes » noires et blanches de Chantilly firent également fureur ; cependant, vers 1835, les deux dentelles commencèrent à émigrer; leur fabrication se transporta en Normandie, aux environs de Caen et de Bayeux, et elle y atteignit un degré de perfection qu'elle n'avait jamais connu aux époques précédentes; elle pénétra aussi en Belgique et s'y fixa à Enghien et à Grammont.

Tandis que l'industrie ne se soutenait guère à Enghien et tombait de plus en plus à Chantilly, elle prospérait d'une façon rapide à Grammont et dans tout le sud de la Flandre orientale. En 1851, dans quarante-neuf écoles dentellières de cette province, on enseignait exclusivement la fabrication du Chantilly, appelé alors *dentelle de Grammont.*

Le Chantilly se fait avec une soie appelée *grenadine d'Alays* et, plus rarement, en fil de coton blanc (1). L'ancien

(1) Les fils retors qui composent cette dentelle perdent par la torsion une partie de leur brillant, ce qui fait croire à quelques personnes que le Chantilly est fait en fil de lin noir. (Voy. LEFÉBURE, *op. cit.*)

réseau dit *fond chant* a été remplacé par la maille hexagone du point d'Alençon moderne. Le plat est un tissu
assez lâche et très régulier, obtenu par un croisement des
fils en trois sens (point réseau); son travail est plus ou
moins serré, suivant que l'on veut reproduire des ombres
ou des clairs; les jours dont cette dentelle est souvent
enrichie imitent l'ancien réseau du point de Paris, appelé,
suivant les contrées, *vitré, mariage* ou *cinq trous*. Les
ornements sont entourés d'un fort cordonnet qui sert
aussi à faire les tiges et les nervures des fleurs et des
feuilles. Les applications du Chantilly sont nombreuses :
on en fait des éventails, des cravates, des papillons, des
ombrelles, des volants de toutes les largeurs, des robes
entières. Les mantilles en Chantilly furent très goûtées en
Espagne et dans les colonies espagnoles jusqu'en 1870.

Les grandes pièces se font par minces lanières travaillées
séparément et comprenant indifféremment des parties de
fleurs et de réseau. Elles sont réunies par des ouvrières
spéciales, très habiles, au moyen d'un point de raccord
imperceptible à l'œil. Ce point fut inventé par une dentellière du Calvados, qui trouva ainsi le moyen de faire
travailler à la fois plusieurs ouvrières au même objet.

Le Chantilly de fabrication belge est inférieur à celui de
Bayeux; le travail est plus plat et moins nuancé que dans
les dentelles françaises; les cordons des nervures sont
simplement passés dans le réseau, tandis qu'à Bayeux, ils
sont rehaussés de points clairs, qui leur donnent un aspect
plus ferme.

Une crise sans exemple dans l'industrie dentellière
amena, vers 1870, la chute du Chantilly belge. La cause
en fut dans un caprice de la mode et dans la concurrence
de la dentelle mécanique. Les fabricants restèrent en une
fois avec des stocks considérables et la plupart d'entre eux
liquidèrent; les ouvrières furent presque toutes congé-

diées; celles qui continuèrent à travailler virent leur salaire baisser énormément; aussi presque toutes renoncèrent-elles à continuer une industrie qui ne rapportait plus rien : les unes firent de la duchesse ou du point à l'aiguille; les autres entrèrent dans les fabriques de cigares et d'allumettes. « En 1855, me disait un témoin désintéressé de cette crise, il y avait à Grammont 100 fabriques de dentelles et 2 fabriques de cigares : aujourd'hui Grammont compte 42 manufactures de cigares et quatre ou cinq petits fabricants de dentelles ! »

Le Chantilly a quelque peu repris dans ces dernières années; les fabricants écoulent leurs stocks, les élégantes donnent le jour à leurs dentelles noires et quelques vieilles ouvrières ont recommencé à faire la « dentelle de Grammont »; deux ou trois couvents entretiennent la connaissance de la fabrication parmi leurs élèves, en leur faisant exécuter, de temps à autre, une pièce sur commande (1). L'industrie n'en est pas moins fort menacée, surtout depuis que les fabriques de Saint-Pierre-lez-Calais ont lancé sur le marché leurs magnifiques imitations de Chantilly.

8. Blonde ou dentelle espagnole.

La blonde a tiré son nom de la matière qui servait primitivement à la fabriquer. Elle a été faite d'abord en soie écrue et c'est sa couleur d'un jaune pâle qui l'a fait baptiser ainsi. Au XVIe siècle, on l'appelait *la Bisette*. Elle se fait maintenant en blanc et en noir. Deux soies différentes y sont employées : une fine pour le fond, une plus grosse et peu tordue pour les fleurs. Le fond se compose de jours et de réseaux pareils à ceux du Chantilly.

(1) Quelques dentellières du couvent de Saint-Trond fabriquent de petits volants en Chantilly blanc.

Nous avons vu à la suite de quelles circonstances la fabrication de la blonde fut introduite en Belgique. Elle est appelée aussi dentelle espagnole, parce que, très voulue sur les marchés de l'Espagne, du Mexique et de la Havane, elle a accommodé le plus souvent ses dessins au goût espagnol et se distingue par ses larges motifs fleuris. composés de beaux mats, brillants comme du satin, qui se détachent vigoureusement sur la transparence du réseau (fig. 80). La clientèle espagnole de la blonde se fait rare et l'usage des charmantes mantilles tend à disparaître de la péninsule ibérique comme il a disparu de chez nous. La blonde ne se fabrique presque plus; quelques ouvrières seulement, à Grammont et à Turnhout, en confectionnent des écharpes et des châles.

9. *Point d'Angleterre.*

Sous la dénomination générale de point de Bruxelles, il faut comprendre non seulement le point à l'aiguille, dont il a été question plus haut, mais encore deux espèces de dentelles exécutées aux fuseaux : le *point d'Angleterre* et l'*application de Bruxelles* (1). Jusqu'en 1830, ces deux dentelles n'en formaient qu'une, sous le nom d'*application d'Angleterre :* cette dernière était exécutée par morceaux séparés, qu'on appliquait ensuite sur réseau aux fuseaux, tout comme les fleurs à l'aiguille. Lorsque le tulle mécanique fut inventé, on appliqua sur ce tulle les morceaux séparés, et ce fut l'origine de l'*application de Bruxelles aux fuseaux;* ou bien on eut recours à un autre procédé : on relia par du réseau fait à l'aiguille les fleurs exécutées séparément aux fuseaux, et l'usage conserva à cette dentelle le nom de *point d'Angleterre* (2).

(1) On appelle parfois ces deux dentelles aux fuseaux *point mat*, par opposition à la dénomination de *point gaze*, réservée au point de Bruxelles à l'aiguille.

(2) Nous avons dit (p. 41) comment Mrs Bury Palliser prouve l'origine

Fig. 78.

PAPILLON EN CHANTILLY.

Prix dans un magasin de Bruxelles : 10 francs.

Fig. 79.

PAPILLON EN CHANTILLY.

Prix dans un magasin de Bruxelles : 8 francs

Le point d'Angleterre est une dentelle des plus riches
et en même temps des plus légères. La confection du
réseau est la même que dans le point à l'aiguille et se fait
par une ouvrière en point ; nous avons décrit plus haut
la fabrication du plat : celui du point d'Angleterre est
toujours d'une délicatesse extrême et on n'exécute dans
cette dentelle que des articles de premier choix et, le plus
souvent, de petite dimension, tels que mouchoirs, éventails, fichus, etc. Le plat est exécuté avec du fil très fin, il
est entouré d'un mince cordonnet et fréquemment rehaussé
de reliefs et de jours aux fuseaux. Souvent aussi on y
pratique des jours à l'aiguille, et c'est, avec l'emploi du
véritable réseau, ce qui rend cette dentelle si coûteuse.
Le mouchoir de la figure 73 ne contient pas moins de
80 jours à l'aiguille, de 15 espèces différentes ; le plat et
le réseau sont admirablement exécutés ; on peut regretter
seulement, l'insignifiance absolue du dessin des fleurs.

brabançonne du point d'Angleterre. Mrs Nevill Jackson, qui emprunte à
Mrs Bury Palliser la plupart de ses renseignements historiques, conteste la
valeur de cette argumentation. Elle reconnaît que « des marchands anglais,
en présence de l'édit qui interdisait la vente des dentelles étrangères, s'asso-
cièrent pour acheter toute la belle dentelle du marché de Bruxelles, la trans-
portèrent en fraude en Angleterre et la vendirent sous le nom de point
d'Angleterre ; de là, continue-t-elle, est née cette opinion que le point d'Angleterre fut inventé en Belgique ; mais tel ne fut pas le cas et le principal centre
de production de cette dentelle était l'Angleterre. » (Mrs NEVILL JACKSON,
op. cit., p. 128.) Cette assertion ne prouve rien et elle n'infirme pas la valeur
de l'explication donnée par Mrs Bury Palliser. Le point d'Angleterre a
toujours été une dentelle belge, mais il est vrai aussi que, depuis son introduction en Angleterre, il a été copié, sous le nom de dentelle d'Honiton, par
les ouvrières du Devonshire. Au surplus, Mrs Nevill Jackson, qui veut
ajouter ce fleuron à la gloire de son pays, ne connaît même pas le point
d'Angleterre moderne, car elle prétend (p. 134) que le réseau intercalé de
nos jours entre les fleurs est fait aux fuseaux, alors qu'il est toujours exécuté
à l'aiguille.

Les fabricants belges protestent — avec raison d'ailleurs — contre les doutes
que certains auteurs émettent au sujet de l'origine belge du point d'Angleterre ; aussi quelques-uns appellent-ils cette dentelle : *point de Bruxelles dit
d'Angleterre.*

10. *Application de Bruxelles aux fuseaux* (fig. 82).

Les fleurs de la belle application de Bruxelles sont presque aussi fines que celles du point d'Angleterre et souvent plus artistiques. Elle se travaillent de la même façon, mais les rinceaux et les bouquets sont plus grands, les reliefs et les nervures plus accentués.

La vogue de cette dentelle est devenue considérable depuis que l'invention du tulle mécanique permet de l'employer, sans trop de frais, pour des objets de grande dimension. Aucune dentelle, sauf l'application de Bruxelles à l'aiguille, n'a fait, au cours de ce siècle, des progrès aussi remarquables. Les dessins de certains volants (fig. 83) sont d'une grâce parfaite. Les grandes fleurs, telles que roses, iris, fleurs de pommier, et les plantes ornementales de tout genre sont reproduites par le travail des fuseaux avec un naturel et une originalité inconnus il y a un siècle (fig. 84); des motifs charmants sont empruntés aux anciens styles (fig. 85) et il n'est pas jusqu'au *modern style* qui n'apparaisse, de temps à autre. avec ses interprétations florales, dans les robes en application. On fait aussi, sous le nom de *point de Milan,* de larges rinceaux de style ancien, exécutés comme l'application, qu'on transporte ensuite sur tulle ou dont, parfois, on relie les morceaux par des bouts de réseau aux fuseaux ou à l'aiguille (Voy. p. 163 et 164). Quelquefois, enfin, le tulle est remplacé par d'autres tissus à jour, dont l'effet n'est pas toujours des plus heureux (fig. 86).

L'exécution des belles pièces en application est au-dessus de tout éloge, et les oppositions entre les ombres et les lumières, entre les mats et les jours à l'aiguille sont si bien ménagées, la transition entre les parties claires et les parties foncées est si bien observée (Voy. fig. 170), que

l'on serait tenté de dire que la dentellière a des couleurs
à sa disposition.

Malheureusement, l'application commune a autant de

Fig. 83. — VOLANT EN APPLICATION DE BRUXELLES (fabriqué par la maison Minne-Dansaert).

vogue, pour ne pas dire plus, que ces merveilleux produits. Les « petites robes en dentelle » (1), les cravates, les voilettes portant un bout d'application ont un succès que nous trouvons très regrettable, parce qu'il nuit à la belle dentelle. Dans ces articles peu chers, les magasins intercalent des morceaux en application faite à la machine, et la cliente, hypnotisée par le bon marché et confiante dans les étiquettes imprimées qui garnissent l'étalage, est ravie d'acheter pour presque rien une pièce en « véritable dentelle de Bruxelles ».

L'application de Bruxelles aux fuseaux se fait dans les mêmes centres que le point d'Angleterre, les beaux articles étant le plus souvent l'apanage des couvents, les articles communs étant exécutés à domicile, sous la direction des facteurs. Nous avons déjà signalé qu'à Binche il se fait également un peu d'application commune (fig. 53) et nous tenons à ajouter que, pour la beauté du travail, le couvent de Liedekerke, en Brabant, tient la première place.

11. Torchon.

C'est la plus ordinaire de toutes les dentelles aux fuseaux, celle dont la fabrication est la plus facile et la qualité presque toujours commune. Sous le rapport de la beauté, de la finesse et de l'exécution, le torchon est certainement la dernière des dentelles. Il est confectionné par les apprenties et par les découragées, jeunes et vieilles, dont le nombre va toujours grossissant et qui trouvent inutile de peiner sur des ouvrages compliqués ne rapportant presque plus rien.

(1) Tout récemment figurait à l'étalage d'un magasin de la Montagne de la Cour, à Bruxelles, une robe en application marquée 23 francs, avec cette inscription : Petite robe en dentelle. On juge ce que devait être la dentelle de cette robe !

4 bis. — APPLICATION DE BRUXELLES

appliquée sur tulle, exécutée au couvent de Liedekerke).

Fig. 85. — Fragment de col en application de Bruxelles (exécuté au couvent de Liedekerke).

Fig. 88. — TORCHON.

On fabrique en torchon des volants et des entre-deux
de toutes les longueurs; les dessins sont assez variés, mais
ils n'ont, la plupart du temps, aucune originalité. L'exécution des torchons laisse, généralement, beaucoup à dési-

I.

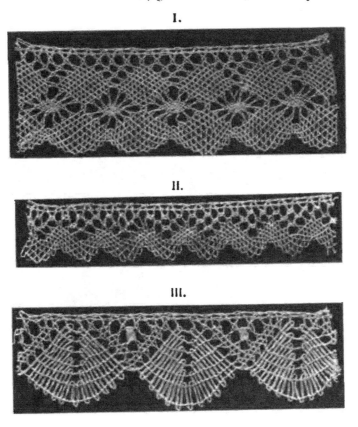

II.

III.

Fig. 89. — Torchons fabriqués a Aye.

Prix payés à un facteur d'Aye :
I. — 25 centimes l'aune.
II. — 15   –   —
III. — 15   –   —

rer : le fil, lin ou coton, est souvent épais et jaunâtre et
la dentelle manque de régularité et de fermeté.

Au surplus, même lorsque l'exécution est soignée, il est

regrettable de voir les ouvrières faire cette dentelle de
préférence aux autres. Car, étant imité admirablement à
la machine, le torchon fait à la main n'a presque aucune
valeur. Conséquence naturelle : les salaires des ouvrières
sont infimes et plus on fabriquera du torchon, plus les

IV.

V.

Fig. 89bis. — TORCHONS FABRIQUÉS A AYE.

Prix payés à un facteur d'Aye :

IV. — 22 centimes l'aune.

V. — 25   —   —

salaires descendront, jusqu'à ce que l'industrie dispa-
raisse.

L'origine du torchon est certainement très ancienne.
On peut y voir, croyons-nous, une forme dégénérée des
vieux passements aux fuseaux, dont l'art s'est conservé
plus fidèlement dans certaines guipures modernes.

Le torchon est fabriqué aujourd'hui par les paysannes de presque tous les pays de l'Europe. Les dessins sont à peu près les mêmes partout ; ceux des manufactures du Puy et de Mirecourt, en France, sont cependant moins banals qu'ailleurs. En Belgique, le torchon se fait dans

I.

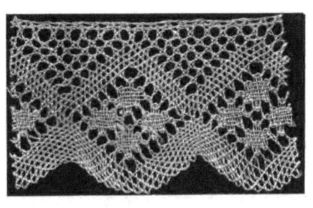

II.

Fig. 90. — TORCHONS FABRIQUÉS A MARCHE.

Prix payés à l'ouvrière :	Prix d'un facteur de Marche :
I. — 40 centimes l'aune.	70 centimes le mètre.
II — 25 — —	50 — —

tous les centres de dentelles aux fuseaux, sans exception ; c'est probablement la dentelle qui se fabrique le plus, la seule aussi qui n'ait jamais été la spécialité d'une région déterminée, comme c'est encore le cas pour la plupart des autres dentelles.

Cependant deux petits centres des Ardennes, Aye et Marche, et quelques villages situés aux environs font presque exclusivement les torchons et les guipures; l'exécution des torchons y est plus soignée et l'écoulement des produits assez facile, parce que ces centres de fabrica-

III.

IV.

V.

Fig. 90bis. — Torchons fabriqués a Marche.

Prix payés à l'ouvrière :	Prix d'un facteur de Marche :
III. — 17 centimes l'aune.	32 centimes le mètre
IV. — 25 — —	50 — —
V. — 17 — —	32 — —

tion, très isolés, ont réussi à se créer une certaine réputation sur le marché des dentelles. Dans ces villages, un bon nombre de femmes sont assidues à leur carreau et, pendant l'hiver, beaucoup de ménages en vivent, malgré le bon marché extrême des articles fabriqués.

Plusieurs des torchons exécutés dans ces localités se font remarquer par un certain effet d'art. A Marche (fig. 91), quelques torchons se distinguent par leur finesse ou par leurs toilés assez larges, qui les font ressembler aux guipures plates.

Certains torchons exécutés à Aye sont véritablement artistiques et s'élèvent bien au dessus du niveau médiocre des petites Valenciennes et des informes points de Lille dont quelques régions flamandes sont infestées.

La figure 92 reproduit le plus réussi de ces torchons. C'est une dentelle d'aspect original, finement exécutée, ornée de points d'esprit et de parties en plat et bordée de

Fig. 91. — Torchons fabriqués a Marche.

Prix payés à l'ouvrière :	Prix d'un facteur de Marche :
I — Fr. 0 60 l'aune.	Fr. 1 10 le mètre.
II — 0 28 —	0.?5 —
III — 0 75 —	1 40 —

jolis picots. On fait à Aye, dans ce genre de dentelle,
beaucoup de garnitures d'aubes, de nappes d'autel, etc.,
pour les églises des environs.

Les ouvrières d'Aye intercalent parfois dans leurs tor-

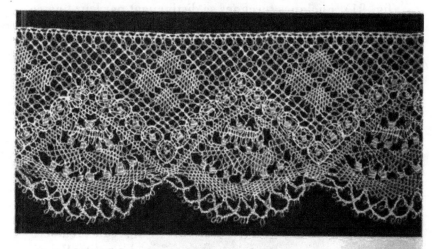

Fig. 92. — Torchon artistique (fabriqué à Aye).
Prix chez un facteur local : fr 2.90 l'aune

chons des fils de coton rouge, bleu ou noir. L'usage de
blagues à tabac entourées d'une pochette en torchon de
couleur verte est assez fréquent parmi les hommes de la
localité.

12. *Guipures.*

On a donné le nom de guipure à deux genres de dentelle très différents : le premier genre se rapproche des
torchons et se fabrique, comme eux, tout d'une pièce, le
plus souvent par bandes. C'est à ce genre que se ratta-
chent les guipures dites de Cluny. Le second genre de
guipure se fait par morceaux séparés et sa fabrication
ressemble, en moins fin, à celle de l'application de Bruxelles aux fuseaux. Cette catégorie comprend les guipures

Fig. 93. — FRAGMENTS D'UN EMPIÉCEMENT DE CHEMISE EN GUIPURE (exécuté à Aye).

Prix chez un facteur local : fr. 3.50.

de Flandre, le point de Milan, le Bruges, la duchesse (1).

*
* *

La guipure par bandes n'est autre chose que l'ancien

Fig. 94. — GUIPURES CLUNY EN FIL DE LIN BLANC.

(1) Le *Bruges* et la *duchesse* ayant pris en Belgique un grand développement, nous traitons de ces deux dentelles sous une rubrique spéciale.

passement, c'est-à-dire le plus ancien type de dentelle aux fuseaux. La fabrication n'en a jamais cessé. Les dessins rappellent souvent les arabesques gothiques des XVe et XVIe siècles et les effets géométriques de carrés, d'étoiles, de rosaces (Voy. fig. 94 et 95) y sont fréquemment employés. Ces dentelles se distinguent généralement par leurs reliefs plus ou moins marqués; elles se font en gros fil de lin, en fil de coton écru ou blanchi et parfois en soie noire (fig. 95). Leur aspect est brillant et très net et elles garnissent admirablement la lingerie et les toilettes simples. On

Fig. 95. — GUIPURE CLUNY EN SOIE NOIRE.

désigne les guipures à dessins gothiques sous le nom de
guipures Cluny, nom de fantaisie tiré du musée de Cluny,

Fig. 96. — Guipures avec point de toile (exécutées à Marche).

Prix payés à l'ouvrière :	Prix payés à un facteur local :
I. – Fr. 1.20 l'aune.	Fr. 2.20 le mètre.
II. – 1.60 –	3. – —

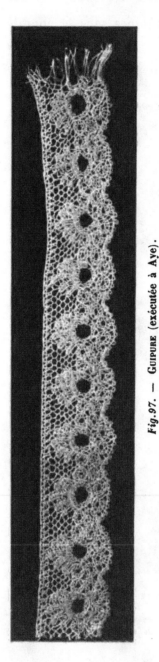

Fig. 97. — GUIPURE (exécutée à Aye).

où l'on conserve quelques types d'anciens points coupés, que rappellent ces guipures.

Souvent aussi, au lieu d'être en relief, les guipures se distinguent par leur toilé, plus serré que celui du torchon, et par des ornements en mat, se détachant, tout comme dans la Valenciennes, sur fond de réseau ou de brides (fig. 93 et 96).

Ces divers genres se fabriquent dans presque tous les centres où l'on travaille au carreau, notamment à Bruges, Ypres, Courtrai, Ingelmunster, Aeltre, Beveren, Tamise, Turnhout.

Les centres ardennais que nous avons signalés pour le torchon se sont fait aussi une spécialité de guipures artistiques. Les figures 94 et 96 reproduisent des dentelles exécutées à Marche; les ouvrières d'Aye font des travaux encore plus originaux et d'une remarquable fermeté d'exécution. Le volant de la fig. 98, avec ses oppositions de plat et de réseau, ses palmettes ressemblant à des points d'esprit allongés et les picots délicats de la bordure est, dans le genre simple des

guipures, une dentelle de haut mérite, surtout parce
qu'elle est de nature à décourager l'imitation. On fait

Fig. 98. — Guipure (exécutée en Flandre orientale).

aussi dans ces centres wallons des volants à bords festonnés appelés « incrustations » (fig. 99) d'un genre,
moins sévère que les bords droits exécutés en Flandre
(fig. 100). Et les pièces importantes, telles que volants
d'aubes, empiècements de chemises (fig. 93), etc., y sont
aussi de fabrication courante et se vendent dans des conditions extraordinaires de bon marché.

* *
*

La première fois qu'une dentellière flamande a fait sur
son coussin plat une fleur détachée, elle ne se doutait pas
de l'énorme service qu'elle rendait à son pays en créant
un procédé de fabrication absolument nouveau et dont
les conséquences ont été considérables. En effet, cette
disposition d'ouvrage, dont on reconnaît, aujourd'hui,
l'origine flamande, donna naissance à toute une série de
nos plus belles dentelles, parmi lesquelles, en premier
lieu, l'application de Bruxelles aux fuseaux et le point
d'Angleterre.

La fleur une fois terminée, il fallut bien faire un fond
pour la soutenir et la rattacher aux autres fleurs du dessin.
On se servit pour cela de barrettes tressées au moyen de
quelques fils, et ces barrettes ou brides, qui étaient le plus
souvent picotées, complétèrent un morceau de *guipure
de Flandre* (fig. 102). Ce genre de dentelle eut un grand
succès au XVIIᵉ siècle ; il était connu alors sous le nom de
guipure ou dentelle de Bruges et l'on en conserve de
magnifiques spécimens dans diverses collections euro-
péennes et dans beaucoup de trésors d'églises. Les
ouvrières de Bruges exécutèrent, vers la même époque,
des guipures plates en point à l'aiguille, rappelant les
rinceaux italiens, et aussi des jours à l'aiguille qu'on
insérait dans les guipures faites aux fuseaux.

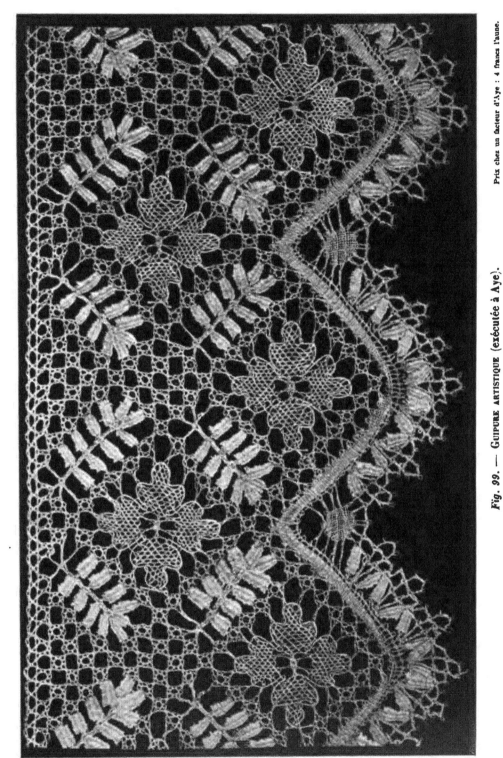

Fig. 99. — Guipure artistique (exécutée à Aye).

Prix chez un facteur d'Aye : 4 francs l'aune.

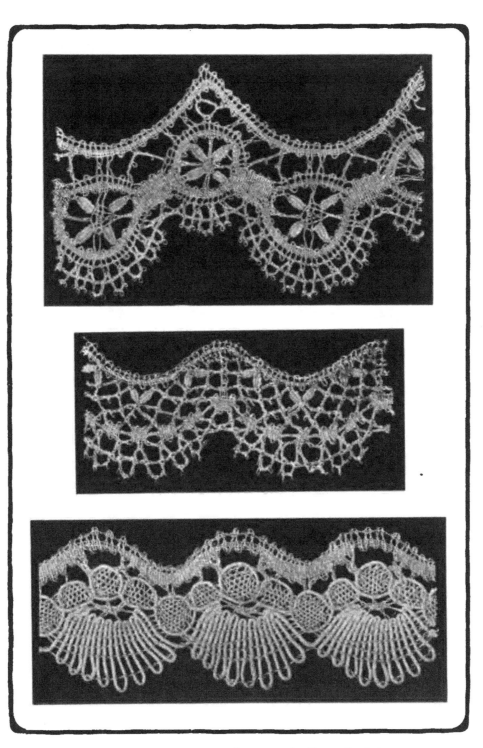

Fig. 100. — Guipure dite « Incrustation » (Aye et Marche).

Réduction de 1,2.

Fig. 101. — Col en guipure de Flandre.

(Prix chez un fabour de Lichtervelde : fr. 6.50.)

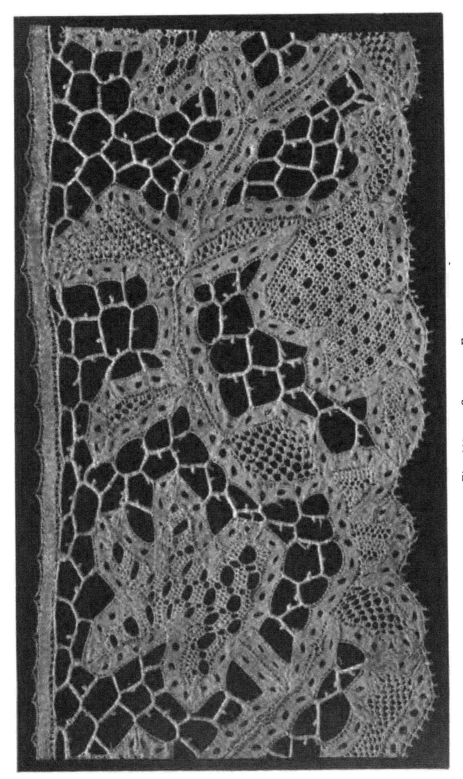

Fig. 102. — GUIPURE DE FLANDRE.

Fig. 103. — Point de Milan (exécuté pour M. A. Carlier).

La fabrication des guipures flamandes à l'aiguille est perdue ; celle des guipures aux fuseaux fut retrouvée, en 1846, par Mlle Marie van Outryve d'Ydewalle. Ayant vu à Bruges une aube garnie d'ancienne guipure de Bruges, Mlle d'Ydewalle demanda à pouvoir la copier. Elle étudia le travail de cette dentelle, fit des essais nombreux et finalement retrouva le point perdu. Elle enseigna elle-même la fabrication de cette dentelle à une ouvrière habile et celle-ci l'apprit aux religieuses du couvent de Ruddervoorde. Pendant longtemps, Mlle d'Ydewalle dirigea la nouvelle fabrication ; elle se rendait chaque semaine au couvent, donnant des dessins, piquant les parchemins, expliquant aux religieuses l'exécution des jours aux fuseaux. Elle préparait elle-même, avec l'aide de l'incomparable artiste qu'était son beau-frère, feu le baron Bethune, les dessins nouveaux, et ces dessins, dont nous avons vu de nombreux exemplaires, avaient un caractère très décoratif. La dentelle retrouvée par Mlle d'Ydewalle ne tarda pas à être très demandée ; une exposition à Londres, en 1851, la fit connaître du grand public ; aujourd'hui, elle est exécutée par beaucoup d'ouvrières de la Flandre occidentale (1).

La guipure de Flandre (2) est très appréciée de nos jours pour garnir certains articles de lingerie, surtout les rideaux et les stores. Ses dessins sont inspirés des vieux modèles et il est parfois difficile de distinguer la fabrication moderne de l'ancienne. La qualité de ces dentelles est

(1) Ces renseignements nous ont été fournis par le baron Joseph Bethune, à qui nous adressons ici tous nos remerciements.

(2) On désigne parfois cette espèce de guipure sous le nom de *point de Flandre* ; on dit aussi : un col, un volant en *vieux Flandre*. A notre avis, ces appellations doivent être rejetées, parce qu'elles prêtent à une confusion avec le *trollekant*, dont il a été question plus haut sous le même nom de *point de Flandre*.

le plus souvent plate et sans relief, mais les rinceaux se distinguent par leur opulence, leur originalité, et se détachent vigoureusement sur le fond.

Depuis quelques années, les parties saillantes de la guipure de Flandre sont fréquemment relevés par de gros cordonnets attachés sur le plat au moyen de points clairs et par des jours aux fuseaux d'un effet excellent (fig. 101 et 104). Cette variété de guipure de Flandre ressemble beaucoup par ses plats à la duchesse, dont nous parlerons plus loin, tandis que les plats de la guipure de

Fig. 104. — Guipure de Flandre (garniture de store fabriquée à Lichtervelde). — Prix chez un facteur local : fr. 0.50 le mètre.

Flandre du genre ancien et sans relief ont gardé l'aspect de bandes de toile reliées entr'elles par des brides et des jours peu variés.

La fabrication de la guipure de Flandre (surtout la guipure en relief) s'est beaucoup répandue aux environs de Bruges, Iseghem et Thielt; les garnitures de corsage, les robes entières en fil de lin ou de coton écru ont fait fureur en 1899 et 1900. La clientèle s'accomode volontiers de ces articles peu chers (1) et faisant grand effet, à cause de leurs épais reliefs, qui leur donnent à distance un faux air de point de Venise; et les ouvrières, de leur côté, préfèrent à tout le reste cette dentelle d'exécution particulièrement facile et qui ne fatigue pas la vue.

Les ouvrières flamandes font aussi, mais plus rarement, une jolie imitation du *point de Milan,* rappelant beaucoup la guipure de Flandre (fig. 104) par ses larges enroulements fleuris et n'en différant que par le fond.

Milan s'occupa, dès le XVIIe siècle, à reproduire aux fuseaux les magnifiques rinceaux du point de Venise. Les fleurs étaient sans relief et travaillées en toilé serré; à peine quelques jours et quelques trous étaient ménagés dans les surfaces mates pour les éclaircir; les fonds étaient à barrettes tressées. Lorsqu'au XVIIIe siècle, la mode des réseaux envahit toutes les dentelles, on fit les fonds en mailles régulières et l'on garda les rinceaux fleuris. L'analogie entre le point de Milan et la guipure de Flandre fit adopter par nos ouvrières la fabrication de la première de ces guipures, mais on substitua, chez nous, aux mailles du réseau milanais, un réseau irrégulier, souvent informe, qui ne rappelle en rien les beaux réseaux dont nous avons parlé précédemment.

(1) Une robe en grosse guipure de Flandre coûte à Bruges de deux à trois cents francs.

*
* *

Malheureusement, les fabricants de ces deux sortes de guipures se servent assez fréquemment de pièces confectionnées à la machine. Parfois tous les plats de la dentelle sont des lacets faits à la mécanique, imitant plus ou moins bien le travail à la main, tandis que les jours et les brides ou les mailles du fond sont exécutés à l'aiguille ; parfois certaines fleurs sont exécutées aux fuseaux et reliées entre elles par des lacets (fig. 102); ailleurs l'engrèlure seule est un produit mécanique (fig. 104).

Cette sorte de demi-imitation a surtout affirmé sa prépondérance dans la fabrication des objets en *Renaissance* (fig. 106) et en *Luxeuil* (fig. 107). Ces deux genres de productions, auxquelles il faut refuser énergiquement le nom de dentelles, qu'elles ont usurpé, se font entièrement avec du lacet mécanique. On faufile celui-ci sur un patron en toile cirée ou en papier épais et l'on remplit les vides par des barrettes ou des jours exécutés à l'aiguille. La différence entre les articles Renaissance et les articles Luxeuil consiste en ce que les premiers se font avec du lacet plus gros que les seconds et que ceux-ci sont parfois agrémentés de reliefs faits au point de boutonnière.

La vogue de ces imitations, connues parfois sous le nom de *dentelle irlandaise,* est considérable depuis une couple d'années. Dans les environs d'Alost, beaucoup d'ouvrières en point ont abandonné la dentelle à l'aiguille pour confectionner des objets en imitation de Flandre ou de Milan et des articles en Renaissance ou en Luxeuil. Ces productions ne sont pas toujours dénuées de goût, mais on doit déplorer la faveur qui les accueille. comme une nouvelle cause de ruine pour l'avenir de la dentelle véritable.

13. Duchesse.

La *duchesse* est une forme perfectionnée de la guipure

de Flandre. Celle-ci se composait à l'origine de larges rinceaux dont les parties plates avaient presque toujours la même largeur et n'étaient, au fond, que des lacets exécutés aux fuseaux et imitant invariablement la trame de la toile : on infléchissait ces lacets pour leur donner la forme de fleurs, de feuilles ou simplement d'arabesques et on les rattachait entre eux au moyen de brides tressées.

Bientôt on perfectionna ce travail. Il fut exécuté avec du fil plus fin (fig. 105) et l'on donna aux plats la forme des fleurs, des feuilles et des tiges que l'on voulait représenter (fig. 108). Puis, on inventa le point réseau (fig. 32), on se mit à serrer ou à espacer les fils pour produire les clairs ou les ombres, on inséra des ouvertures dans les plats, on trouva des dessins nouveaux où

Fig. 105. — Débuts de la dentelle duchesse.

les ornements floraux se mariaient à de gracieuses arabesques. Quelqu'un se dit un jour que cette dentelle, ainsi
transformée, était digne d'être portée par les dames de
haute lignée et on lui donna le nom de *duchesse* (1).

On fait souvent une distinction entre la *duchesse de
Bruges* et la *duchesse de Bruxelles*. A vrai dire, la différence entre ces deux dentelles n'est pas grande. La
duchesse de Bruxelles (fig. 109) s'exécute avec du fil plus
fin; elle est par conséquent plus unie; les plats sont plus
serrés, plus réguliers; les dessins, généralement plus
beaux.

La duchesse de Bruxelles est une dentelle fine, servant
fréquemment à confectionner des objets de luxe, tels
qu'éventails et mouchoirs de prix; elle est faite par les
bonnes ouvrières, le plus souvent par celles qui font le
point d'Angleterre et l'application de Bruxelles. Elle est
presque toujours enrichie de jours à l'aiguille ou aux fuseaux ou de nervures en relief; parfois aussi elle est très
heureusement associée à des motifs en point à l'aiguille.

La duchesse de Bruges (fig. 110) est plus ordinaire
comme exécution; les dessins en sont moins beaux, les
applications beaucoup plus nombreuses, parce qu'elle est
très voulue. On en fait des robes, des boléros, des éventails, des cravates, des mouchoirs. Très nombreuses sont
les ouvrières qui font de la duchesse de Bruges. Tout le
centre de la Flandre occidentale, presque toute la contrée
au sud de Gand, les environs d'Alost et de Termonde,
quelques villages du Brabant font de la duchesse de

(1) D'après M. A. Verwaetermeulen, le nom ancien de la dentelle duchesse
est *Bloemwerk* (travail à fleurs); ce nom lui est encore donné par les ouvrières
flamandes et l'appellation de *duchesse* serait d'origine toute moderne; le « travail à fleurs » a peut-être été baptisé du nom de *duchesse* en l'honneur de notre
Reine actuelle, lorsqu'elle n'était encore que duchesse de Brabant. (Voy. la
revue *Biekorf*, 1901, n° 18, p. 282.)

Fig. 161. — Col en Renaissance avec jours à l'aiguille (fabriqué aux environs d'Alost)

Bruges et, à en juger par la vogue prodigieuse de cette dentelle, on serait tenté de croire qu'on n'en fera jamais trop.

* *

La figure 5 reproduit un mouchoir en guipure excessivement fine et d'un dessin magnifique, qui a été exécuté, il y a une couple d'années, par une vieille dentellière brabançonne. Il est difficile de déterminer exactement à quel genre de dentelle ce mouchoir appartient. M. Carlier, pour qui il a été exécuté, nous l'a renseigné comme une pièce de très fin Cluny; mais nous ne pouvons admettre cette appellation, qui nous paraît encore plus fantaisiste que celle des bandes en guipure qu'on a baptisées du nom de Cluny. Il est probable que cette dentelle a été exécutée par une ouvrière exceptionnellement habile à faire la duchesse ou l'application, et c'est à la catégorie des dentelles duchesse que nous croyons devoir la rattacher.

14. Dentelle de Bruges (fig. 111).

La principale différence entre cette dentelle et la duchesse de Bruges, c'est l'absence presque complète de brides entre les ornements. Ceux-ci sont, le plus souvent, reliés entre eux par des points de raccroc et il en résulte que, les fleurs étant ramassées, collées l'une à l'autre, l'aspect du Bruges est le plus souvent lourd et disgracieux. Cette dentelle est, par excellence, avec la duchesse de Bruges, la dentelle des petites bourses; on en fait surtout des mouchoirs, des sous-bols, des cravates, etc.; c'est un genre très apprécié des magasins dont la spécialité est d'attirer le client par un bon marché insolite. Le Bruges se fabrique en Flandre occidentale dans les mêmes centres que la duchesse de Bruges. La vogue de ces deux dentelles a fait beaucoup de tort à la fabrication de la Valenciennes.

15. Dentelles mélangées. — Fantaisies.

On réunit assez souvent dans une même pièce plusieurs genres différents de dentelles : c'est ce qu'on appelle la *dentelle mélangée*. Si le fabricant qui assemble ainsi des dentelles de caractères opposés est homme de goût ou si seulement il a l'expérience de ce qu'il peut obtenir de cette manière, il tirera de ces mélanges des effets excellents.

Nous avons vu plus haut comment, à l'aide de jours à l'aiguille, on peut relever une pièce d'Angleterre ou d'application ; les jours sont très fréquents dans ces deux genres de dentelles ; on les rencontre aussi, mais plus rarement, dans d'autres dentelles aux fuseaux, telles que les Valenciennes. (Voy. fig. 38.)

Ceci ne constitue pas encore, à proprement parler, la dentelle mélangée ; on ne doit appliquer ce terme qu'aux dentelles où des parties essentielles sont exécutées en deux genres différents. Le mélange le plus fréquent est celui de la duchesse et du point à l'aiguille (fig. 113). Les ornements et les fleurs figurant des parties en relief sont en plat aux fuseaux, tandis que les parties à demi-masquées sont exécutées en point à l'aiguille. Souvent aussi on fait les feuilles et leurs tiges en plat, tandis que les fleurs sont travaillées en point. Mais il n'y a pas de règle générale, tout dépend de l'inspiration du fabricant.

Ces mélanges ont eu grand succès en ces derniers temps et l'on en fait usage non seulement pour les beaux articles, mais souvent aussi pour les objets de peu de valeur, tels que les petits mouchoirs en duchesse commune, où dans chaque coin est ménagé un médaillon en point à l'aiguille.

La fabrication des dentelles mélangées est simple : on exécute d'abord les parties aux fuseaux et on les rassemble ; ensuite on fait les morceaux à l'aiguille, et une raccrocheuse réunit le tout.

On fait aussi quelques mélanges de dentelles aux fuseaux : Valenciennes et duchesse, guipure de Flandre et point de Milan (fig. 114), mais ces derniers mélanges sont rares.

Un mot, enfin, de quelques innovations introduites par la fantaisie de certains fabricants. On fait beaucoup usage, depuis quelques années, de fils d'or et d'argent dans les articles en duchesse. Les boutiques de la Montagne de la Cour, à Bruxelles, ont souvent à leur étalage des garnitures de robes et d'autres articles de toilette en duchesse, relevés d'or, d'argent ou parfois de fils de soie ; fréquemment les brides sont en or, tandis que le plat est en coton blanc ou écru. Ces articles de fantaisie sont parfois d'un très joli effet ; leur vogue sera probablement passagère, mais elle grandit, au détriment de la dentelle sérieuse.

Dans les blondes il est aussi fait usage de fils d'or et la figure 1 reproduit un éventail réunissant le plat et le réseau de la blonde au mat du Chantilly ; cet éventail est exécuté en fils d'or et en soies de diverses couleurs.

§ 3. — BRODERIE SUR TULLE.

L'industrie de la broderie sur tulle a des rapports assez étroits avec l'industrie de la dentelle. La broderie, nous l'avons vu, précéda la dentelle et lui donna naissance ; d'autre part, dans les centres de la Belgique où se fabrique la broderie sur tulle, celle-ci a remplacé la dentelle. Beaucoup moins coûteuse que les exquises productions que nous venons de passer en revue, la broderie sur tulle est aussi un tissu ornemental à fond clair; son étude, succédant à celle de la dentelle, rentre donc dans le cadre de ce travail.

Cette industrie est, si l'on veut, un succédané de la broderie sur quintin et des anciens lacis. Ceux-ci avaient disparu presque complètement depuis le XVIe siècle, pour faire place à la dentelle, lorsque l'invention du tulle mécanique donna l'idée d'orner ce léger tissu de broderies en fil, qui coûteraient beaucoup moins que les applications à l'aiguille et aux fuseaux. Telle fut l'origine de la broderie sur tulle.

La broderie sur tulle se fait à l'aiguille, au crochet ou sur métier mécanique à la main.

1. Broderie à l'aiguille.

La broderie à l'aiguille se fait sur tulle ordinaire ou, plus souvent, sur une grossière mousseline, légèrement bleutée. L'ouvrière reçoit un patron reproduisant les contours du dessin à exécuter. Elle assujettit ce patron sur un morceau de forte toile et faufile par-dessus un morceau de tulle un peu plus grand que le dessin. Comme on ne fait, dans ce genre de broderie, que des objets de petite dimension, l'ouvrière peut facilement tenir en main son ouvrage ainsi disposé; celui-ci ne mesure jamais plus de cinquante centimètres de long sur trente de large. La brodeuse travaille sans l'aide d'un métier; son matériel se compose d'une aiguille et de fils de coton de différentes grosseurs, suivant la finesse de l'ouvrage à exécuter : celui-ci comprend généralement des parties en relief et des jours très plats, se combinant avec les mailles du tulle.

L'industrie de la broderie sur tulle à l'aiguille est fort peu répandue. Elle n'est pratiquée que par quelques vieilles femmes à Lierre et par 400 ouvrières environ, dans les villages de Calloo, Kieldrecht, Verrebroeck et la Clinge, au nord de Saint-Nicolas; dans ces quatre localités, une partie de la population féminine fait du point de Lille, l'autre s'occupe de broderie à l'aiguille. Le seul débouché de l'industrie est la Hollande, où les paysannes qui ne peuvent se payer le luxe de coiffes en dentelle portent encore aujourd'hui de grands bonnets brodés. Quelques campinoises du nord de la province d'Anvers portent aussi de ces bonnets, mais plus petits (fig. 115). Fréquemment les bonnets brodés des paysannes hollandaises sont ornés de petites dentelles de Lille.

Les broderies de ces bonnets sont de divers genres : ou bien ils consistent en grands ramages (fig. 115), dont les enroulements suivent la forme de la tête, ou bien ce sont des bouquets disposés sur tout le bonnet (fig. 117) et auxquels les ouvrières donnent le nom de *bloemen* (fleurs); il y a généralement vingt-cinq fleurs par bonnet. Lorsque le dessin de ces fleurs, toutes semblables, n'est pas compliqué, l'ouvrière ne se sert d'un patron que pour faire la première; les autres, elle les imite de celle-là. Quelques ouvrières travaillent sans patron : ainsi, les fleurs si fines de la figure 117 ont été exécutées de mémoire par une vieille ouvrière très habile.

2. Broderie au crochet (fig. 118).

Cette broderie s'exécute à l'aide d'un métier fait de quatre pièces de bois maintenues sur un chevalet dans une position légèrement inclinée; le métier mesure environ un mètre de long sur quarante centimètres de large. Avant d'être fixé sur ce métier, le tulle est appliqué sur le dessin qui doit être reproduit; les contours du dessin sont calqués sur le tulle à l'aide d'un pinceau trempé dans une substance grasse et grisâtre, également visible sur un réseau noir ou blanc; puis le tulle est fortement tendu sur le métier.

Si la pièce à travailler est plus grande que le métier, ce qui dépasse est roulé autour d'un cylindre de bois fixé à la partie supérieure du métier ou sur un de ses côtés. Un peu plus bas que le tulle est tendue une étoffe de couleur verte ou blanche sur lequel se détachera la broderie; enfin sur le côté gauche du métier sont placées une ou plusieurs bobines mobiles couvertes de fil à broder. L'ouvrière s'assied devant le métier ainsi disposé et attache son fil sur le tulle à l'un des bouts de l'ouvrage; puis, de la main gauche elle dirige le fil et le maintient contre le tulle, tandis que de la droite elle tire le fil à travers les mailles à l'aide d'un crochet (fig. 118) et l'applique sur le tulle par un point de chaînette. Elle suit ainsi avec son fil tous les contours indiqués par l'enduit grisâtre, se servant de fils de différentes espèces, si l'ouvrage le comporte; lorsqu'elle arrive au bout du morceau de tulle tendu sur le métier, elle roule la partie achevée et recommence plus loin la même opération.

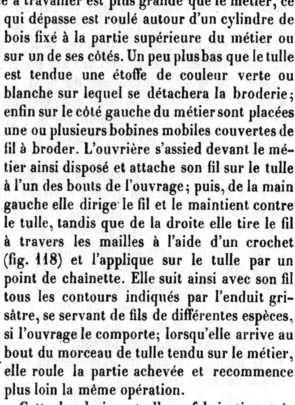

Fig. 112. — Crochet employé pour la confection de la broderie sur tulle et de la duchesse.

Cette broderie est d'une fabrication très facile; elle s'apprend vite, ne fatigue pas la vue et ne coûte pas cher. On en fait toutes sortes d'objets, des rideaux, des voiles, des robes, des bas d'aube, de petits articles de toilette. Le tulle employé est plus ou moins beau suivant la finesse du travail. Il est noir ou blanc et la broderie est tantôt en fil de coton de même couleur que le tulle, tantôt en fils de soie de diverses couleurs, en fils d'or, d'argent ou d'acier de toutes les grosseurs. On peut obtenir de très jolis effets en broderie au crochet; quelques fabricants ont créé pour ce genre d'ouvrage de fort beaux dessins, qui imitent l'application de Bruxelles aux fuseaux. Parfois la broderie est rehaussée de parties en véritable application et de petits jours à l'aiguille. Parfois aussi, l'inverse a lieu et des pièces d'application sont complétées par une ornementation en broderie légère, tels que semis de pois ou fleurettes.

La broderie sur tulle au crochet occupe 1,100 ouvrières à Lierre, 45 à Anvers et 30 environ à Maldegem, où elle s'est implantée tout récemment, sur l'initiative de M. l'abbé Bouckaert, ancien curé de Maldegem; à Lierre, elle a complètement chassé la dentelle de Malines et elle jouit, pour le moment, d'une vogue énorme.

Beaucoup d'ouvrières lierroises font aujourd'hui de la *broderie avec paillettes*.

Cette variété de broderie, qui est originaire de Lunéville, en France, a été introduite à Lierre il y a une dizaine d'années. Elle a succédé, dans cette ville, à la broderie avec perles de jais, très à la mode autrefois.

Les paillettes sont de minuscules lamelles de métal léger, très minces, de forme ronde ou carrée; on les applique sur le tulle en les mélangeant à la broderie au crochet. Les paillettes sont le plus souvent en jais; il y en a aussi de dorées, d'argentées et quelques-unes en acier; elles sont importées de France et surtout d'Allemagne. Chaque paillette est percée d'un trou permettant de l'enfiler sur une aiguille; l'enfilage est fait par des enfants, surtout de jeunes garçons sans ouvrage, qui gagnent à ce métier cinquante centimes par jour. Pour enfiler les paillettes, on tient de la main gauche, au dessus d'un baquet, une longue aiguille munie d'un fil à broder; de l'autre main on renverse sur cette aiguille un verre rempli de paillettes; quelques-unes de celles-ci, en retombant, s'enfilent sur l'aiguille, les autres retombent dans le baquet ; aussi faut-il souvent recommencer l'opération avant que les paillettes soient enfilées sur une distance de quinze à vingt centimètres ; cependant les jeunes garçons qui gagnent ainsi quelques sous prétendent que ce système est de loin le plus rapide. L'enfilage étant terminé, les paillettes occupent alors l'extrémité d'un fil enroulé sur une bobine ; la brodeuse prend la bobine dans la main gauche et la tient sous le métier, tandis que de la main droite, elle attache les paillettes sur le tulle avec un point de chaînette, tout comme elle fait pour la broderie.

Cet ouvrage à paillettes est souvent mélangé d'ornements en broderie ordinaire et l'on peut obtenir de jolis effets en assortissant, par exemple, des paillettes argentées avec de la broderie blanche, en opposant des paillettes noires à des rinceaux brodés d'or, etc. La broderie avec paillettes a été, jusqu'en ces derniers temps, très recherchée pour les robes, les fonds et les nœuds de chapeaux, les volants. Les robes en fin tulle noir rehaussé de paillettes sombres, de nœuds de mousseline et d'applications de duchesse de soie noire, sont beaucoup portées depuis deux ans et leur effet est souvent des plus flatteur. Leur vogue n'a, au surplus, rien qui doive surprendre, car elles sont aussi avantageuses de prix qu'elles sont élégantes.

3. Broderie sur métier mécanique.

La broderie sur métier mécanique fait beaucoup de tort à la broderie au crochet. L'aspect de ses produits est très analogue à celui des articles exécutés à la main. Ceci provient de ce que la mise en œuvre du métier mécanique dépend de la direction manuelle que lui imprime l'ouvrière. La brodeuse, s'étant assise devant son métier, lui donne l'impulsion à l'aide d'un mouvement constant des jambes et des pieds; elle doit en outre, à mesure que l'ouvrage avance, déplacer le morceau de tulle qui sert de fond à la broderie, car l'aiguille du métier ne change pas de place. C'est ainsi que cette broderie, toute mécanique qu'elle est, a l'aspect d'un ouvrage fait entièrement à la main. Seulement, l'exécution est ici d'une rapidité extraordinaire : tandis que l'ouvrière est penchée sur son métier mécanique, on voit les rinceaux, les fleurs, les ornements se dérouler en quelques instants et des pièces énormes s'achever en un rien de temps. Le prix est à l'avenant, la solidité aussi : ces articles, qu'on vend parfois comme des ouvrages faits à la main, ne résistent pas à trois lavages. Quelquefois, l'on exécute certaines parties à la mécanique et l'on brode à la main les ornements plus fins.

Ces broderies sur métier mécanique sont faites par une ou deux maisons de Lierre et elles viennent de s'introduire à Maldegem.

CHAPITRE II.

Entrepreneurs et producteurs.

———

Trois organes essentiels concourent à la fabrication de la dentelle :

l'*entrepreneur commercial,* qui est rarement un patron et presque toujours un fabricant;

l'*intermédiaire,* qui est tantôt un facteur ou une factoresse, tantôt un couvent:

l'*ouvrière dentellière.*

D'autres agents sont encore nécessaires pour la confection d'une dentelle : c'est le *dessinateur,* qui donne l'idée du modèle destiné à être exécuté en dentelle; c'est la *piqueuse,* pour le point à l'aiguille, la *patronneuse,* pour la dentelle aux fuseaux. Mais leur rôle n'est indispensable que pour la mise en œuvre de modèles nouveaux, et, d'autre part, ces agents se confondent fréquemment avec ceux que nous avons énumérés en premier lieu : bien des fabricants font eux-mêmes leurs dessins, et souvent c'est l'intermédiaire qui les pique; quant à la patronneuse, elle est presque toujours une ouvrière ordinaire, qu'on charge, de temps à autre, d'exécuter un patron nouveau.

I.

L'ENTREPRENEUR COMMERCIAL.

L'entrepreneur commercial centralise la production de certains articles dont il a reçu la commande ou dont il prévoit l'écoulement et qui sont exécutés presque entièrement en dehors de ses propres locaux; il répartit ses ordres entre les intermédiaires et ne fournit que rarement la matière première.

La qualité d'entrepreneur commercial se confond généralement avec celle de fabricant. Cependant, si l'on considère que l'écoulement des marchandises, avec les risques qu'il entraine, suffit à caractériser l'entreprise, on peut dire que certains entrepreneurs ne sont pas fabricants, parce qu'ils ne sont pas même en rapports indirects avec les ouvrières et qu'ils se bornent à reprendre aux intermédiaires les articles que ceux-ci ont fabriqués. Ces intermédiaires deviennent alors fabricants.

La distinction entre intermédiaires et entrepreneurs est parfois malaisée à établir. Quelques facteurs sont, en effet, eux-mêmes en rapport avec des sous-intermédiaires et, en dehors des commandes qu'ils exécutent pour les fabricants, ils ont une clientèle qu'ils fournissent directement, à leurs risques et périls. Bien que ces facteurs soient de la sorte des entrepreneurs pour une partie de la production, nous croyons cependant devoir les classer parmi les intermédiaires.

La plupart des fabricants résident dans les grands centres, surtout à Bruxelles. Quelques-uns — les moins importants — résident encore en province, mais la fabrication tend de plus en plus à se centraliser à Bruxelles et elle compte dans cette ville de très nombreux représentants, appartenant à toutes les catégories.

Le recensement de 1896 renseigne, pour tout le pays, 139 fabricants de dentelle et de broderie sur tulle. Ils se répartissent comme suit :

Province d'Anvers :   4 fabricants de dentelle.
                       9   —   de broderie sur tulle.
Brabant :   42   —   de dentelle (dont 41 établis à Bruxelles).

Flandre occidentale : 67 fabricants de dentelle.
Flandre orientale :   13   —   . —

Il ressort de là que la plupart des fabricants importants, et, notamment, presque tous ceux qui font le point à l'aiguille, habitent Bruxelles. Le point à l'aiguille ne se fabrique qu'en Brabant et en Flandre orientale : or, en 1896, tous les fabricants de point à l'aiguille du Brabant, au nombre de 25 environ, résidaient à Bruxelles et la Flandre orientale n'en comptait que 7, dont un seul très important. Quant aux fabricants de dentelle aux fuseaux, leur nombre est relativement considérable dans la province qui est, par excellence, la patrie de la dentelle aux fuseaux ; mais leur installation ne demande ni grands capitaux, ni débouchés de haut luxe ; leur genre de fabrication est plus facile que celle du point à l'aiguille et ne les force pas tant à se préoccuper de la division du travail ; presque tous se bornent à un ou deux genres locaux et sont de petits fabricants. Cependant, la dentelle aux fuseaux elle-même tend à se centraliser à Bruxelles ; les fabricants de la West-Flandre disparaissent et, à cet égard, la statistique de 1896 ne correspond déjà plus à la situation présente.

On peut établir des distinctions entre les fabricants, en les considérant au point de vue des débouchés, au point de vue de la production, au point de vue de l'organisation commerciale et industrielle.

* *

Les grands fabricants travaillent pour l'exportation. Ils fournissent les marchés de Paris, de Londres, de New-York et ne sont en rapports qu'avec des maisons de gros, telles que le Louvre et le Bon Marché. Ils habitent presque tous à Bruxelles, en maison fermée. Quelques fabricants

Fig. 119. — MOUCHOIR ET VOLANT EN POINT DE FLANDRE.

Le mouchoir a été payé 20 francs dans un magasin de Bruxelles; en admettant que la batiste du fond et le montage du mouchoir coûtent un franc, l'aune de cette dentelle, qui est très mal exécutée, reviendrait à fr. 11.42.

Le volant, dont l'exécution est des plus soignée et dont le dessin est beaucoup plus compliqué que celui de la dentelle du mouchoir, a été payé fr. 4.95 l'aune à une factoresse de Maldegem.

de moindre importance envoient également leurs produits
à l'étranger; ceux-ci résident le plus souvent en province
et ne fabriquent que pour une ou deux maisons étrangères.

Un petit nombre de grands fabricants de Bruxelles ont
une succursale à Paris ; ils travaillent pour les maisons de
gros. A ma connaissance, il n'y a qu'une maison de cette
catégorie qui réside en province.

Une troisième catégorie de fabricants a sa clientèle dans
le pays. Ceux-ci vendent surtout aux acheteurs de passage
et leur spécialité, c'est la dentelle à bon marché. Ils résident dans les villes de luxe ou fréquentées par les étrangers, telles que Bruxelles, Anvers, Ostende et Bruges, et
tiennent le plus souvent un magasin. Ces fabricants, auxquels il faut rattacher de nombreux boutiquiers, sont ceux
qui ont fait le plus de tort à l'industrie dentellière : ils
répandent les dentelles communes, provoquent sur certains articles une diminution dans les prix, prélèvent sur
d'autres des bénéfices exorbitants et amènent dans toutes
les branches de l'industrie dentellière la baisse des
salaires.

Parfois les diverses catégories de fabricants se confondent. Parmi les grands fabricants, les uns se réservent
pour l'exportation, d'autres entreprennent,en outre, certains travaux pour les lingères de Bruxelles ou exécutent
des commandes importantes à l'intérieur du pays.

C'est ainsi que la merveilleuse robe en dentelle offerte
en 1901, à S. A. R. la Princesse Élisabeth de Belgique a
été exécutée à Bruges, par M.Gillemon-De Cock, qui travaille surtout pour Paris et Londres. La principale maison
d'exportation de Bruxelles, la Compagnie des Indes,
renommée pour ses produits magnifiques et qui possède à
Paris une importante succursale, ne dédaigne pas la vente
au comptant dans ses magasins de la rue de la Régence,
et elle n'est pas seule de son espèce.

Cependant, ce sont les petits fabricants qui accaparent presque tout le marché intérieur et surtout les clients de passage; pour les pièces de choix, destinées aux trousseaux de mariées ou à l'ornement du culte, on s'adresse aux grandes maisons de Bruxelles et souvent aussi en province.

Au point de vue de la production, on distingue trois catégories de fabricants.

Quelques-uns, établis à Bruxelles, fabriquent tous les genres de dentelles; ils sont fort peu nombreux. La centralisation des dentelles à l'aiguille et de toutes les dentelles aux fuseaux demande, en effet, des capitaux considérables et une grande expérience : il faut être en relation avec des intermédiaires sur divers points du pays, avoir à sa disposition deux catégories de dessinateurs, diriger en même temps la fabrication compliquée du point à l'aiguille et l'ouvrage des patronneuses.

D'autres — ceux-ci plus nombreux — font plusieurs genres de dentelles : par exemple, toutes les dentelles aux fuseaux, ou tous les points à l'aiguille, ou bien encore les diverses catégories d'application de Bruxelles, le point d'Angleterre et la duchesse. La plupart de ceux-ci sont encore établis à Bruxelles; on en rencontre cependant quelques-uns en province

D'autres, enfin, ne fabriquent qu'un seul genre ou se limitent aux genres pratiqués par une seule région du pays. Quelques fabricants bruxellois se sont fait ainsi une spécialité de la dentelle d'ameublement. Mais cette catégorie de fabricants se retrouve surtout en province, où elle s'explique par la localisation des divers genres de dentelles. Par exemple, les fabricants de Bruges se bornent presque tous à faire la Valenciennes, la duchesse et le point de Flandre. A Thielt et à Wyngene, ils font la duchesse et la guipure de Flandre; à Ypres, à Menin, à

Courtrai, à Gand, la Valenciennes; à Grammont, le Chantilly et la blonde. Turnhout fabrique la Malines, les points de Lille et de Paris; Beveren et Saint-Trond le point de Lille; Lierre la broderie sur tulle; à Wetteren, on fait le point gaze; au pays de Sottegem et d'Alost, les points à l'aiguille, la duchesse et l'application, et, à peu près partout, les torchons et les guipures communes.

L'organisation commerciale et industrielle dépend beaucoup du genre des débouchés et des articles produits. Tel fabricant voyage à l'étranger et va voir ses clients, tel autre correspond avec eux par lettres, tel les attend chez lui. Ceux qui vendent aux clients de passage font des stocks, d'autres travaillent de préférence sur commande, surtout lorsqu'il s'agit de pièces importantes. Les grands fabricants, surtout ceux qui font des pièces à l'aiguille assez compliquées, ont souvent un atelier à proximité de chez eux, les petits n'ont que leur bureau ou leur magasin.

Les formes de cette organisation varient à l'infini; nous en rencontrerons plus loin quelques-unes. Bornons-nous ici à examiner le rôle ordinaire du fabricant et les diverses opérations qui relèvent de son entreprise.

*
*   *

La première opération qui intervient dans la confection d'une dentelle, c'est le choix du dessin. Cette fonction appartient essentiellement au fabricant. Soit qu'il travaille sur commande, soit qu'il augmente son stock, le fabricant doit avant tout se préoccuper du dessin. Pour les objets peu importants ou exécutés en dentelle ordinaire, on se sert souvent de vieux dessins tombés dans le commerce (1); parfois aussi on modifie d'anciens patrons, on

(1) Il existe un procédé fort simple et peu coûteux pour la reproduction des dentelles dont on veut conserver le dessin. Sur une plaque de verre on

les modernise, on les adapte aux exigences nouvelles.

Mais, dans les grandes et les belles pièces, le dessin doit être original et s'inspirer du goût du jour, et, comme Paris donne le ton en matière de bon goût, il faut que le dessin des dentelles soit toujours en accord avec les dernières créations parisiennes. Les grandes maisons de Paris qui nous commandent des dentelles n'imposent pas leurs dessins; les fabricants restent libres, ou à peu près, de suivre leurs propres inspirations, mais si ces inspirations ne viennent pas de Paris, elles ne valent rien... Bref, la Belgique, qui jouit presque d'un monopole pour la fabrication des belles dentelles, est à la merci de Paris en ce qui concerne les dessins.

Aussi la plupart des maisons s'adressent-elles, pour leurs articles de choix, à des dessinateurs parisiens. On les paie horriblement cher; souvent on doit modifier leurs dessins, qui sont inexécutables en dentelle, mais on ne s'en plaint pas : un dessin venant de Paris vaut bien quelques tracas. Il existe à Bruxelles un ou deux dessinateurs de dentelle, mais ils ne travaillent que pour les maisons secondaires ou pour les articles de consommation courante.

Quelques fabricants cependant essaient de réagir contre une situation qui les rend tributaires de l'étranger. J'en connais qui ont fait étudier le dessin par deux ou trois jeunes gens ou jeunes filles et qui leur ont ensuite formé le goût, en leur mettant sous les yeux d'anciens dessins, de

---

étend un morceau de feutre et sur celui-ci l'on place une feuille de papier ferro-prussiate. La dentelle qui doit être reproduite est disposée sur ce papier et recouverte d'une seconde plaque de verre; les deux plaques de verres sont serrées entre des pinces à linge et la dentelle, ainsi emprisonnée, est exposée face au jour pendant un temps plus ou moins long. La feuille de papier ferro-prussiate est ensuite enlevée, plongée dans l'eau fraîche pendant quelques minutes; lorsqu'on la retire, la dentelle y est imprimée en blanc sur fond bleu. (Communiqué par M. A. Carlier.)

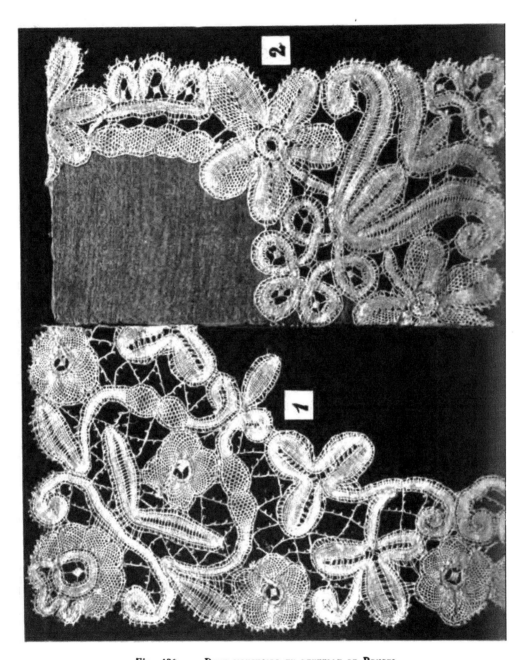

Fig. 120. — Deux mouchoirs en dentelle de Bruges.

Le mouchoir n° 1 a été payé 5 francs à une factoresse des environs d'Ypres.
Le mouchoir n° 2, moins compliqué et plus grossièrement exécuté, a été payé
10 francs dans un magasin de Bruxelles.

beaux motifs de décoration florale, des modèles de dentelles appartenant aux divers styles. Puis ils leur ont appris la technique des divers points, qu'il est si important de posséder à fond avant d'exécuter un modèle ; enfin ils les ont mis à dessiner des dentelles. Le résultat a été excellent dans plusieurs cas et de pareilles initiatives méritent qu'on les encourage. Nous avons vu, dans l'atelier de Mlle Minne-Dansaert, à Haeltert, une jeune paysanne, qui, après quatre années de formation, exécutait un dessin fort compliqué, comprenant des fleurs et des arabesques et destiné à un éventail ; le style en était excellent, l'ensemble vraiment décoratif et dénotant un sens esthétique déjà développé. A côté d'elle, d'autres jeunes filles faisaient la même chose. Sur des consoles, tout autour de la chambre, il y avait des fleurs naturelles dans des vases de cristal ; aux murs pendaient des photographies de bouquets, des dessins remarquables — tous motifs pouvant servir d'inspiration — et, de-ci de-là, la création dernière d'un célèbre artiste parisien, c'est-à-dire le cri de la mode, l'idée qu'il faut suivre.

Plus rares sont les fabricants qui exécutent eux-mêmes leurs dessins. Les grands fabricants se bornent généralement à en donner l'idée ; cependant quelques gens de goût prennent une part active à la confection de leurs dessins ; ils en font l'esquisse, corrigent la composition ou la modifient, s'il y a lieu. Les fabricants de province, surtout les petits, font eux-mêmes, tant bien que mal, leurs modèles et il en résulte les dessins sans caractère et sans l'ombre d'originalité qui foisonnent aujourd'hui. Certains de ces dessins semblent condamnés à rester toujours les mêmes. Ainsi, tous les articles ordinaires en point de Bruxelles ont des roses posées de trois quarts ; et l'on trouve presque invariablement des feuilles de trèfle dans tous les mouchoirs en dentelle de Bruges. Beaucoup de ces petits fabricants, à court d'invention, ont aussi un système très simple pour renouveler leurs modèles : c'est de copier, en les modifiant légèrement, les dessins des grands fabricants. Cependant, même parmi eux, il s'en rencontre qui s'adressent à Paris pour leurs dessins. Le dessin de l'éventail reproduit par la figure 1 est l'œuvre d'un artiste parisien et a été exécuté pour une petite fabricante de Grammont.

Le dessin étant achevé, le fabricant doit encore décider de quelle manière il sera exécuté en dentelle. Il a le choix entre divers genres ; souvent un même dessin peut être exécuté en point à l'aiguille, en application aux fuseaux ou en mélange de duchesse et de point. Tout dépend ici du goût et de l'expérience du fabricant ; à lui de décider des reliefs et des ombres, du plat et de la gaze ; à lui de mettre en valeur certains motifs et de faire fuir les autres ; à lui d'indiquer les jours et d'équilibrer toutes les parties. Telle est la variété des ressources dont on dispose, qu'on peut comparer les divers points aux tons multiples d'une palette ; seulement, tandis que le peintre rend son idée avec des couleurs, le fabricant de dentelle ne dispose que de valeurs. L'emploi judicieux de ces valeurs a une importance considérable. Un dessin médiocre, dont la reproduction en dentelle est heureusement combinée, deviendra parfois présentable, de même qu'une disposition fâcheuse des diverses parties de l'ouvrage à exécuter fera perdre à un beau dessin tout son caractère.

L'interprétation d'un dessin en dentelle est donc l'objet d'une étude attentive du fabricant et l'indication des divers points à employer se fait, par lui ou sous sa direction, au moyen de signes conventionnels, tels que lignes, boulettes, croix, étoiles, etc., tracés au crayon bleu ou rouge sur le dessin.

Le fabricant doit ensuite faire choix des personnes qui exécuteront la dentelle dont le dessin est ainsi préparé. Le plus souvent il s'adresse à un intermédiaire. S'il est grand fabricant et s'occupe de plusieurs genres de dentelles, il est en rapport avec de nombreux intermédiaires, habitant des centres différents, et il répartit l'ouvrage entre eux suivant la spécialité et les aptitudes de chacun d'eux. Il fait venir l'intermédiaire chez lui, lui donne ses instructions sur la façon d'exécuter le travail, sur le fil à employer, convient avec lui du terme de la livraison et du prix global de l'ouvrage et lui remet une certaine avance sur ce prix, pour qu'il ait de quoi payer ses ouvrières. Le fabricant ne se préoccupe pas autrement de la main-d'œuvre. La plupart du temps, il connaît l'intermédiaire avec qui il a affaire, il a confiance dans la manière dont il dirige le travail des ouvrières et, en règle générale, c'est ici que s'arrêtent, pour reprendre plus tard, les fonctions du fabricant et que commence le rôle de l'intermédiaire.

Certains fabricants, cependant, sont en relations directes avec leurs ouvrières : ce sont ceux qui habitent la province et ceux qui, résidant à Bruxelles, ont un atelier de travail attenant à leurs locaux.

Les premiers ont des rapports immédiats avec les ouvrières de la région qui les entoure. Ainsi, à Turnhout, seul centre de fabrication des Malines, les fabricants locaux traitent directement avec toutes leurs ouvrières. Ailleurs, les fabricants de province recourent également aux services des courtiers ; cependant, ceux qui font la dentelle aux fuseaux sont presque toujours en rapports directs avec les patronneuses et avec les ouvrières d'élite.

Quelques fabricants de Bruxelles et de la province ont des ateliers de travail. Ce sont, presque exclusivement, ceux qui fabriquent les grandes pièces en point à l'aiguille ou en application. Un atelier devient alors nécessaire, parce qu'il est important que le fabricant ou ses préposés puissent avoir l'œil sur le travail des striqueuses et des monteuses, travail particulièrement délicat lorsqu'il s'agit de pièces compliquées ou de grande dimension. De plus, il est bon d'avoir toujours sous la main des pointeuses et des fonneuses pour les ouvrages pressants. On m'a cité le fait suivant, qui s'est passé, il y a quelques années, dans l'une des principales maisons de Bruxelles. Un voile en fine application devait être livré pour le mariage d'une de nos princesses royales. Les dernières pièces du voile, des médaillons à l'aiguille avec les armes des neuf provinces, n'étaient rentrées que la veille du jour de la livraison et la monteuse était en train de les appliquer sur le voile, lorsqu'on s'aperçut qu'il manquait un médaillon, oublié sans doute par le facteur. Il était trop tard pour donner un ordre à celui-ci; heureusement, il y avait plusieurs bonnes ouvrières à l'atelier. Le travail du médaillon manquant fut distribué entre elles; chacune en prit un petit morceau et travailla toute la nuit. A six heures du matin, tout était terminé; une heure plus tard, le voile, complètement monté, était prêt à recouvrir les épaules princières auxquelles il était destiné.

Ce sont le plus souvent de vieilles ouvrières bruxelloises, très habiles, qui travaillent dans les ateliers de la capitale; en outre, quelques fonneuses et un certain nombre d'appliqueuses habitant Ixelles, Saint-Josse-ten-Noode et le quartier avoisinant la rue Haute, travaillent à domicile pour les grandes maisons, telles que la Compagnie des Indes, Mlle Lwig, Mme Daimeries, etc.

Il y a aussi une catégorie d'ateliers, — ceux-ci adjoints aux magasins de dentelles du centre de Bruxelles, — qui ne sont rien moins que des rouages nécessaires de la fabrication. Ces ateliers, où le personnel est restreint et fabrique tous les genres de dentelles, sont plutôt des façons de réclame destinées à faire impression sur les étrangers de passage chez nous ; ils sont ouverts à tout venant. Nous en reparlerons plus loin.

Dans les ateliers, les fabricants sont en relations suivies avec leurs ouvrières. Ils surveillent la préparation des patrons, ils délivrent souvent eux-mêmes aux ouvrières la matière première de la dentelle, c'est-à-dire le fil de coton ou de lin ; ils dirigent la fabrication, répartissent le travail entre le personnel de l'atelier, soignent pour le paiement des salaires ; bref, ils exercent vis-à-vis des ouvrières les fonctions patronales.

La principale raison d'être de ces ateliers, c'est, nous l'avons dit, le montage des grandes pièces en point à l'aiguille et en application et des objets qui doivent être garnis de dentelle : mouchoirs, nappes, rideaux, etc. Ces opérations sont cependant quelquefois confiées aux intermédiaires : un petit nombre de couvents fait le stricage et le montage des pièces pour les grands fabricants et ceux-ci leur remettent le tulle, la batiste ou la toile nécessaires.

Ainsi, il arrive que tantôt le fabricant reçoit l'ouvrage par petits morceaux, qui doivent être assemblés chez lui, tantôt il reçoit la dentelle achevée et prête à être livrée aux clients, et ceci est toujours le cas pour les volants exécutés aux fuseaux.

La réception de la dentelle telle qu'elle sort des mains de l'intermédiaire est une des fonctions incombant essentiellement au fabricant. La dentelle est envoyée ou, plus fréquemment, apportée par l'intermédiaire dans les bureaux du fabricant. Celui-ci examine si l'ouvrage est bien fait, si la couleur, la qualité du fil, la facture répondent aux instructions données et sont uniformément les mêmes dans toutes les parties de l'ouvrage. Les pièces qui ne conviennent pas sont refusées ou acceptées avec un rabais : ceci est surtout le fait des petits fabricants et des marchands de camelote. Les autres pièces sont payées comptant et suivant le prix convenu entre parties, déduction faite des avances que l'intermédiaire a reçues.

Le fabricant doit enfin s'occuper de la livraison des articles qui lui ont été commandés et de l'écoulement des marchandises qu'il a en stock. Il doit alimenter le marché assez pour l'entretenir dans des dispositions favorables ; s'il est adroit et s'il a de nombreux débouchés, il saura envoyer à New-York certaines dentelles à grand effet et réservera pour Paris les pièces les plus fines ; il cherchera à augmenter ses relations, introduira sur le marché des types nouveaux ou tirera son profit d'un changement de la mode ; enfin, *last not least,* il surveillera de très près son stock de marchandises. Celui-ci doit être suffisant pour répondre aux besoins probables de la saison de vente et doit parfois dépasser ces besoins, pour que les ouvrières conservent de l'ouvrage ; d'autre part, il ne doit pas comprendre trop d'articles d'un seul genre, qui, à un moment donné, peuvent se trouver invendables ; en un mot, il faut que le stock soit constamment approprié aux nécessités du moment et jamais assez grand pour que le fabricant soit pris au dépourvu par une crise de surproduction ou par une variation soudaine de la mode.

II.

L'INTERMÉDIAIRE.

L'intermédiaire placé entre l'ouvrière et l'entrepreneur commercial est tantôt un facteur, tantôt un couvent dirigé par des religieuses.

§ 1er. — LE FACTEUR.

Il existe de nombreuses variétés de facteurs et l'on a déjà vu que la distinction entre le facteur et le petit fabricant est parfois subtile. On peut cependant ramener à un type général la plupart des intermédiaires de cette catégorie.

Le facteur ou courtier est plus souvent une femme qu'un homme; cela tient à ce que les connaissances techniques indispensables pour la direction des ouvrières existent plus naturellement chez les femmes; un grand nombre de « factoresses » sont elles-mêmes d'anciennes dentellières, très au courant du métier, et la plupart des facteurs s'en remettent à leurs femmes ou à leurs filles pour la partie technique de leurs fonctions, réservant pour eux-mêmes les relations avec le fabricant, l'achat des fils, la préparation du dessin, l'acceptation finale de la dentelle.

Le facteur est généralement établi à la campagne, dans un centre dentellier d'une certaine importance, ce qui lui permet d'être en rapports directs et fréquents avec un certain nombre d'ouvrières et d'établir des relations suivies avec un fabricant. Il réside le plus souvent dans ce centre de production et travaille ordinairement pour une seule maison, sans être lié vis-à-vis d'elle par aucun engagement. En général, il ne s'occupe que du genre de dentelle fabriquée dans le centre où il réside, car il n'a comme ouvrières que les dentellières de ses environs immédiats.

Le facteur, nous l'avons vu, reçoit seul les instructions du fabricant. Si celui-ci lui commande des dentelles d'un dessin nouveau, les conditions de la fabrication, le terme de livraison et le prix à payer au facteur sont débattus à l'avance et le facteur se rend pour cela en personne chez le fabricant. S'il s'agit d'un modèle connu, le fabricant envoie sa commande par écrit au facteur; les instructions à donner à celui-ci ne comportent alors rien de nouveau; le prix seul peut changer par suite d'un défaut de main-d'œuvre ou des exigences plus grandes de l'une des parties.

Lorsque le facteur doit lui-même appliquer sur tulle des pièces de dentelle qui lui sont commandées ou lorsqu'il s'agit de broderie sur tulle, le facteur reçoit du fabri-

cant le tulle nécessaire à ces ouvrages. Il est rare que le
fabricant lui livre le fil à dentelle; le facteur l'achète le
plus souvent lui-même dans les maisons de gros ou dans
les magasins qui le revendent au détail. Il n'y a pas d'inconvénient à abandonner au facteur le choix de la matière
première. Le fabricant vérifie facilement la finesse du fil
employé et sa qualité, et, comme les fils à dentelle sont
fournis presque exclusivement par quelques grandes maisons très connues, il n'y a pas à craindre que l'intermédiaire puisse tromper le fabricant sur la qualité du fil.

Le facteur, ayant reçu les instructions du fabricant,
doit s'occuper des patrons à remettre aux ouvrières. Les
patrons des grandes pièces en point à l'aiguille ou en application sont, le plus souvent, piqués chez le fabricant; la
piqûre des autres pièces se fait chez le facteur, presque
toujours par sa femme ou sa fille, ou par une ouvrière
piqueuse travaillant à domicile. La piqûre d'un dessin
nouveau à exécuter en dentelle aux fuseaux est toujours
confiée à la patronneuse; lorsqu'un patron a beaucoup
servi et est usé, c'est au facteur qu'incombe le soin d'en
piquer un nouveau.

La principale fonction du facteur est la répartition de
l'ouvrage entre ses ouvrières travaillant à domicile. Le
facteur qui a souci de la bonne exécution de la dentelle
doit agir vis-à-vis de son personnel ouvrier comme le
fabricant agit vis-à-vis de ses intermédiaires. Il répartit
l'ouvrage à exécuter d'après les capacités de chaque
ouvrière et fait progresser les ouvrières qui annoncent
des dispositions, en leur confiant des dentelles de plus en
plus compliquées. Il doit aussi, pour certaines dentelles,
assurer une bonne division du travail, qui lui permette
d'effectuer en temps ses livraisons.

Le facteur fait venir chez lui les ouvrières à qui il désire
donner des instructions. Il fixe, d'accord avec elles, la

Fig. 121. — Deux mouchoirs en duchesse.

Le mouchoir n° 1 a été payé 5 francs chez un facteur de Sottegem.
Le mouchoir n° 2, très inférieur au premier comme fabrication, a été payé 15 francs
dans un magasin de Bruxelles.

rémunération de leur travail, ou, plus souvent, leur impose ses conditions, qu'elles acceptent sans oser les discuter. Cependant, les facteurs chargent souvent la patronneuse d'une nouvelle dentelle aux fuseaux de fixer elle-même le prix qui devra être payé à l'ouvrière qui l'exécutera et le facteur alors se conforme, pendant quelque temps au moins, à cette indication.

L'ouvrière travaille toujours à la pièce. Le facteur lui remet fréquemment une certaine somme en avance sur son salaire, lorsque l'ouvrage à exécuter est assez long. Ces avances sont une nécessité pour l'ouvrière qui entreprend des volants d'une certaine largeur et qui doit en fournir plusieurs mètres au facteur.

En même temps qu'il donne ses instructions à l'ouvrière, le facteur lui remet le fil à dentelle. Saint-Trond est la seule localité où les ouvrières reçoivent le fil gratuitement (1). Partout ailleurs le facteur le leur vend aux ouvrières à un prix généralement très supérieur à celui qu'il a payé. Quelques ouvrières achètent leur fil à meilleur compte dans des magasins, mais c'est là une exception. Le facteur remet aussi aux ouvrières le patron sur lequel elles exécuteront la dentelle et parfois les ouvrières doivent payer pour la piqûre.

Le facteur ne surveille pas de près la fabrication de la dentelle. Celle-ci se fait à domicile et, lorsque l'ouvrage est terminé, l'ouvrière l'apporte au bureau du facteur (*kantoor*), où il est examiné. Lorsque l'ouvrage a été accepté par le facteur, l'ouvrière reçoit aussitôt son salaire, déduction

---

(1) Cette exception provient de ce que quelques dames charitables de Saint-Trond ont établi dans cette ville un ouvroir pour la fabrication des dentelles ; elles livrent gratuitement le fil aux ouvrières et vendent les dentelles confectionnées à l'ouvroir en remettant aux ouvrières le bénéfice de cette vente, diminué seulement du prix payé pour le fil. Les facteurs de Saint-Trond se sont vu forcés, pour ne pas perdre toutes leurs ouvrières, de leur remettre le fil gratuitement.

faite des avances et du prix du fil (si celui-ci n'est pas encore payé). Si l'ouvrage à exécuter se composait de pièces détachées, la livraison à faire par l'ouvrière comporte une ou plusieurs pièces, suivant la difficulté du travail; si c'est un volant, celui-ci doit mesurer un nombre d'aunes ou de mètres fixé à l'avance et l'ouvrière est payée en plusieurs fois, au fur et à mesure de l'avancement de son travail.

Lorsque le facteur juge que l'ouvrage n'est pas assez bien exécuté ou s'il est de couleur grise ou jaunâtre, il le refuse ou, plus souvent il le reprend à vil prix, certain de pouvoir l'écouler facilement. Il arrive aussi qu'il refuse de payer l'ouvrière parce qu'elle n'a pu apporter sa dentelle dans le délai voulu ; mais comme, ces retards proviennent souvent de ce que le facteur a prescrit à dessin un délai trop court, il préfère alors retenir une partie du salaire convenu. Ce dernier cas est rare, d'ailleurs, car, en règle générale, on ne fixe, d'une manière expresse, aucun terme pour la livraison de la dentelle commandée et l'on préfère, avec raison, s'en reposer sur l'activité de l'ouvrière.

L'ouvrage, ayant été accepté par le facteur, reçoit chez celui-ci le dernier achèvement. A cette fin, le facteur a souvent une ou deux ouvrières travaillant chez lui : ce sont presque toujours des personnes de sa famille ; elles sont chargées de faire les piqûres, les fins ouvrages, les applications et le stricage, s'il y a lieu. Cependant, pour les fins ouvrages, cette toilette finale a lieu le plus souvent chez le fabricant. La dentelle étant ainsi mise en état, le facteur l'expédie au fabricant ou la lui porte en personne. Ici s'arrête la série de ses fonctions.

* *
*

Les facteurs en dentelle et en broderie sur tulle sont

nombreux en Belgique. Le recensement de 1896 n'en renseigne pas moins de 975, contre 135 fabricants.

Ces 975 facteurs se répartissent comme suit :

Province d'Anvers :	20 facteurs en dentelle ;	
	41 —	en broderie sur tulle ;
Brabant :	14 —	en dentelle ;
Flandre occident^le :	472 —	—
Flandre orientale :	393 —	—
	14 —	en broderie sur tulle ;
Hainaut :	1 —	en dentelle ;
Limbourg :	3 —	—
Luxembourg :	15 —	—
Province de Namur :	2 —	—

*
*   *

Indépendamment du type que nous venons d'étudier, on peut distinguer de nombreuses variétés de facteurs, soit qu'on les considère au point de vue des débouchés de leur industrie et dans leurs rapports avec les fabricants, soit qu'on les étudie dans leurs relations avec les ouvrières.

Au point de vue des débouchés, on distingue d'abord le facteur travaillant toujours sur commande d'un fabricant et la facteur s'approvisionnant de marchandises, qu'il placera ensuite chez un fabricant ou dans un magasin de dentelles, ou dont il se débarrassera de toute autre façon. Certains facteurs travaillent en même temps pour les fabricants et pour des consommateurs directs et, comme nous le disions plus haut, ils se rapprochent parfois beaucoup des fabricants (1).

Les plus petits comme les plus grands s'abouchent

(1) C'est dans la catégorie des fabricants de dentelles que nous croyons devoir ranger plusieurs industriels de Turnhout, qualifiés facteurs par le recensement de 1896.

volontiers avec une clientèle directe, qui les paie plus cher que ne le font les fabricants; ils lui servent à bas prix des dentelles dont, assez fréquemment, les dessins ont été empruntés par eux aux fabricants ou achetés aux ouvrières, et, pour enlever à ces... indélicatesses tout caractère illégal, ils apportent aux dessins des modifications insignifiantes.

La plupart des facteurs ne travaillent que pour une seule maison; ils ont avec cette maison des rapports plus ou moins fréquents et réguliers et n'exécutent pas d'autres commandes que les siennes. Cependant un certain nombre de facteurs sont en rapports avec plusieurs fabricants simultanément; à un grand fabricant ils enverront l'ouvrage de leurs meilleures ouvrières et ils feront travailler pour un autre fabricant, moins difficile à contenter, leurs ouvrières de qualité inférieure. D'autres facteurs ont plusieurs fabricants sous la main et ils changent de maison lorsqu'ils peuvent obtenir des conditions plus favorables. Ils mettent à profit avec assez d'habileté la tendance naturelle des fabricants de dentelle à se faire une concurrence acharnée. Quelques-uns n'hésitent pas à vendre à une maison peu scrupuleuse les dessins d'une maison rivale; pour se les procurer, ils s'engagent pendant quelque temps comme courtiers au service de cette maison rivale, ou bien ils s'abouchent avec les facteurs de cette dernière, lesquels ne sont que trop souvent disposés à favoriser ce genre de négociations. Les fabricants connaissent cette situation, ils en font le thème favori de leurs doléances; cependant ils sont presque tous d'accord pour dire qu'elle ne comporte pas de remèdes. L'un des plus importants fabricants de Bruxelles nous déclarait naguère que ces agissements des facteurs sont une nécessité, parce qu'ils établissent la balance des prix.

Au point de vue des relations avec leurs ouvrières,

les facteurs se répartissent aussi en plusieurs catégories.

Les uns — ce sont les plus nombreux — résident au milieu de leurs ouvrières, qui, par suite, sont toujours les mêmes. Ils répondent aux termes flamands de *uitgever* (personne qui donne du travail) ou de *koopvrouw* (femme qui achète la marchandise) et ils reçoivent leurs ouvrières chez eux. On les rencontre, notamment, dans les centres dentelliers où la division du travail crée des relations suivies entre le facteur et ses ouvrières.

D'autres tiennent dans certains villages et dans quelques villes de province des jours de séance réguliers, le plus souvent dans des cabarets. Les ouvrières des environs leur apportent toutes les semaines ou tous les mois leur dentelle. Celle-ci est, le plus souvent, de la dentelle aux fuseaux assez ordinaire.

Certains facteurs, agents de petits fabricants, font chaque semaine leur tour des ouvrières. Ils entrent de préférence chez celles qui font des dentelles très communes, d'après des dessins tombés dans le commerce, telles que les torchons et les petites Valenciennes. L'ouvrière, qui s'attend à la visite du facteur, a soin d'être chez elle lors de son passage ; le facteur va droit au carreau, ouvre le tiroir où la dentelle est renfermée, mesure l'ouvrage terminé, le coupe sans demander à l'ouvrière son avis, paie au comptant et continue sa tournée. Le prix est connu d'avance et ne varie guère ; il est très bas, mais l'ouvrière n'ose pas protester et s'en contente. Parfois le facteur s'empare ainsi de dentelles dont un autre facteur a donné le dessin ou sur lesquelles il a consenti une avance de salaire. Parfois aussi il se voit couper l'herbe sous le pied par un facteur étranger qui vient faire sa tournée en annonçant qu'il donne quelques centimes en plus par aune.

Le village d'Harlebeke, en Flandre occidentale, fut

naguère mis en émoi par la lutte entre deux vendeurs de
journaux, tous deux courtiers en dentelles, qui s'effor-
çaient. chacun de son côté, de débaucher les ouvrières du
rival. Le premier payait 60 centimes l'aune un entre-deux
en Valenciennes, de fabrication très courante à Harlebeke,
et la plupart des ouvrières lui remettaient leur dentelle,
lorsqu'un second vendeur de journaux fit son apparition et
annonça partout qu'il payait l'aune d'entre-deux 62 centimes. Ce fut, pendant plusieurs jours, le sujet de la con-
versation des bonnes femmes, et un grand nombre d'entre
elles n'eurent rien de plus pressé que de s'entendre avec
le nouveau facteur, qui payait si largement !

On trouve aussi des colporteurs qui, chaque année,
consacrent un petit capital, parfois jusqu'à deux ou trois
mille francs, à se procurer chez les ouvrières des dentelles
de tous les genres. Ils les revendent aux fabricants ou,
plus souvent, ils en font un ballot et, la saison étant arrivée, ils partent pour Spa, Ostende ou Blankenberghe; puis,
déballant leur marchandise sur le marché, ils la cèdent au
plus offrant, parfois à vil prix, quand la saison touche à sa
fin et que la clientèle a été rare. On m'a cité l'exemple
d'un paysan flamand, parti à pied pour Baden, son ballot
de dentelle sur le dos, et qui rentra au pays sans être par-
venu à se débarrasser de sa précieuse marchandise.

Une autre variété de facteur, c'est le commissionnaire
en dentelle. C'est plutôt un voyageur chargé par un facteur ou par un groupe d'ouvrières habitant la campagne
de porter dans un centre de vente la dentelle fabriquée.
Il reçoit le plus souvent un paiement fixe et transporte la
dentelle dans des caisses ou des sacs. Il se charge aussi,
dans certains cas, de fournir les ouvrières de fil. Il y a
quelques années, toutes les broderies confectionnées à
Lierre étaient envoyées de cette manière à Bruxelles et
les commissionnaires faisaient chaque jour le voyage de

Lierre à Bruxelles. Parfois le transport de la dentelle est l'accessoire d'une autre profession : les commissionnaires en dentelle sont assez fréquemment des facteurs de la poste, des employés aux chemins de fer vicinaux, des colporteurs de journaux, etc.

Un mot, enfin, de ce qu'on pourrait appeler le facteur occasionnel. C'est un facteur qui ne connaît pas de fabricant et n'a pas d'ouvrières. Mais il connaît ou croit connaître quelque chose à la dentelle et au métier de facteur et il voudrait bien faire connaissance avec les bénéfices afférents à ce métier. C'est un boutiquier, une petite tailleuse, parfois un simple paysan qui, à l'occasion, peut fournir de la dentelle, lorsqu'on lui en demande, parce qu'il connaît des ouvrières toujours prêtes à lui vendre leur ouvrage. Il s'improvisera facteur pendant une saison où la vente marche bien, ou bien profitera de la vogue momentanée d'une dentelle ou des offres pressantes d'une maison désireuse d'augmenter son stock. Puis, lorsque le moment propice sera passé, il renoncera à la dentelle jusqu'à des temps meilleurs et retournera à son champ. Ces opérations sont parfois ruineuses pour les petits facteurs qui ont, à un moment, sur les bras un stock invendable. On les voit alors abandonner leur marchandise pour un prix dérisoire, trop contents s'ils parviennent à rencontrer une maison qui prend leur dentelle en consignation et, finalement, la rachète à cinquante pour cent au-dessous de sa valeur. Une courtière en dentelle de Cerfontaine me racontait qu'une des premières maisons de Bruxelles lui ayant commandé un grand assortiment de point de Paris, elle en avait envoyé pour 1,200 francs. La dentelle resta quelque temps à Bruxelles, sans que le fabricant donnât signe de vie. Puis, comme la courtière pressait ce dernier de se décider, il lui fut répondu qu'on lui offrait 600 francs pour son envoi. La courtière refusa et reprit ses dentelles, qu'elle eut grand'peine à écouler.

On peut encore établir des distinctions entre les facteurs au point de vue du paiement des salaires : les uns paient leurs ouvrières en argent, les autres en nature, mais ceci rentre dans l'étude spéciale que nous consacrons plus loin au *truck-system*.

Au surplus, cette énumération des diverses catégories de facteurs n'a nullement la prétention d'être complète. Le facteur est essentiellement un être insaisissable, le fabricant ne sait rien de précis sur ses agissements ou, s'il les connaît, il ferme les yeux et se tait; l'ouvrière n'ose rien dire ou est incapable d'envisager la situation nettement et sous tous ses aspects; le facteur lui-même s'entoure de mystère et se montre le plus souvent rebelle à toute confidence. C'est par des moyens détournés qu'on l'amène à se départir parfois de son mutisme et à dévoiler une partie de ses secrets. Mais presque toujours il se défie et jamais il ne se laisse aborder sur les questions brûlantes, telles que les bénéfices et le salaire.

Le régime des facteurs sévit presque partout. Dans les centres de province où résident des fabricants, les ouvrières s'adressent souvent directement à ceux-ci; mais, la plupart du temps, elles ne sont guère mieux payées par ces fabricants que par les facteurs. De plus, à côté du fabricant, parfois dans la même ville, il existe des petits courtiers ou des *koopvrouwen*, qui trouvent encore moyen d'imposer leurs services aux fabricants, comme intermédiaires, et de forcer les ouvrières à travailler pour eux, en les payant à l'avance. Cette situation existe notamment à Bruges : on y trouve plusieurs fabricants et, dans leur voisinage immédiat, des facteurs, dont quelques-uns tiennent une boutique d'épicerie ou de mercerie. Beaucoup d'ouvrières brugeoises n'oseraient pas porter leur dentelle ailleurs que chez la *koopvrouw* du quartier : elles assurent qu'il n'y a pas moyen de faire autrement sans s'exposer à une condamnation. Plusieurs paraissent même ne pas se douter qu'il existe dans un autre quartier de la ville des fabricants qui, peut-être, paieraient un peu mieux que la *koopvrouw* du voisinage.

Certaines ouvrières des campagnes préfèrent, plutôt que de passer par l'intermédiaire des facteurs, attendre pendant deux ou trois mois de recevoir leur salaire et elles se rendent quatre ou cinq fois par an chez le fabricant de la ville la plus voisine. Mais ce sont là des exceptions et, nous le répétons, les facteurs ont entre leurs mains presque toutes les ouvrières qui ne travaillent pas pour les couvents. Leur nombre tend à augmenter; on en trouve souvent dans les plus petits villages, et ceux qui n'ont pas le moyen de s'entendre avec un fabricant travaillent pour d'autres facteurs. Il arrive ainsi fréquemment que le nombre d'intermédiaires existant entre l'ouvrière qui produit la dentelle et la Parisienne qui l'achète est de quatre ou de cinq. L'ouvrière travaille pour le facteur de son hameau; celui-ci porte la dentelle chez un facteur plus important, qui habite le village voisin et qui centralise la dentelle d'une région pour l'envoyer à Bruxelles ou chez un fabricant de province. La dentelle part ensuite pour une maison de gros de Paris; elle est rachetée par une maison de détail, par une faiseuse ou une lingère, et finalement elle orne les robes et les chemises de la Parisienne, qui, avec l'ouvrière, supporte les frais de ces multiples transferts.

Il est intéressant de constater qu'à l'exception de quelques courtiers nomades, tous les facteurs en dentelles s'enrichissent. Les fabricants se voient parfois forcés de cesser leurs affaires; les facteurs continuent à gagner de l'argent. Ils gagnent sur la dentelle, ils gagnent sur le fil qu'ils vendent aux ouvrières, souvent ils gagnent plus encore avec leur boutique, à laquelle ils contraignent les ouvrières de se fournir. Leur exemple est contagieux : une ouvrière intelligente, fût-elle une demi-ouvrière, rêve souvent de commencer un petit commerce de dentelle, et, si elle y réussit, elle n'a rien de plus pressé que de faire peser sur ses anciennes compagnes d'infortune les abus dont elle-même a souffert. Beaucoup de factoresses ont commencé ainsi ; presque toutes ont fait fortune et je me suis laissé dire que certaines fabricantes de province n'ont pas eu d'autre origine.

Les ouvrières n'ont jamais rien fait pour modifier une situation qui les livre pieds et poings liés à la merci des facteurs. Elles manquent naturellement d'initiative et n'osent pas s'insurger contre ceux qui leur procurent leur modeste gagne-pain. Souvent, d'ailleurs, elles le voudraient, qu'elles ne le pourraient pas : la nécessité de la division et de la centralisation du travail, la difficulté de se procurer des dessins et d'écouler la dentelle sont là qui empêchent les ouvrières de sortir par elles-mêmes de ce déprimant engrenage. Parfois une ouvrière isolée saute un ou deux échelons de la filière, mais c'est là une très rare exception, surtout lorsqu'il s'agit de point à l'aiguille. A Bruxelles, une ouvrière très habile et qui fait elle-même les diverses opérations du point gaze, y compris les jours, peut trouver assez facilement du travail chez un grand fabricant ; sa voisine, qui ne fait que le mat des fleurs, devra s'adresser à l'un des petits facteurs du quartier de la rue Haute et elle sera moins bien payée.

Pour nous résumer, nous croyons que, dans l'organisation commerciale actuelle de l'industrie dentellière, le facteur est un rouage indispensable. L'apathie des fabricants, le manque d'initiative des ouvrières, les exigences de la fabrication, tout concourt à le rendre nécessaire. Et cependant c'est à sa suppression ou, tout au moins, à l'atténuation de son rôle que devraient viser les efforts de tous ceux qui ont à cœur les intérêts de l'industrie dentellière. Le facteur fait du tort au fabricant ; il lui prend ses dessins, sa clientèle.

Fig. 122. — VALENCIENNES FABRIQUÉE AUX ENVIRONS D'EECLOO.

Prix payé à l'ouvrière : fr. 1.08 l'aune. — Prix payé à un facteur d'Eecloo : fr. 2.30 l'aune.

Il pressure l'ouvrière par tous les moyens, lui paie un salaire de famine et fait ainsi diminuer la main d'œuvre, tandis que lui-même et ses pareils se multiplient. Enfin, il gâte la fabrication, en augmentant tous les jours la production des articles communs et en ne faisant presque rien pour encourager l'habileté professionnelle de ses ouvrières.

Le nombre des facteurs croît; celui des ouvrières diminue. C'est là une cause d'inquiétude et nous verrons plus loin de quelle manière il serait possible d'améliorer cette situation. Disons maintenant quelques mots d'une autre catégorie d'intermédiaires.

§ 2. — L'ÉCOLE-ATELIER (1).

Il sera question plus spécialement des écoles dentellières dans le chapitre consacré à l'apprentissage de la dentelle. Nous

(1) S. G. Mgr Stillemans, évêque de Gand, a bien voulu faire procéder, à notre demande, à une enquête des plus complètes sur les écoles dentellières de la Flandre orientale dirigées par des congrégations religieuses. Nous lui en exprimons nos plus sincères remerciements.

nous occuperons ici des couvents de femmes qui font travailler des ouvrières et nous les considérerons dans leur rôle d'intermédiaires entre ces ouvrières et les fabricants. L'intitulé « école-atelier » se justifie parce que c'est dans ces écoles que les supérieures de couvent font exécuter la plupart des dentelles que leur commandent les fabricants et parce que les ouvrières travaillant au couvent sont presque toujours confondues avec les élèves.

D'après des renseignements qui nous avaient été fournis, il aurait existé pour tout le pays 87 écoles dentellières, mais nous sommes en mesure d'affirmer que ce chiffre est très inférieur à la réalité. Ainsi, pour la Flandre orientale, d'après nos renseignements, 39 écoles sont dirigées rien que par des couvents. En ajoutant à ce chiffre les écoles fondées par des membres du clergé séculier ou par des laïcs, la Flandre orientale compte environ 50 écoles dentellières et elle possède, d'autre part, une école de broderie sur tulle. En Flandre occidentale, où la proportion d'écoles laïques est plus forte qu'en Flandre orientale, le nombre total d'écoles ne doit pas être de beaucoup inférieur à une centaine. Le Brabant ne compte que 2 écoles dentellières, le Limbourg une, la province d'Anvers 7, toutes établies à Turnhout, et une école de broderie tenue par des religieuses à Lierre. Il existe donc en Belgique environ 160 écoles pour l'enseignement des dentelles et des broderies sur tulle et plus des trois quarts de ces écoles sont dirigées par des couvents de femmes.

La plupart des écoles dentellières tenues par des religieuses ont été fondées durant la première moitié du XIXe siècle. Vers 1840, le paupérisme commençait à désoler les Flandres ; la dentelle était surtout pratiquée par les vieilles femmes et l'apprentissage était donné presque exclusivement par des maîtresses laïques, dans des conditions de salubrité déplorables. C'est aux curés de nos paroisses rurales que revient l'honneur d'avoir, les premiers, appelé des religieuses pour la création et la direction de nouvelles écoles dentellières. Cet appel fut entendu et il ne tarda pas à porter ses fruits. Bien que la dentelle eût depuis longtemps cessé d'être l'apanage des couvents, elle était connue d'un bon nombre de religieuses, anciennes dentellières ; dans les congrégations où personne ne connaissait la dentelle, on fit venir des ouvrières expertes, qui l'enseignèrent aux enfants, et parmi ces élèves on recruta plus tard des religieuses, qui devinrent maîtresses à leur tour. Le nombre des couvents qui, à ce moment, ouvrirent une école ou un atelier se multiplia. D'après l'exposé provincial déjà cité, les écoles-manufactures de la Flandre orientale, étaient, en 1851, au nombre de 369, parmi lesquelles 328 s'occupant exclusivement de dentelles et 32 fabriquant la dentelle et la bonneterie. Sur ces 369 écoles, 53 étaient tenues ou dirigées par des prêtres, 65 par des couvents, 218 par des particuliers, 26 par des administrations locales, 7 par des instituteurs communaux ; ces établissements étaient fréquentés par 17,121 élèves et ouvrières.

Le nombre de ces établissements a considérablement diminué. Le personnel qui les fréquente est descendu en juillet 1901, pour les écoles congréganistes de la Flandre orientale, à 1,760 élèves, auxquelles il faut ajouter les élèves très peu nombreuses de quelques écoles laïques et environ 600 personnes travaillant à domicile pour les couvents.

Le tableau suivant, qui indique la population des écoles dentellières tenues par des couvents, de 1845 à 1882, fait ressortir la décadence brusque de l'industrie, en 1869 :

1845.	34,391	élèves et ouvrières.
1848.	35,011	— —
1851.	32,531	— —
1854.	41,008	— —

1857. . . . . 42,388 élèves et ouvrières.
1860. . . . . 34,027 — —
1863. . . . . 30,729 — —
1866. . . . . 31,226 — —
1869. . . . . 25,873 — —
1882. . environ 20,000 — —

Ce sont cependant les couvents qui ont le mieux résisté à la crise terrible qui a frappé presque tous les genres de dentelles au cours de ces dernières années ; c'est grâce à eux que l'industrie dentellière existe encore dans notre pays et qu'elle a gardé une partie de son ancienne splendeur.

Laissant de côté, pour le moment, leur rôle enseignant, nous croyons qu'on ne saurait trop apprécier les services qu'ils rendent comme intermédiaires. La fonction économique du couvent est sensiblement la même que celle du facteur qui réside au milieu de ses ouvrières. Mais ce qui donne toute sa valeur à cet organisme, c'est son caractère de stabilité, c'est le principe même de l'institution. Ce que le couvent a en vue, ce n'est pas de gagner de l'argent et d'acquérir une fortune, mais bien de procurer un métier aux enfants qui lui sont confiés et de donner du travail à des femmes qui autrement seraient inoccupées. C'est dans ce but que nos couvents ont été fondés et il faut reconnaître qu'ils ne se sont pas écartés des vues de leurs fondateurs.

Dans tous les centres où l'industrie dentellière a conservé de la vitalité, c'est à la présence d'un couvent qu'on le doit. Le couvent vient-il à disparaître ou cesse-t-il de s'occuper de dentelle, la fabrication de celle-ci ne fait plus que végéter. Parfois le couvent, malgré ses efforts, est impuissant à garder l'industrie en vie et il doit lui-même renoncer à poursuivre sa mission : c'est, notamment, ce qui s'est passé à Gand et à Malines. Ailleurs, au contraire, le couvent crée l'industrie de toutes pièces : à Liedekerke, par exemple, la dentelle était absolu-

ment inconnue jusqu'il y a peu d'années ; l'application de
Bruxelles y fut introduite par un couvent et y occupe aujour-
d'hui plus de 700 femmes et quatre facteurs ; le couvent a en
outre un certain nombre d'ouvrières établies dans les villages
voisins.

Cette situation prépondérante des couvents s'explique. C'est
par eux, tout d'abord, que la tradition de la dentelle se perpétue, puisqu'ils sont à peu près seuls à enseigner sa fabrication. Les ouvrières qui, étant enfants, ont appris la dentelle
au couvent, continuent d'avoir confiance dans la direction de
l'école ; elles y restent le plus souvent jusqu'à 18 ou 20 ans,
et, assez fréquemment, jusqu'à l'époque de leur mariage.
Dans certains couvents, à Bruges notamment, les vieilles
filles sont autorisées à fréquenter l'ouvroir aussi longtemps
qu'elles le désirent et l'on voit parfois, à côté du carreau d'une
ouvrière de cinquante ans, le carreau d'une mignonne dentellière de neuf ans.

Puis, le couvent paie, en général, mieux que le facteur, car,
si le salaire quotidien de ses ouvrières n'est pas plus élevé, la
journée de travail est, par contre, moins longue ; de plus, il
paie régulièrement, toujours en argent ; enfin, la maîtresse
d'ouvroir entretient avec les ouvrières des relations plus cor-
diales et plus suivies que les facteurs. Il arrive que ceux-ci
sont forcés d'augmenter la rémunération de leurs ouvrières
pour ne pas rester en dessous de ce que donne le couvent.

D'autre part, les ouvrières de l'ouvroir sont parfois moins bien
payées que celles qui travaillent pour les facteurs. A Liedekerke, par exemple, les salaires les plus élevés que paie le
couvent varient entre fr. 1.25 et fr. 1.50 par jour ; les salaires
payés par les facteurs atteignent fr. 1.50, fr. 1.75 ou même
2 francs. Ceci provient de ce que les ouvrières du couvent
fabriquent de l'application très fine et d'une vente peu
courante, tandis que les autres font des articles communs
et d'un placement facile en duchesse de Bruxelles. Comme

je déplorais cette situation en présence de la supérieure du
couvent de Liedekerke : « Allez dire cela, me répondit-elle,
aux grandes maisons de Bruxelles qui paient des prix dérisoires
pour les dentelles qu'elles nous commandent. Aussi longtemps
qu'elles n'augmenteront pas leurs prix, il n'y aura d'autre
remède à notre situation que de faire de la duchesse commune ;
et cela, nous ne le pouvons pas : ce serait perdre nos clients,
sans espoir fondé de réussir moins mal avec d'autres. »

On a peine à se figurer que la belle dentelle bien faite
rapporte parfois moins aux ouvrières que la dentelle commune et grossièrement travaillée ; cependant cela est.
C'est une chose très regrettable assurément, mais faut-il
reprocher aux couvents une situation qui aboutit, dans quelques-uns d'entre eux, à ce que les ouvrières sont moins bien
rémunérées? Certainement non. Si la belle dentelle paie mal,
la faute en est aux grands fabricants qui en donnent des prix
trop bas, aux petits fabricants et aux facteurs qui encombrent
le marché d'articles ordinaires. A tous les points de vue, on ne
peut que louer les couvents de maintenir le mieux possible,
parmi leurs ouvrières, les traditions de la dentelle artistique.
Indépendamment des considérations d'ordre esthétique qui
font désirer qu'il en soit ainsi, il est certain que l'avenir de
notre commerce de dentelles et l'espoir de conserver cette
industrie dans le pays sont basés sur la beauté de la fabrication. L'encombrement du marché par la dentelle à la main de
qualité inférieure et facilement imitable par la machine est un
des côtés aigus de la crise qui sévit actuellement et les couvents
rendent un grand service à l'industrie dentellière en s'attachant
plutôt à fabriquer des articles de luxe.

Tous les couvents ne fabriquent pas ces beaux articles. Dans
certains ouvroirs, on n'enseigne que la dentelle très ordinaire
et parfois les facteurs importants d'une localité travaillent
mieux que le couvent. Mais c'est l'exception. Presque toujours
la fabrication du couvent l'emporte, et de très loin, sur celle

des facteurs. Ainsi à Liedekerke, le couvent fait la fine application aux fuseaux et les facteurs font la duchesse ; les couvents de Kerxken, Hérinnes et Opbrakel font des points à l'aiguille magnifiques ; à Bruges, le couvent de Jérusalem enseigne avec succès le Binche et le point de Flandre ; à Lichtervelde, le couvent s'en tient exclusivement à la fine Valenciennes, tandis que les ouvrières des facteurs font toutes le Bruges ordinaire. Nous ne disons pas que la fabrication des couvents soit parfaite et les produits de cette fabrication irréprochables. Certaines dentelles ont été abandonnées presque complètement par les couvents, tels le Chantilly et la Malines ; d'autres, comme la Valenciennes, sont parfois travaillées d'une manière très imparfaite dans les ouvroirs dirigés par des religieuses. Mais nous croyons que, prise dans son ensemble, la fabrication de la dentelle dans les couvents est bonne, très supérieure, en tous cas, à celle que dirigent les facteurs ; nous croyons aussi que, sans l'effort persévérant des couvents, la Belgique ne fabriquerait aujourd'hui plus autre chose que lés dentelles ordinaires.

C'est surtout dans la fabrication du point à l'aiguille et de la belle application aux fuseaux que les couvents triomphent. Les grands fabricants s'adressent à eux de préférence pour l'exécution des articles fins et des pièces importantes. Pour ces pièces, en effet, l'unité dans la confection des divers morceaux destinés à être réunis ou appliqués, est indispensable. Or, nulle part cette unité n'est mieux réalisée que dans les écoles-ateliers, où les ouvrières travaillent ensemble, sous une même direction, à un ouvrage qui a été réparti entre elles d'après leurs aptitudes et leur façon de travailler. De plus, à la différence des dentellières établies à domicile, les ouvrières des couvents ne cessent pas d'être élèves. Sous l'impulsion de la maîtresse d'ouvroir, toutes, même les meilleures, continuent à apprendre et font de constants progrès. Ceci explique partiellement la modicité des salaires payés aux élèves dans certains couvents : il est clair, en effet, qu'une ouvrière dont la tâche se complique d'un apprentissage constamment renouvelé travaille moins facilement et ne peut gagner autant que celle qui reproduit toujours les mêmes dessins d'exécution simpliste.

A la différence des facteurs, quelques couvents font eux-mêmes l'application ou le montage des dentelles confectionnées par leurs ouvrières. Ce sont le plus souvent les religieuses qui se chargent de ce soin, comme ce sont elles aussi, bien souvent, qui confectionnent les patrons et font la toilette des dentelles sorties de l'ouvroir. De cette manière, l'inconvénient de la division du travail, qui est à la base de l'organisation commerciale actuelle, est supprimé du coup. Pour toutes ces raisons et aussi à cause de l'honnêteté et de l'exactitude des directrices de couvent, les fabricants apprécient beaucoup cette catégorie d'intermédiaires. Ils entretiennent presque toujours d'excellents rapports avec les couvents ; ils y ont tout intérêt et s'en rendent parfaitement compte. Au développement de leur sphère d'action est peut-être lié l'avenir de notre industrie dentellière, et il ne nous étonnerait point que grâce à eux soit résolu un jour le délicat problème des intermédiaires, dont nous avons effleuré ici quelques-uns des aspects.

III.

L'OUVRIÈRE.

La division du travail a tout naturellement créé deux catégories d'ouvrières : d'une part, les dentellières, c'est-à-dire les ouvrières exécutant le corps de la dentelle (*pointeuses* pour le point à l'aiguille, *dentellières* proprement dites pour le travail aux fuseaux) ; d'autre part, certaines ouvrières chargées plus spécialement de la préparation et de l'achèvement des dentelles (*patronneuses, piqueuses, striqueuses, monteuses, foneuses*).

Un certain nombre de ces ouvrières de la seconde catégorie

Fig. 123. — DENTELLIÈRE DE TURNHOUT,
EXÉCUTANT UNE MANTILLE EN BLONDE DE SOIE NOIRE.

travaillent chez les fabricants. Cependant, les patronneuses, qui ne patronnent pas constamment de nouveaux modèles, travaillent à domicile; il en est de même pour quelques foneuses et striqueuses de Bruxelles et pour la plupart de celles qui habitent les environs d'Alost et de Wetteren. Un certain nombre de ces ouvrières spécialisées travaillent chez les facteurs ou se confondent avec eux et on en trouve aussi dans la plupart des couvents qui font les diverses dentelles de Bruxelles. Le sort de ces ouvrières est plus enviable que celui des dentellières *unskilled*. Presque toujours elles travaillent sous la surveillance directe de leur employeur, auquel elles sont indispensables et qui a intérêt à les bien payer, pour les conserver; assez fréquemment elles sont payées à la journée, parce que le mesurage de leur travail est impossible.

Une assez grande initiative est laissée à certaines d'entre elles pour l'exécution de leur travail. Ainsi, les foneuses doivent suppléer elles-mêmes aux indications fort sommaires que les dessinateurs leur remettent pour les *jours*; les plus habiles inventent des *jours* nouveaux et leur fantaisie crée parfois des variétés très originales. Les patronneuses de dentelles aux fuseaux doivent rechercher pour chaque modèle nouveau un mode d'exécution régulier et commode. Les fabricants les chargent de fixer, pour les dentelles qu'elles patronnent, le prix qu'il convient de payer à l'ouvrière et leur propre salaire, lorsqu'elles ne travaillent pas à la journée.

Les ouvrières non spécialisées travaillent presque toutes à domicile. La plupart d'entre elles fréquentent jusqu'à l'âge de 20 ans les écoles dentellières; celles qui y restent après cet âge sont l'exception. Dans certains hospices, les vieilles femmes s'assemblent pour faire de la dentelle, chacune demeurant libre, au surplus, de porter son ouvrage au facteur de son choix. En dehors de ces cas, le travail en atelier est rare. Il se rencontre, nous l'avons vu, chez les grands fabricants, qui ont besoin d'avoir des ouvrières sous la main. Ces ateliers sont permanents ; parfois cependant ils sont constitués uniquement en vue de l'exécution d'un ouvrage pressant ou particulièrement délicat (1).

Quelques facteurs et fabricants de Lierre font aussi exécuter en atelier de la broderie sur tulle. Ces ateliers, où ne sont admises que les jeunes filles connaissant leur métier, sont très malsains, tant à cause de leur exiguité et de l'entassement des ouvrières qu'à cause du déplorable emploi des chaufferettes et des poêles-calorifères qui, en hiver, préservent les enfants du froid. Les ouvrières y sont payées à la tâche et ne voient jamais le facteur pendant leurs heures de travail. La surveillance fait totalement défaut dans ces ateliers et la conduite des ouvrières qui les fréquentent laisse, paraît-il, beaucoup à désirer.

Quelques ouvrières, enfin, travaillent dans les ateliers tenus par certains petits fabricants ou fabricantes de la capitale. Ces ateliers sont, le plus souvent, attenants à un magasin de dentelles. Ils existent, non pas pour les besoins de la fabrication, mais uniquement comme moyen d'allécher le public ; on les trouve aux abords de Sainte-Gudule, place de la Chancellerie et dans les rues avoisinantes ; ils sont surtout visités par les étrangers, — particulièrement les Anglais et les Américains de passage à Bruxelles. Tout étranger passant par Bruxelles se croit obligé de rapporter dans son pays un souvenir plus ou moins important du pays de la dentelle. Les fabricants de Bruxelles connaissent ces dispositions et il n'est pas de moyen qu'ils ne mettent en œuvre pour attirer chez eux des clients aussi avantageux. On les guette dès leur débarquement à Bruxelles et le cocher de fiacre qui les transporte de la gare vers le centre de la ville, est un premier agent qui, parfois

(1) Pour l'exécution de la robe en vieille dentelle de Bruges, offerte en mai 1901 à S. A. R. la Princesse Élisabeth de Belgique, la maison Gillemon-De Cock, à Bruges, a réuni en atelier, pendant 6 mois, 30 vieilles dentellières d'une habileté consommée, qui n'ont pas fait autre chose que travailler à ce chef-d'œuvre de finesse et de bon goût.

spontanément, s'offre à les conduire à un magasin de dentelles. Dans les hôtels, nouvelles tentations, de la part du portier, voire même du directeur, tous, paraît-il, fort accessibles aux libéralités des maisons qu'ils recommandent. Puis, aux abords des magasins, ce sont des raccoleurs, véritables commissionnaires qui n'ont d'autres fonctions que d'engager les étrangers à entrer dans les magasins de dentelles. Ils leur remettent des cartes imprimées vantant, en plusieurs langues, les mérites de leur établissement, le bon marché et la beauté des dentelles qu'on y trouve, toutes véritables et faites à la main. L'étranger ne résiste plus, surtout lorsqu'il a vu, se détachant en grandes lettres d'or sur la vitrine du magasin, cette formule magique : « Atelier pour la fabrication des dentelles ; entrée libre ». Lui qui a vu fabriquer à Venise des verres de Venise, à Rome des mosaïques, il ne partira pas d'ici sans avoir vu les dentellières de Bruxelles exécutant leurs délicats ouvrages.

Il a promis à sa femme et à sa fille de leur rapporter de la véritable dentelle et son acquisition lui paraîtra plus authentique après qu'il aura vu, de ses yeux, comment se fabrique la dentelle à la main. Une accorte demoiselle de magasin l'introduit dans l'atelier, où quatre ou cinq vieilles femmes, en bonnets flamands à larges ailes, travaillent à diverses sortes de dentelles. L'une d'elles fait la Valenciennes, une autre la duchesse, une troisième une fleur en point à l'aiguille. L'ouvrage manque de finesse ; mais l'Anglais émerveillé ne s'en doute point et écoute religieusement les explications de sa sémillante introductrice. Celle-ci a bientôt vu que le visiteur est parfaitement ignorant en matière de dentelle et elle lui apprend des choses renversantes sur la valeur du fil à dentelle, sur la longueur et la difficulté de la fabrication et sur les prix énormes qu'il faut payer pour les plus petites pièces en dentelle véritable. De l'atelier on se rend au magasin, toujours bien garni de dentelles à grand effet, que l'on fait admirer au

visiteur. Il ne reste plus à celui-ci qu'à s'exécuter, ce qu'il fait
d'ailleurs de bonne grâce. Il paie un prix exorbitant pour une
dentelle souvent quelconque et il part, persuadé qu'il a fait
une bonne affaire et ne se doutant pas de ce qu'il en coûte
d'avoir visité un atelier de dentelle. La plupart de ces petits
ateliers ne sont ouverts que pendant la saison des étrangers,
c'est-à-dire d'avril à octobre. Les ouvrières n'y sont engagées
que pour une période de six mois : les pointeuses sont presque
toutes des Bruxelloises, qui, pendant l'hiver, travaillent chez
elles pour les magasins de la capitale ; les dentellières sont
recrutées en Flandre. Les ouvrières travaillent volontiers dans
ces ateliers. Elles sont bien payées et reçoivent un repas au
milieu du jour ; leur journée de travail ne dépasse pas 9 ou
10 heures et est interrompue constamment par les visites des
acheteurs ; de plus, elles savent que la patronne se contente
d'une exécution médiocre (1).

En dehors de ces divers cas de travail à l'atelier, l'ouvrière
travaille toujours à domicile.

Elle est installée dans la chambre de famille, le plus souvent devant l'unique fenêtre de son modeste foyer, le dos
tourné au poêle où cuit l'humble repas de la maisonnée. Elle
travaille généralement seule ou entourée de ses filles ; parfois
aussi quelques voisines se réunissent et causent tout en maniant
les fuseaux ou l'aiguille. Le soir venu, la dentellière dispose une
lampe sur une table et devant la lampe une carafe pleine d'eau,
destinée à adoucir l'éclat de la lumière et à concentrer ses rayons
sur l'ouvrage en train. Parfois, l'eau de la carafe est mélangée
de quelques gouttes d'acide sulfurique, ce qui lui donne une
teinte bleuâtre, moins aveuglante pour les yeux. Lorsque des

(1) Visitant l'un de ces ateliers, je faisais remarquer au *cicerone* féminin
qui m'en faisait les honneurs l'extrême irrégularité d'une fleur en point à
l'aiguille que confectionnait une des ouvrières. Il me fut répondu que « cette
irrégularité est précisément ce qui fait la valeur du véritable point de
Bruxelles » !

Fig. 124. — Intérieur de dentellière flamande.

(Cliché de M. Joseph Casier.)

voisines se réunissent pour la veillée, chacune d'elles apporte sa carafe, elles se mettent en cercle et placent les carafes tout autour de la lampe.

L'intérieur de la dentellière (fig. 124) est le plus souvent bien tenu, quoique d'une simplicité extrême. Des murs blanchis à la chaux, fréquemment recouverts d'images pieuses et de portraits dans des cadres de carton noir ou doré ; au-dessus de la cheminée, des assiettes en faïence, un crucifix de cuivre ou de bois ; sur la commode, peinte couleur d'acajou, — le meuble unique, qui occupe le fond de la masure, — une foule de petits objets : statuettes en porcelaine, vases de verre, souvenirs de première communion.

La dentellière est habillée proprement ; elle est rarement en haillons, son métier sédentaire ne l'exposant guère à user ses vêtements. Du matin au soir, on la voit courbée sur son carreau ou sur son aiguille, infatigable et ne cessant pas de travailler, même lorsqu'un visiteur franchit le seuil de sa porte. Les journées de 12 heures sont les plus fréquentes, mais beaucoup de dentellières travaillent jusque 13 et 14 heures et s'interrompent seulement pour prendre à la hâte leurs repas. Leur unique distraction c'est leur tabatière, la vieille tabatière noircie, en bois ou en cuir, suspendue par une étroite lanière à un clou, près de la fenêtre ; et c'est aussi la traditionnelle tasse de café, prise à la tombée du jour, et qu'accompagne assez fréquemment un repos d'un quart d'heure.

Pendant l'été, elles travaillent à l'air, sur le pas de leur porte ; elle se réunissent dans les cours des cités ouvrières ; on en voit sous les ombrages des vergers, ou parfois dans les champs ; j'ai même rencontré des petites filles assises, pour faire leur dentelle, sur le seuil de ces humbles chapelles qui disent au passant l'esprit de foi de nos populations flamandes.

C'est un pittoresque spectacle que celui d'un village des environs d'Alost ou de Thielt un beau jour d'été. Vieilles et jeunes, mères et filles, toutes les dentellières sont dehors ;

on les voit, assises par petits groupes, sur le pas des portes,
et il y en a partout. Le soleil met de l'or dans les feuillages et
fait éclater la blancheur des maisons basses à volets verts ; il
illumine les toits rouges et s'épanouit gaiement sur les chau_
mes moussus ; de ses chauds rayons, il caresse les joues roses
et animées des petites dentellières et il donne un peu de sa
gaieté aux faces amaigries et pâles des vieilles femmes ; il se
joue entre les doigts agiles, sur la toile bleue des carreaux et sur
la blancheur des dentelles ; il fait briller les épingles de cuivre.
Et dans cette fête des yeux, le bruit des fuseaux, qui par mil-
liers s'entrechoquent et s'agitent, est comme une musique très
douce et monotone, un bruissement continu, une sorte d'ac-
compagnement mat et discret aux rires perlés des jeunes, aux
caquetages des vieilles.

Dans les rues étroites et pittoresques de Bruges, sur les
trottoirs qui bordent les maisons de briques presque noires
et les pignons lépreux, — vivants souvenirs de la Bruges du
moyen âge, — c'est, pendant les jours de chaleur, la même
activité d'abeilles en travail. Les quartiers ouvriers qui avoi-
sinent l'église de Jérusalem, les petites rues du centre de la
ville, aux abords de ce paisible et inoubliable ensemble que
forment le Dyver, l'hôtel Gruuthuuze et l'église Notre-Dame,
tout cela regorge de dentellières, et de partout, lors même
qu'elles travaillent dans leurs maisons, des fenêtres ouvertes
et des portes entrebaillées, le bruissement des fuseaux entre-
choqués vous poursuit, telle une obsession.

On fabrique aussi beaucoup de dentelle dans les maisons
des hospices, ou *Godshuizen* (fig. 126).

L'institution des *Godshuizen*, à Bruges, remonte au moyen
âge. A cette époque et jusqu'à la fin du XVIIe siècle, un grand
nombre de riches particuliers de Bruges fondèrent pour les
vieillard indigents des asiles comprenant une certaine quantité
de petites habitations, auxquels ils attachaient leur nom et qu'ils
dotaient de larges revenus. Ces asiles formaient dans la ville

des enclos séparés, petites cités dans la grande ; il y en avait dans les divers quartiers de Bruges et leurs habitants étaient tenus d'observer un certain règlement. Quelques-uns de ces asiles étaient la propriété des corporations, qui y envoyaient leurs membres tombés dans la misère. L'administration des hospices de Bruges, au lieu d'instaurer le déplorable régime des casernes pour indigents, qui fonctionne partout ailleurs et dont les indigents ont une horreur instinctive, conserva le régime ancien des *Godshuizen* et maintint, sans les modifier en rien et en les reprenant pour son compte, la plupart de ces vieilles fondations. Celles-ci existent donc encore ; elles continuent de porter les noms de ceux qui les ont érigées et chaque *Godshuis* est affecté à la classe particulière d'indigents déterminée par le fondateur. Il y en a pour les vieux ménages ; d'autres sont réservés aux vieillards, d'autres aux veuves et aux vieilles filles. Chacun y a sa petite maison, qui donne sur une cour commune. Ce régime de bienfaisance et de liberté, d'habitation en commun et d'indépendance absolue, produit à Bruges de très heureux effets. Les plus pauvres ont ainsi leur chez-soi et ne sont pas astreints, dans leurs vieux jours, à l'humiliation déprimante du phalanstère ; ils continuent de prendre intérêt à la vie et, dans la mesure de leurs forces, ils se livrent encore à de petits travaux, les hommes engageant leurs services en qualité de journaliers, les femmes faisant de la dentelle. Une atmosphère de calme et de paix heureuse règne dans ces asiles ; leurs habitants se connaissent et vivent en bonne harmonie ; par un usage touchant, qui a subsisté presque partout, ils se réunissent, soir et matin, dans la petite chapelle érigée dans la cour du *Godshuis*, tout au bout des deux rangées de pignons gothiques, et ils prient à l'intention du fondateur de l'hospice, leur bienfaiteur.

Au moyen âge, les dentellières chantaient tout en faisant de la dentelle. Cette vieille coutume a presque disparu. Cependant, on la retrouve encore chez quelques ouvrières d'Ypres, de Bruges, de Poperinghe et dans plusieurs écoles dentellières

des Flandres. Les vieilles dentellières ont même gardé un bon
nombre d'anciennes chansons, dont quelques-unes remontent aux XIV⁰ et XV⁰ siècles et qui nous sont parvenues
avec les naïfs et jolis archaïsmes de leur rédaction primitive.
Beaucoup de ces chansons ont pour thème des épisodes du
Nouveau Testament ou de pieuses légendes tirées de la vie des
saints ; d'autres racontent les hauts faits de preux chevaliers
ou retracent des légendes fantastiques ; quelques-unes sont
profondément immorales. Ces chants, qui, primitivement,
n'étaient pas destinés à accompagner le travail des dentellières,
constituent pour celles-ci un moyen assez précieux d'activer
leur travail. La cadence rythmique des vers et des traînantes
mélopées correspond avec le travail essentiellement mécanique
de la dentelle aux fuseaux. Les cadences ont même été modi-
fiées par l'usage jusqu'à ce que chaque vers et chaque phrase
musicale eût une longueur exactement pareille et pût servir de
point de repère pour le placement d'une nouvelle épingle sur
le parchemin : les dentellières ont ajouté à certains mots et à
certains vers des syllabes supplémentaires, sans égard pour le
sens, et chaque vers nouveau qu'elles chantent est précédé
de l'énonciation d'un numéro d'ordre. Elles commencent leur
travail et leur chanson en disant : « *een* (un) » ; suit le premier vers ; puis une épingle est déplacée ; elles continuent :
« *twee* (deux) » ; second vers ; nouveau changement d'épingle ;
« *drie* (trois) », et ainsi de suite, jusqu'au bout de la chanson.
Ces chants se sont transmis ainsi de génération en génération,
sans être jamais écrits ; les vieilles les apprennent aux jeunes ;
on les sait par cœur et les vers qui les composent, dont le
sens doit souvent échapper à celles qui les prononcent, sont
comme pétrifiés par la tradition, qui les recueille de siècle en
siècle.

Nous reproduisons ci-après la chanson d'une vieille dentellière d'Ypres, recueillie par M. A. Bleyau, docteur en philo-
sophie, à Gand. La traduction française de cette chanson est
due à M. Louis de Raet, attaché à l'Office du travail.

Van 't kind van zeven jaren.

I.

Der was een keer een kind en een kleine kind,
En een kind van zeven jaren;
Het had in den konings warandetje geweest,
Ja, waardat er konijntjes waren,
Ja, waardat er vele waren.

II.

Dat kind en dat kind en dat kleine kind,
En het hadde pijl en boogske;
Het schoot het schoonste konijntje dood,
Die daar was in de heele warande,
Ja, de heele warande.

Traduction française.

La chanson de l'enfant de sept ans.

I.

Il y avait une fois un enfant, un petit enfant,
Un enfant de sept ans;
Il s'était introduit dans le parc du roi,
Le parc où il y avait des petits lapins,
Oui, beaucoup de petits lapins.

II.

Cet enfant, cet enfant, ce petit enfant,
Avait des flèches et un petit arc;
Il tua le plus beau des petits lapins
Qui fût dans tout le parc,
Oui, dans tout le parc.

III.

De heeren van de stad hebben dat aanhoord,
Ze hebben 't kleine kind gevangen,
Ze hen 't op een ijzeren torretje gezet,
En gebonden aan voeten en aan handen,
Ja, aan voeten en aan handen.

IV.

« Meneere, Meneere van 't vriendelijk kasteel,
Laat men kleine kind toch leven !
Ik heb erre nog zeven jonge broederen thuis,
Wil je ze hebben, ik zal ze geven,
Voor mijn kleine kind zen leven. »

V.

« Je zeven jonge broeders en wil ekik niet hen !
De eerste drij en zijn maar paters,
En de ander vier zijn schoone jonge mans,
En ze dragen den koning zen wapens,
Ja, den koning zen wapens. »

III.

Les seigneurs de la ville l'ont appris,
Ils ont pris le petit enfant ;
Ils l'ont mis dans une tour en fer
Et lié aux pieds et aux mains,
Oui, aux pieds et aux mains.

IV.

« Messire, messire du gentil château,
Ne prenez pas la vie à mon petit enfant !
J'ai encore sept jeunes frères à la maison,
Les voulez-vous ? je vous les cède,
Pour la vie de mon petit enfant. »

V.

« Tes sept jeunes frères, je n'en veux pas !
Les trois premiers ne sont que des moines,
Et les quatre autres sont de beaux jeunes gens,
Et ils portent les armes du roi,
Oui, les armes du roi. »

VI.

« Meneere, meneere van 't vriendlijk kasteel,
Laat men kleine kind toch leven !
Ik heb erre nog zeven jonge zusters thuis,
Wil je ze hebben, ik zal ze geven,
Voor mijn kleine kind zen leven. »

VII.

« Je zeven jonge zusters en wil ekik niet hen !
De eerste drij en zijn maar nonnen,
En de ander vier zijn schoone jonge wijfs
En ze blinken al tegen de zonne,
Ja, al tegen de zonne. »

VIII.

« Meneere, meneere van 't vriendlijk kasteel,
Laat men kleine kind toch leven !
Ik heb er nog een tunnetje met roode fijne goud,
Wil je 't hebben, ik zal het u geven,
Voor mijn kleine kind zen leven. »

VI.

« Messire, messire du gentil château,
Ne prenez pas la vie à mon petit enfant !
J'ai encore sept jeunes sœurs à la maison,
Les voulez-vous ? je vous les cède
Pour la vie de mon petit enfant. »

VII.

« Tes sept jeunes sœurs, je n'en veux pas,
Les trois premières ne sont que des nonnes,
Et les quatre autres sont de belles jeunes femmes,
Qui brillent dans la gloire du soleil,
Oui, dans la gloire du soleil.

VIII.

« Messire, messire du gentil château,
Ne prenez pas la vie à mon petit enfant !
J'ai encore un petit tonneau rempli d'or rouge et fin,
Le voulez-vous ? je vous le cède
Pour la vie de mon petit enfant. »

IX.

« Je tunnetje met roode fijne goud wil ik wel hen !
Maar je kleine kind moet hangen ;
't Moet hangen en 't moet hangen aan den hoogsten boom,
Die der staat in de heele warande,
Voor dat kleine kind zen schande. »

X.

't Eerste trapje, dat dat kleine kind op de leere klom,
En het keek zoo dikwijls omme,
Of zijn lieven vader niet achter hem en kwam :
Ja, van verre zag het zen vader komen,
Zeer gerejen al door de zonne.

XI.

« Rijd toch zeere, rijd toch zeere, lieven vader van mij !
Rijd al door de groene strate !
Want had je nog een uurtje langere gebeid,
Mijn jong leventje was erre verlaten,
En mijn hoofd lei op de strate. »

IX.

« Ton petit tonneau rempli d'or rouge et fin, je le veux bien,
Mais ton petit enfant sera pendu,
Sera pendu, sera pendu à l'arbre le plus haut
Qui se trouve dans tout le parc,
Pour la honte de ce petit enfant. »

X.

L'enfant gravit le premier degré de l'échelle,
Et il se retournait si souvent, pour voir
Si son père chéri n'accourait point vers lui ;
Oui, de loin il vit son père accourir,
En hâte, dans le soleil.

XI.

« Viens donc vite, viens donc vite, mon père chéri,
Viens vite par le chemin tout vert !
Car, si tu avais tardé encore une heure,
Ma jeune vie m'aurait quitté,
Et ma tête gisait sur la route. »

XII.

't Tweede trapje, dat dat kind op de leere klom,
En het keek zoo dikwijls omme,
Of zijne lieve moeder niet achter hem en kwam :
Ja, van verre zag het zen moeder komen,
Zeer gerejen al door de zonne.

XIII.

« Rijd toch zeere, rijd toch zeere, lieve moeder van mij !
Rijd al door de groene strate !
Want had je nog drij kaartjes langere gebeid,
Mijn jong leventje was erre verlaten,
En mijn hoofd lei op de strate. »

XIV.

't Derde trapje, dat dat kleine kind op de leere klom,
En het keek zoo dikwijls omme,
Of zijnen lieven broere niet achter hem en kwam :
Ja, van verre zag het zen broere komen,
Zeer gerejen al door de zonne

XII.

L'enfant gravit le deuxième degré de l'échelle
Et il se retournait si souvent, pour voir
Si sa mère chérie n'accourait point vers lui :
Oui, de loin il vit sa mère accourir,
En hâte, dans le soleil.

XIII.

« Viens donc vite, viens donc vite, ma mère chérie,
Viens vite par le chemin tout vert !
Car, si tu avais tardé encore trois quarts d'heure,
Ma jeune vie m'aurait quitté,
Et ma tête gisait sur la route. »

XIV.

L'enfant gravit le troisième degré de l'échelle,
Et il se retournait si souvent, pour voir
Si son frère chéri n'accourait point vers lui ;
Oui, de loin il vit son frère accourir,
En hâte, dans le soleil.

XV.

« Rijd toch zeere, rijd toch zeere, lieven broere van mij !
Rijd al door de groene strate !
Want had je nog een half uurtje langere gebeid,
Mijn jong leventje 't was erre verlaten,
En mijn hoofd lei op de strate. »

XVI.

't Vierde trapje, dat dat kind op de leere klom,
En het keek zoo dikwijls omme,
Of zijne lieve zuster niet achter hem en kwam :
Ja, van verre zag het zen zuster komen,
Zeer gerejen al door de zonne.

XVII.

« Rijd toch zeere, rijd toch zeere, lieve zuster van mij !
Rijd al door de groene strate !
Want had je nog een kaartje langere gebeid,
Mijn jong leventje 't was erre verlaten,
En mijn hoofd lei op de strate. »

XV.

« Viens donc vite, viens donc vite, mon frère chéri,
Viens vite par le chemin tout vert !
Car, si tu avais tardé encore une demi-heure,
Ma jeune vie m'aurait quitté,
Et ma tête gisait sur la route. »

XVI.

L'enfant gravit le quatrième degré de l'échelle,
Et il se retournait si souvent, pour voir
Si sa sœur chérie n'accourait point vers lui ;
Oui, de loin il vit sa sœur accourir,
En hâte, dans le soleil.

XVII.

« Viens donc vite, viens donc vite, ma sœur chérie,
Viens vite par le chemin tout vert !
Car, si tu avais attendu encore un quart d'heure,
Ma jeune vie m'aurait quitté,
Et ma tête gisait sur la route. »

XVIII.

't Vijfde trapje, dat dat kind op de leere klom,
En het riep : « Maria, 'k groet je !
Het woordetje was schaars uit dat kleine kind zen mond,
En zen hoofdetje viel vore zen voeten,
Als het riep : « Maria, 'k groet je ! »

XIX.

« Meneere, meneere van 't vriendlijk kasteel,
Houd je poortje wel gesloten,
Want morgen uchtend, als 't zal wezen klaar dag,
Gij zult hooren van droevige mare,
Ja, van droevige mare. »

XX.

Maar 's morgens vroeg, als het wier klaar dag,
Meneeres poortje stoeg wijd open ;
Toen was erre den heere van 't vriendlijk kasteel
Deur en deure zen hoofd geschoten,
Ja, zen hoofd geschoten.

XVIII.

L'enfant gravit le cinquième degré de l'échelle,
Et il cria : « Marie, je te salue ! »
A peine cette parole fut-elle sortie de la bouche de ce petit enfant
Que sa gentille tête roula à ses pieds
Tandis qu'il criait : « Marie, je te salue. »

XIX.

« Messire, messire du gentil château,
Tenez votre porte bien close ;
Car demain matin, lorsqu'il fera jour,
Vous apprendrez bien mauvaise nouvelle,
Oui, bien mauvaise nouvelle. »

XX.

Mais le lendemain, lorsqu'il fit jour,
La porte de Messire était grande ouverte ;
On trouva le seigneur du gentil château
La tête percée de part en part,
Oui, de part en part.

XXI.

Wat vloog er al over den heere zen hoofd ?
Ze hen gemeend dat 't engels waren,
En 't waren twee duivels uit het helsch gespuis,
Die den heere zen ziele kwamen halen,
Ja, om kwalijk te bewaren.

XXII.

Wat vloog er al over dat kleine kind zen hoofd ?
Ze hen gemeend dat 't duivels waren,
En 't waren twee engels uit het hemelsch paradijs,
Die dat kleine kind zen ziele kwamen halen,
Ja, om wel te bewaren.

Un usage fort ancien et qui est spécial à la ville d'Ypres, c'est la fête des dentellières, qui se célèbre le lundi après l'octave de la Fête-Dieu. Cette fête, qu'on appelle le *Kleinsacramentdag* (petite fête du Saint-Sacrement), consistait autrefois en un jour de chômage pendant lequel toutes les dentellières d'Ypres se réunissaient en cortège et escortaient en dansant et en chantant le *Kleinsacramentdagswagen* (char de la petite fête du Saint-Sacrement). Le cortège et les danses ont disparu depuis cinquante ans; le chômage seul a subsisté. Ce jour-là, les écoles dentellières d'Ypres et des villages environ-

---

XXI.

Qu'est-ce qui planait au-dessus de la tête du seigneur ?
On a cru que c'étaient des anges,
Mais c'étaient deux démons de la race infernale,
Qui venaient chercher l'âme de Messire,
Oui, pour la garder dans l'éternel malheur.

XXII.

Qu'est-ce qui planait au-dessus de la tête du petit enfant ?
On a cru que c'étaient des démons,
Mais c'étaient deux anges du paradis céleste,
Qui venaient chercher l'âme de ce petit enfant,
Oui, pour la garder dans l'éternel bonheur.

nants ont congé et les dentellières qui se respectent se rendent
à Voormezeele, à Kemmel ou dans une localité voisine; elles
font des parties de jeu de boule et la gagnante est proclamée
reine. Les dentellières de la paroisse Saint-Pierre, à Ypres,
organisent des jeux de boule en ville et, tandis que le reste de la
population vaque à ses occupations habituelles, ces pauvres
femmes célèbrent entre elles la fête de la dentelle. Les prix du
jeu de boule sont des jupons, des mouchoirs, etc.

C'est également à Ypres que s'est maintenu, chez quelques
dentellières, l'usage de fumer de courtes pipes en terre pendant les heures de travail. Cette étrange coutume provient,
paraît-il de ce que les premières ouvrières en Valenciennes
craignaient de noircir leur dentelle par la respiration. Cet
usage s'est, au surplus, presque perdu à Ypres, aussi bien
que l'industrie qui lui a donné naissance.

*
* *

La dentellière est payée à la tâche, sauf en certains cas
extrêmement rares. Sur plus de six cents salaires relevés au
cours de cette enquête, nous n'avons rencontré que deux
ouvrières de tout premier ordre payées à la journée. La rémunération de la dentelle est l'objet d'une convention entre le
facteur et l'ouvrière; fréquemment cette convention est tacite,
comme il a été dit plus haut. Le facteur convient également
avec l'ouvrière du moment où celle-ci devra livrer sa dentelle;
ici aussi la convention est presque toujours tacite. Pour
les dentelles qui se font par petits morceaux, les périodes
de livraison sont fréquentes; l'ouvrière porte ou fait porter
au facteur chaque morceau dès qu'il est achevé ou, plus
souvent, elle attend la fin de la semaine pour lui remettre
l'ouvrage de six jours.

Le samedi est presque partout le jour de paie des

ouvrières dentellières. Celles qui apportent une dentelle achevée sont payées comptant; celles qui sont occupées à un ouvrage de longue haleine peuvent aussi se rendre le samedi chez le facteur pour recevoir des avances sur leur salaire. Ces remises d'avances en espèces ou en fil à dentelle sont le moyen le plus efficace dont dispose le facteur pour conserver ses ouvrières. On rencontre des dentellières qui, nonobstant les avances reçues, vendent leur ouvrage à d'autres facteurs ou en laissent couper une partie par ces courtiers nomades dont nous avons rencontré les types plus haut. D'autres vendent où cèdent les dessins dont on leur a remis les patrons. Mais ces divers genres de fraudes sont extrêmement rares ; la meilleure preuve en est que les facteurs ont une confiance presque absolue, — quoi qu'ils en disent,— dans l'honnêteté de leurs ouvrières et qu'ils les paient à l'avance. Les ouvrières ne peuvent, d'ailleurs, que difficilement tromper les facteurs. Il leur est impossible, par exemple, de couper une partie, même minime, d'un volant en dentelle aux fuseaux sans qu'on s'en aperçoive, parce que la partie initiale de cette dentelle est nécessairement composée d'une rangée de nœuds que la dentellière a noués autour des premières épingles disposées sur son carreau. En admettant que l'ouvrière doive remettre au facteur six aunes d'un volant, il faut absolument qu'on retrouve les nœuds en question à l'une des extrémités de la pièce. J'ai moi-même pu vérifier, en mettant à l'épreuve leur honnêteté, combien les dentellières ont scrupule à se défaire d'une dentelle qu'elles ont entreprise pour un facteur. Même, la plupart d'entre elles ne veulent ou n'osent pas se séparer d'une dentelle dont le dessin est dans le domaine public et pour laquelle elles n'ont pas reçu d'avance. L'idée de la fraude ou la crainte du tribunal des prud'hommes les arrête. D'autres, au contraire, surtout les ouvrières des villes, ont la notion exacte de leurs droits et savent très bien dans quel cas elles sont liées vis-à-vis des facteurs. A Bruges, un bon nombre d'ouvrières n'hésitent pas à vendre leurs petites

Fig. 127. — UNE RUE DE DENTELLIÈRES A BRUGES.

(Cliché de M. Joseph Casier.)

dentelles aux Anglais de passage; quelques-unes venaient m'en offrir et ne se soumettaient à une interview qui si je leur prenais quelques aunes d'entre-deux ou de volant.

Au point de vue de la longueur de la journée de travail, on peut diviser les ouvrières en deux catégories. Les unes travaillent du matin au soir et ne font en réalité pas autre chose que la dentelle. Ce sont surtout les jeunes filles et aussi les vieilles femmes n'ayant pas charge de ménage. Ces dernières sont occupées à la dentelle pendant toute l'année; un certain nombre ne travaillent que peu d'heures par jour, mais la plupart font de très longues journées. Quant aux jeunes filles, dans beaucoup de régions elles sont employées, pendant quatre à cinq mois de la bonne saison, aux travaux des champs. Elles laissent alors complètement leur dentelle, pour ne la reprendre qu'en automne. Pour les femmes mariées, la dentelle est un métier d'appoint, qu'elles exercent en dehors de leurs occupations habituelles, dans le but d'augmenter un peu leurs ressources ou, simplement, pour ne pas rester inoccupées. Ménagères avant tout, elles travaillent d'une façon très intermittente et n'acceptent pas de délai pour l'achèvement de l'ouvrage qui leur est confié. Elles font de la dentelle pendant 5 ou 6 heures par jour, parfois moins; certaines n'en font plus après leur mariage. Cependant quelques femmes, surtout parmi les bonnes ouvrières, travaillent, après comme avant leur mariage, 12 et 13 heures par jour et elles confient à leurs enfants ou à leurs maris le soin du ménage, dont elles sont parfois le principal gagne pain. Dans le village d'Aye, presque toutes les femmes mariées font des journées complètes de 10 à 13 heures; les hommes, très peu actifs, se reposent pendant l'hiver des travaux des champs; ils font la cuisine et gardent les enfants.

L'ouvrière dentellière est très active; elle ne perd pas son temps et se laisse absorber par son carreau ou son aiguille au point qu'elle néglige souvent le reste. Mais on constate de grandes différences parmi les ouvrières, au point de vue de la quantité de la production et de la qualité des produits. L'intelligence du métier, la perfection de l'apprentissage, l'habileté et l'agilité des doigts, un certain sens artistique et la compréhension du dessin sont autant de facteurs qui influent sur la production de la dentelle et sur la rémunération des ouvrières. Quant au sens artistique, il est presque toujours absent chez l'ouvrière : déjà étouffé par le côté mécanique du métier, il est souvent rendu impossible par suite de la division du travail et de la vulgarité toujours plus grande de la fabrication. En général, l'ouvrière ne comprend pas la beauté de son art ; elle n'en voit que le côté pratique. Elle ne souhaiterait rien tant que de pouvoir l'abandonner pour un métier plus lucratif et l'idée ne lui viendrait même pas de faire une tentative pour relever l'industrie qui l'aide à vivre.

C'est parmi les vieilles dentellières travaillant à domicile qu'on trouve les meilleures ouvrières en Valenciennes, en Chantilly, en Malines. Il en est qui sont de véritables artistes, mais des artistes inconscientes. Elles sont rompues au métier, dont elles ont appris à fond les secrets dans leur jeunesse, et, tout en faisant de tristes comparaisons entre leurs salaires d'aujourd'hui et leurs salaires d'il y a 20 ans, elles sont encore plus attachées à la dentelle que les jeunes ouvrières. Quelques-unes sont appréciées à leur valeur et bien payées par les facteurs ou les fabricants ; mais le plus grand nombre d'entre elles sont rémunérées plus mal que celles qui font les ouvrages ordinaires. Cet état de choses, que nous avons déjà signalé en parlant des couvents qui fabriquent les beaux articles, est à tous points de vue regrettable et ses effets se font sentir chaque jour davantage. Les vieilles femmes sont presque seules, aujourd'hui, à exécuter finement et en articles de choix la plupart des dentelles aux fuseaux. Même parmi elles, d'ailleurs, les découragements et les défections se produisent et j'ai rencontré de vieilles dentellières occupées à des ouvrages admirables et qui, quelques mois plus tard, ne faisaient plus que des dentelles très ordinaires.

Chez les jeunes ouvrières et chez les enfants, la tendance à ne plus faire que des articles communs s'accentue dans des proportions inquiétantes. La petite Valenciennes, la duchesse, le Bruges, les torchons, les guipures, les dentelles de Lille étroites, les grosses dentelles d'ameublement sont de fabrication courante. Les fabricants les demandent aux facteurs, les facteurs les commandent aux ouvrières et celles-ci suivent, sans se faire prier, la marche descendante de l'industrie. La dentelle ordinaire s'apprend plus facilement, elle rapporte plus vite et davantage, elle est d'une exécution moins fatigante : bref, elle a la vogue auprès des ouvrières. De là à délaisser complètement la dentelle il n'y a qu'un pas, et ce pas on le franchit aisément. On abandonne volontiers, pour se rendre à la fabrique, une industrie qu'on n'aime pas et dont parfois on rougit. L'espoir d'un gain facile, immédiat et plus grand est d'ailleurs séduisant, et non moins attractive, pour celles qui n'en connaissent pas les tristesses, la perspective du travail en commun, avec son mirage d'indépendance et de relations nouvelles. Or, c'est précisément cet exode de nos populations rurales vers les fabriques et surtout l'entrée de nos femmes dans les ateliers de la grande industrie que nous devons avoir en vue de combattre en nous efforçant de maintenir dans nos campagnes l'industrie dentellière. La conservation de cette industrie est une des garanties les plus certaines de préservation morale et religieuse de notre population féminine. La dentelle retient la femme à son foyer ; plus tard, elle réunit les filles autour de la mère et continue ainsi à les préserver des contacts nuisibles avec le dehors et à maintenir parmi elles l'esprit de famille.

CHAPITRE III.

Crédit et capital.

La possession d'un capital ou la jouissance d'un crédit est une nécessité pour la plupart des personnes qui concourent à la fabrication de la dentelle, tant pour les entrepreneurs et les facteurs que pour les producteurs directs. Cette nécessité peut provenir de quatre causes : de l'achat des fournitures et des matières premières; de certaines immobilisations; d'avances faites à des facteurs ou à des producteurs; de crédits accordés aux acheteurs ou imposés par eux.

Plus on remonte dans l'échelle de la production de la dentelle, plus cette nécessité apparaît impérieuse. Tout au bas de l'échelle elle n'existe pas. Les apprenties, qui font des dentelles invendables, reçoivent pour rien leur carreau, leur chevalet, leurs fuseaux, le fil à dentelle. Parfois, les parents paient ces fournitures indispensables; plus fréquemment les écoles dentellières retiennent sur les premiers bénéfices réalisés par leurs élèves, la somme nécessaire pour rentrer dans ces menus frais; souvent aussi ces établissements mettent leurs outils à la disposition des élèves.

Les ouvrières fabriquant des produits très ordinaires et toutes celles qui livrent leurs dentelles aux facteurs à des intervalles fréquents, n'ont, pas plus que les apprenties, besoin de crédit ou de capital. Leur installation ne coûte rien; carreau, fuseaux, aiguilles, sont à très bon marché et ne doivent jamais être renouvelés; le fil à dentelle se paie très peu cher et la dentellière n'en consomme que de petites quantités, souvent elle ne le paie même pas et il lui est remis par le facteur comme avance sur son salaire.

L'ouvrière plus spécialisée, celle qui emploie des matières premières assez chères ou qui travaille à des ouvrages de longue haleine, a souvent besoin d'un certain crédit. Comme elle est pauvre, elle ne peut attendre pendant des semaines ou des mois avant d'être payée; elle reçoit donc des avances, qui lui sont d'ailleurs volontiers accordées par le facteur. Les brodeuses sur tulle au crochet ont aussi besoin d'un crédit pour l'achat de leur métier à broder, plus important et plus compliqué que le carreau monté sur chevalet dont se servent les dentellières aux fuseaux. Il n'existe presque pas d'ouvrières indépendantes, vendant régulièrement leurs produits à des consommateurs directs; celles qui le font ne fabriquent que des articles très ordinaires et sont toujours restées isolées. On peut donc dire, d'une manière absolument générale, que les ouvrières n'ont pas besoin de capital et que certaines d'entre elles seulement recourent au crédit.

Les facteurs se servent aussi du crédit, mais la plupart ont besoin, en outre, d'un petit capital roulant. Le crédit, ils l'obtiennent chez les fabricants dont ils ont reçu des commandes : ceux-ci leur font assez fréquemment des avances, tout comme les facteurs en font aux ouvrières. Quant au capital roulant, il est nécessaire aux facteurs pour payer comptant leurs ouvrières avant d'être payés eux-mêmes par les fabricants, pour avancer de l'argent aux ouvrières sur les dentelles en cours de confection, pour acheter en gros certaines matières premières, telles que les fils à dentelle et les tulles à broder. De plus, les facteurs nomades et ceux qui vendent directement au consommateur ont toujours sous la main un petit stock de dentelles, généralement de peu de valeur. Enfin, les facteurs qui pratiquent le truck-system ont encore à se pourvoir d'un fonds de magasin, consistant le plus souvent en épiceries, merceries, étoffes.

En dehors de ces divers frais et des dépenses occasionnées par les envois de dentelles, la correspondance, les voyages, parfois le dessin et la piqûre des modèles, les facteurs n'ont pas de dépenses à faire du chef de leur industrie. Leur bureau et leur atelier sont installés tantôt dans une salle attenante à leur cabaret, tantôt dans leur arrière-cuisine, dans leur boutique, dans le parloir d'une ferme : cette installation est sommaire et ne leur coûte rien. Bref, ils n'ont besoin, pour exercer leur métier, que d'un capital roulant peu élevé, qui varie naturellement avec l'importance de leur chiffre d'affaires, mais qui ne doit pas excéder, au début, quelques centaines de francs. Les facteurs qui s'en vont de maison en maison et coupent, à même le carreau des ouvrières, la dentelle confectionnée pendant la semaine, peuvent commencer avec presque rien. Une ouvrière intelligente, qui a quelques économies et un peu d'initiative, s'improvise facilement facteur : elle débute avec quelques ouvrières et reçoit d'un petit fabricant des commandes d'abord insignifiantes ; puis elle se met en relations avec d'autres fabricants, se fait donner des ordres plus importants, recrute de nouvelles ouvrières, qu'elle paie avec les premiers bénéfices réalisés, et presque toujours elle réussit et arrive à l'aisance. Cette facilité extraordinaire à s'improviser courtier en dentelle et à réaliser ainsi, en peu d'années, des bénéfices considérables, est en rapport direct avec le prodigieux accroissement de la classe peu intéressante des intermédiaires.

La nécessité d'un capital circulant s'impose à tous les fabricants ; la plupart d'entre eux ont besoin, en outre, d'un capital fixe. Quelle doit être l'importance de ce capital circulant et de ce capital fixe ? On ne peut le préciser d'une façon absolue. Tout dépend de l'importance de l'établissement et de son genre d'opérations tant industrielles que commerciales.

Les grandes maisons, qui fabriquent plusieurs espèces de dentelles et qui font leur spécialité des beaux articles, ont besoin d'un fort capital circulant. La confection des dessins, souvent longue, les avances à remettre aux intermédiaires, tant couvents que facteurs, les travaux d'assemblage des grandes pièces en dentelle, tout cela est à charge du fabricant. De plus, tandis que le fabricant paie comptant toutes les dentelles qui lui sont remises par les intermédiaires ou que confectionnent les ouvrières de son atelier, l'acheteur jouit, pour le paiement de ces mêmes articles, de crédits assez longs. La plupart des fabricants envoient leurs dentelles aux détaillants contre paiement à 30 jours ; en Amérique et en Russie, le délai est souvent de 10 jours; par contre, certains fabricants, nous ont assuré que le délai est fréquemment de 60 jours ou même davantage.

Pour les grands fabricants, un capital fixe est tout aussi nécessaire qu'un capital circulant. Il est impossible, sans capital fixe, de commencer sur une échelle assez vaste la fabrication des dentelles. L'acquisition ou la location d'un immeuble, dans un des beaux quartiers de Bruxelles, d'Anvers ou d'Ostende, s'impose au fabricant qui veut être connu, surtout à celui qui joint à la fabrication en gros le commerce de détail. Puis, il faut installer un atelier; il faut aussi se créer un marché à Paris, à Londres, à New-York, se mettre en relations avec les dessinateurs à la mode, faire des frais de réclame, avoir, si possible, une succursale à l'étranger. Tout cela se paie cher et ne s'obtient qu'après des années de labeur et au moyen d'immobilisations de fonds parfois très considérables. Le grand fabricant doit aussi être toujours muni d'un stock de dentelles assez important pour faire face aux commandes, surtout pendant la saison; il doit en avoir de tous les genres et est forcé, pour suivre la mode et pouvoir vendre ses produits, de fabriquer constamment du neuf. D'ailleurs, voulût-il interrompre la fabrication aux époques de morte saison, il ne le pourrait pas, car, s'il veut conserver le personnel ouvrier qui travaille pour lui, il doit lui donner de l'ouvrage pendant toute l'année. Il lui arrivera d'accumuler ainsi des stocks énormes de marchandises. On m'a assuré qu'un des principaux fabricants de Bruxelles a reconnu, pendant l'hiver de 1901, avoir eu en magasin pour deux millions de francs de dentelles (1). Qu'un changement radical de la mode vienne frapper d'ostracisme une catégorie de dentelle, le fabricant restera parfois pendant de longues années avec une partie de son stock sur les bras et il ne parviendra à s'en défaire qu'avec perte et au prix de mille difficultés. C'est ce qui s'est passé à Grammont, où les fabricants, confiants dans la vogue de la dentelle de Chantilly, que confectionnaient toutes les femmes des environs, en avaient amassé des stocks considérables. La mode de la dentelle noire passa vers 1870; presque tous les fabricants durent cesser leurs affaires et plusieurs d'entre eux n'ont pas encore écoulé leur marchandise, bien que le Chantilly recommence depuis peu à être porté. Les grands établissements sont également forcés d'immobiliser un capital, souvent très important, dans les dentelles qu'ils envoient aux expositions et dans les articles qu'ils expédient à vue ou en dépôt à certaines maisons de gros de Paris. Enfin, il leur faut tenir compte, bien que le cas se présente rarement, de quelques créances irrécouvrables.

Les petits fabricants tenant boutique à Bruxelles et vendant aux clients de passage, ceux qui habitent la province et qui ne fabriquent que des dentelles peu compliquées, se contentent souvent d'un capital roulant pour commencer les affaires. Un certain nombre de facteurs se sont ainsi improvisés fabricants. La chose est devenue facile depuis que la vogue est à la dentelle commune et à ces menus articles, tels que mouchoirs, cols, manchettes, éventails, etc., dont l'acquisition ne demande pas une grande mise de fonds, tandis que l'écoulement en est aisé et rapide. Ces fabricants débutent avec un fond de magasin insignifiant, qu'ils mettent tout entier à l'étalage, Puis,

(1) Ce chiffre me paraît exagéré.

avec les premiers bénéfices réalisés, ils achètent ou commandent des articles nouveaux et quelques-uns ont fini par con-
quérir ainsi des positions très importantes sur le marché. Un
des principaux fabricants de Bruxelles a débuté, il y a 30 ans,
dans un petit appartement loué au mois et se composant de
deux pièces à l'étage. Sa mise de fonds avait été presque nulle:
autrefois employé dans un magasin de dentelles, il avait reçu
à vue de son ancien maître quelques articles de petit prix, et
ses premiers bénéfices avaient consisté à revendre en sous-ordre
ces dentelles. Pendant l'été de 1901, ce même fabricant vendait en un jour jusque 200 robes en dentelle! Les sœurs X...,
qui possèdent aujourd'hui plusieurs grands magasins de
dentelles dans la capitale, ont débuté, elles aussi, comme
demoiselles de comptoir à Bruxelles. Grâce à un crédit ouvert
par une maison allemande et juive, elles ont pu commencer la
fabrication et elles font aujourd'hui des chiffres d'affaires considérables.

Il est rare que les fabricants aient à leur disposition un
crédit pour se mettre en affaires. Seules, quelques maisons
juives ont soutenu, dans leurs débuts, des correligionnaires
en mal de finance. Au surplus, l'habilité, le sens commercial
d'un fabricant qui commence peuvent, dans une certaine
mesure, suppléer au défaut de capital. J'ai rencontré à Grammont une maison, anciennement très riche, qui avait mis
toutes ses disponibilités dans un énorme stock de Chantilly,
aujourd'hui presque invendable; son capital ne lui avait
aucunement profité; elle avait subi la mauvaise fortune sans
essayer de remonter le courant et s'était vue forcée de cesser
ses affaires. Par contre, une jeune fabricante de Grammont,
ancienne ouvrière à l'esprit éveillé, réussit aujourd'hui pleine-
ment, bien qu'elle ait débuté sans ressources, en plein temps de
crise: elle a compris qu'il faut aller au devant du client et non
pas se laisser abandonner par lui. La crise étant survenue, elle
a tôt fait de se débarrasser d'un stock, fort restreint, de dentelle

noire et a d'elle-même lancé des articles en blonde de soie
crème et des dentelles en soies de diverses nuances (fig. 1);
elle se fait envoyer de Paris des dessins d'éventails en *modern
style*, est en relations suivies avec une maison parisienne et
voit son commerce prospérer et grandir.

CHAPITRE IV.

Matières premières.

Jusque vers 1833, la matière première des dentelles était invariablement le fil de lin pour toutes les dentelles blanches, la soie noire ou blanche pour le Chantilly et la blonde.

Le fil de lin qui servait à la confection des dentelles belges était d'une finesse extraordinaire et son prix était très élevé.

Les qualités les plus communes se vendaient de 20 à 60 francs la livre; il y avait du fil tellement fin que la livre valait parfois jusque 6,000 francs.

En 1830, l'invention du tulle mécanique et, en 1833, la substitution du fil de coton au fil de lin, dans la confection de la plupart des dentelles, vinrent bouleverser cet état de choses. Les bandes de tulle faites à la main en fil de lin d'une extrême finesse furent bientôt complètement remplacées par le tulle de coton fait à la machine et l'usage du lin pour la fabrication des fleurs tendit également à se restreindre; les fabricants se trouvèrent, en effet, fort bien d'un fil qui coûtait quatre ou cinq fois moins cher que le fil de lin, et les ouvrières s'aperçurent que le *fil d'Ecosse* (nom donné jusqu'en 1873 au fil de coton servant pour la dentelle) était d'un emploi plus commode que le fil de lin, parce qu'il se cassait moins vite. La dentelle en coton était moins brillante, moins belle, elle résistait moins bien au lavage et s'usait plus vite, mais de tout cela les fabricants n'avaient cure.

Aujourd'hui, le fil de lin n'est plus employé que pour la Malines, le Binche, le fin trollekant, le point de Venise, parfois pour le point de Lille et le point de Paris, pour certains

torchons et quelques guipures et, exceptionnellement, pour la
Valenciennes. Encore ces dentelles se font-elles assez fréquemment en fil de coton.

Diverses espèces de lin (1) sont employées pour la fabrication des dentelles : le lin blanc, le lin gris, le grand lin, le lin
moyen, le lin tétard et le lin extra-fin. Une qualité des plus
recherchée est le *cœur de lin*. Les centres qui produisent le
lin destiné aux dentelles sont le nord de la France, les environs de Courtrai, l'Irlande et la Hollande. Le fil de lin blanc
est le plus utilisé parce qu'il est souple, doux et nerveux ; c'est
à cette variété qu'appartiennent les lins du nord de la France
et du pays de Courtrai. Le lin tétard s'utilise pour la fabrication du fil à dentelle de qualité inférieure. Pour la confection
des dentelles très fines, on fait usage de fils qui ont été spécialement triés dans les manufactures parmi les lins les plus
fins et les plus blancs.

Les fils de lin employés aujourd'hui sont presque toujours
fabriqués à la machine ; ils sont, en général d'une qualité très
inférieure aux anciens fils de lin, que filaient autrefois les
« bobineuses » normandes et les « filandières » bretonnes
(fig. 128). Leur prix a d'ailleurs baissé avec la qualité.

TARIF ACTUEL DES FILS DE LIN

EMPLOYÉS POUR LA CONFECTION DES DENTELLES ORDINAIRES (2).

Numéro de fil.	Prix par kilogramme.
25 . . . . fr.	4.75
30	5.00
35	5.35
40	5.55

(1) La plupart des renseignements qui suivent sur les fils de lin nous ont
été fournis par M. Antoine Carlier.

(2) Les numéros les plus élevés sont les plus fins. Le tarif indique les prix
des fils achetés en fabrique par les manufactures de dentelles. Les achats ont
lieu au comptant avec 10 p. c. d'escompte ou à 30 jours avec 2 p. c.

Fig. 128. — Filandière bretonne portant un bonnet orné de Malines.

Numéro de fil.	Prix par kilogramme.
45 . . . . fr.	5.70
50	6.25
60	6.90
70	7.40
80	8.90
100	9.40
110	10.50
120	11.80
150	13.50
180	15.70
200	17.20
250	18.95
300	22.30

Ce tarif est celui d'une manufacture belge. En Belgique, les filatures de fil à dentelle ne dépassent guère, comme finesse, le numéro 300. Ce numéro est même assez rarement filé. La plupart des fabricants préfèrent, pour les articles de choix, se servir de fils de coton, dans lesquels il entre parfois du lin et qui sont bien supérieurs en finesse.

Ce sont le plus souvent les facteurs qui achètent les fils de lin aux maisons de gros; parfois cependant le fabricant les achète lui-même. En effet, dans la confection de certaines dentelles le choix du fil est une chose importante : il faut savoir choisir entre un grand nombre de numéros différents et parfois combiner entre eux plusieurs fils de qualité et de finesse différentes. Tout cela demande des connaissances techniques et un goût qui sont absents chez le facteur.

Pour le Chantilly, la blonde. la guipure de soie noire et la dentelle de soie de couleur, les facteurs et petits fabricants commandent eux-mèmes leurs soies à Lyon. Les fils d'or et d'argent dont sont ornées certaines dentelles et beaucoup de broderies sur tulle viennent d'Allemagne.

Quant aux fils de coton, leur fabrication s'est tellement perfectionnée aujourd'hui, qu'ils servent à confectionner les plus fines dentelles, telles que le point gaze et le point d'Angleterre. Ils nous proviennent presque toujours des fabricants anglais, principalement de la firme Peat & Cᵒ, de Nottingham. Le fil Peat a aujourd'hui presque complètement remplacé le fil d'Ecosse et le fil de lin; son usage s'est tellement répandu que les fabricants et les facteurs n'en prescrivent même plus l'emploi aux ouvrières, tant ils sont assurés qu'elles n'en emploieront point d'autre. La firme Peat vend son fil à quelques maisons de gros établies en Belgique; celles-ci le revendent aux détaillants, merciers, facteurs ou couvents, qui, à leur tour, le fournissent aux ouvrières. Les fabricants se bornent à acheter les fils qu'on emploie dans leurs ateliers et parfois aussi les fils très fins et fort chers, que les ouvrières auraient de la peine à se procurer. Il existe cinquante numéros différents de fil Peat, les numéros les plus élevés correspondant aux qualités les plus fines et les plus chères. Le fil est vendu aux maisons de gros par livres et il est débité aux ouvrières par seizains. Il entre 64 seizains dans une livre et chaque seizain forme un petit paquet contenant un certain nombre d'écheveaux de fil rattachés ensemble. Le nombre d'écheveaux que contient un seizain varie d'après la finesse du fil. Un seizain de fil n° 40 (la qualité la plus grosse qui soit employée) contient deux écheveaux et demi; un seizain de fil n° 500 (la qualité la plus fine) en contient vingt-sept et demi.

Les nᵒˢ 40 à 100 sont employés pour les torchons, les guipures et, parfois, pour la Valenciennes et le Bruges de qualité très ordinaire. Les nᵒˢ 110 à 180 s'emploient couramment pour le Bruges, la duchesse, les points de Lille et de Paris, la Valenciennes et le point de Bruxelles commun. Les Valenciennes très fines se font en fil n° 250 ou 300. Les beaux articles en point gaze et en application, ainsi que le point d'Angleterre, se font assez souvent en fil n° 420 ou 440. Le fil n° 500 est d'un emploi peu fréquent.

Le fil de coton est d'un bon marché extrême, surtout si l'on considère la très petite quantité qu'en consomment les dentellières. Il a cependant une légère tendance à monter de prix.

Voici le tarif des prix payés vers 1860 pour le fil d'Ecosse (1) :

TARIF DES FILS D'ÉCOSSE EN 1860.

Numéro de fil.	Prix par livre.
190 . . . . fr.	15.20
200	17.80
210	22.28
230	22.40
250	27.10
260	31.00
280	36.99
290	42.68
300	50.44
320	63.00
340	75.66
360	90.25
380	105.00
400	142.00
440	380.00
480	461.16

Le tarif ci-dessous donne les prix payés en 1889 et en 1900 pour les fils de coton de la marque Peat, avec l'indication, pour chaque qualité, du nombre d'écheveaux contenus dans un seizain (64ᵉ partie d'une livre). Nous ne donnons que les numéros de fil employés dans l'industrie dentellière et renseignés par MM. Peat dans leur prix courant.

---

(1) Ce tarif mentionne seulement les prix des fils servant à confectionner le point gaze, l'application de Bruxelles et le point d'Angleterre.

TARIF DES FILS DE COTON
SERVANT POUR LA CONFECTION DES DENTELLES.
Prix-courant de E. Peat, son and Co., à Nottingham,
en 1889 et 1900.

NUMÉRO DE FIL.	NOMBRE D'ÉCHEVAUX compris dans chaque seizain.	PRIX PAR LIVRE (64 seizains) en 1889.	PRIX PAR LIVRE en 1900.
40	2 ½	fr. 6.75	fr. 6.75
50	3	7.00	7.00
60	3 ½	7.30	7.30
70	4	7.60	7.60
80	4 ½	8.00	8.00
90	5	8.45	8.45
100	5 ½	8.85	8.85
110	6	9.30	9.30
120	6 ½	9.70	9.70
130	7	10.15	10.15
140	7 ½	10.75	10.75
150	8	11.70	12.05
160	8 ½	12.35	13.00
170	9 ½	14.20	14.90
180	10 ½	16.50	17.90
190	11 ½	18.75	20.50
200	12 ½	21.20	23.40
210	13	22.25	24.70
220	13 ½	23.50	26.25

NUMÉRO DE FIL.	NOMBRE D'ÉCHEVAUX compris dans chaque seizain.	PRIX PAR LIVRE (64 seizains) en 1889.	PRIX PAR LIVRE en 1900.
230	14	fr. 25 »	fr. 28.50
240	14 ½	27 »	31.20
250	15	29 »	33.85
260	15 ½	32.60	37.40
270	16	36.80	40.30
280	16 ½	41.20	45.40
290	17	46.75	51.70
300	17 ½	53.20	60.15
310	18	59,80	66.90
320	18 ½	69 »	76.70
330	19	76.50	82.80
340	19 ½	86.50	93.70
350	20	96.50	104.20
360	20 ½	112 »	120.25
370	21 ½	125.50	133.75
420	23 ½	195 »	216.90
440	24 ½	258 »	293 »
460	25 ½	308 »	353.80
480	26 ½	350 »	421.30
500	27 ½	420 »	491.30

CHAPITRE V.

Les débouchés.

———

La question des débouchés a été incidemment touchée dans les chapitres qui précèdent. Nous examinerons ici séparément les débouchés intérieurs et extérieurs de notre industrie dentellière et les entraves qui sont apportées à l'extension du commerce de la dentelle par les législations douanières de la Belgique et des pays étrangers, par la concurrence entre producteurs, par les mesures fiscales auxquelles sont soumis les fabricants et marchands de dentelles.

I.

Débouchés intérieurs.

Les débouchés intérieurs de notre industrie dentellière comprennent une clientèle résidant à poste fixe dans le pays et une clientèle de passage.

Presque tous les fabricants de province envoient une bonne partie de leurs produits aux fabricants de Bruxelles. Cependant on ne doit pas considérer les maisons bruxelloises comme un débouché pour nos dentelles ; car ces maisons doivent à leur tour se préoccuper de trouver le placement des articles envoyés par la province, et les fabricants qui les ont expédiés vers la capitale se sont bornés à accomplir les fonctions d'un courtier en dentelle.

Les veritables débouchés intérieurs de la dentelle belge, ce sont les commerçants de détail, tels que lingères, tailleuses, modistes, marchands d'éventails, qui emploient la dentelle comme garniture d'articles de mode; c'est la dame qui commande pour le trousseau de sa fille un assortiment de belles dentelles; c'est l'élégante qui, de temps à autre, fait l'emplette d'une pièce de dentelle, robe, berthe ou éventail; c'est aussi le clergé, pour les rochets, les aubes, les nappes d'autel; c'est parfois un mariage princier. Ces débouchés appartiennent principalement aux grandes maisons de Bruxelles; mais force nous est de constater que cette clientèle sérieuse n'offre à notre commerce qu'un très léger appoint et tend de jour en jour à se restreindre. Les magasins de détail font maintenant presque tous fabriquer eux-mêmes en province la dentelle qui leur est nécessaire et, d'autre part, le luxe des commandes de dentelle ne sévit pas d'une manière bien intense parmi la meilleure moitié de nos compatriotes.

La femme belge, prise dans son ensemble, n'a pas le goût de la dentelle. Tandis que la Parisienne met de la dentelle véritable à son linge et préfère n'en pas porter sur ses robes plutôt que d'en exhiber de la fausse, la femme belge, moins raffinée, se contente trop souvent, pour son linge, de petites broderies ou d'imitations de dentelles. Ses robes sont couvertes de dentelles fausses; elle laisse moisir dans ses tiroirs les belles dentelles de son trousseau et ne se hasarde presque jamais à en commander de nouvelles. Il y a des exceptions, parmi les élégantes de Bruxelles et dans quelques vieilles familles de province; mais elles sont rares. Le luxe des trousseaux a également diminué : la mère donne à sa fille, lors de son entrée en ménage un lot de dentelles qu'elle-même a reçues en héritage; les pièces neuves qui viennent se joindre à cet assortiment sont en nombre insignifiant et la valeur en est médiocre. Les dentelles commandées pour les églises sont de qualité inférieure et on leur substitue aujourd'hui le plus souvent de la broderie sur tulle. Par contre, dans certains centres de fabrication, notamment aux environs de Thielt, de Cortemarck et de Turnhout, les jeunes filles de la classe moyenne portent de la petite dentelle à leur linge, mais souvent elles l'ont fabriquée elles-mêmes (1) ou bien elles l'achètent au facteur de l'endroit.

Si l'on ajoute a cela que, parmi les acheteuses belges, un certain nombre adressent de préférence leurs commandes aux magasins de dentelles, aux facteurs, aux couvents, on s'expliquera comment les grands fabricants sont unanimes à proclamer qu'à leur point de vue, notre marché intérieur de dentelle est nul.

Les petits fabricants et ceux qui vendent au détail dans leurs boutiques de Bruxelles, d'Ostende, d'Anvers ou de Bruges n'en jugent pas ainsi. Pour eux, le marché intérieur est tout : ils s'adressent à une clientèle de passage, aux étrangers, surtout aux Anglais et aux Américains, qui traversent la Belgique ou y séjournent. Cette clientèle est nombreuse; elle achète surtout des articles de peu d'importance, mais elle achète beaucoup et elle paie bien. Elle est, il faut le reconnaître, l'élément le plus stable de notre marché intérieur, tandis que la clientèle belge en est l'accident.

II.

DÉBOUCHÉS EXTÉRIEURS.

Notre marché intérieur n'a pas beaucoup à souffrir de la concurrence des produits étrangers similaires; par contre, nous inondons les marchés étrangers de dentelles fabriquées en Belgique. Le tableau de la page 248, qui nous a été fourni par

---

(1) La classe ménagère adjointe à l'école dentellière congréganiste de Turnhout exposait en 1901 des chemises destinées aux élèves de l'école et exécutées par elles; toutes ces chemises étaient ornées de petites dentelles. A Houthulst, près de Dixmude, les filles de fermes portent également de la dentelle à leur chemise; les paysannes des environs d'Alost portent, aux jours de fête, des petits cols de dentelle; quelques-unes en mettent à leur corsage.

Fig. 129. — Mouchoir en point a l'aiguille (fabrication très ordinaire).

Prix payé dans un magasin de Bruxelles : 25 francs,

L'ouvrière qui a confectionné ce mouchoir a reçu de 4 à 5 francs.

le Département des Affaires Étrangères, indique, très approximativement, le chiffre de nos exportations de dentelles depuis 1890 jusqu'en 1900.

Les données statistiques reproduites dans cet exposé sont basées sur les écritures de la douane. La nature des articles exportés, leur grande valeur sous un volume relativement restreint, les droits d'entrée considérables qui frappent nos dentelles à l'étranger et l'exemption de la visite des bagages des voyageurs à leur sortie de la Belgique, sont autant de causes qui tendent à faire échapper aux constatations douanières les quantités de dentelle expédiées hors de nos frontières.

Dans certains pays, la contrebande des dentelles belges est pratiquée sur une vaste échelle. En France, le système des chiens fraudeurs, dont il a été question plus haut (p. 44) est, paraît-il, encore fréquemment employé. On nous a assuré, d'autre part, que des femmes portant à leur linge une quantité de riches dentelles. font fréquemment le voyage de Paris pour écouler, dans des conditions très avantageuses, la production de certains fabricants de province. A l'entrée des États-Unis la fraude n'est pas moins intense.

Dans ces conditions, il y a lieu de supposer que nos ventes de dentelles à l'étranger sont, en réalité. beaucoup plus importantes que ne l'indique la statistique officielle des exportations.

Nous donnons, à la page 249, un tableau de la tarification douanière appliquée aux dentelles dans les principaux pays vers lesquels nous exportons nos produits.

Belgique.

EXPORTATIONS DE TULLES, DENTELLES ET BLONDES DE LIN DURANT LES ANNÉES 1890 A 1900.

Valeur en francs.

PAYS DE DESTINATION.	1890.	1891.	1892.	1893.	1894.	1895.	1896.	1897.	1898.	1899.	1900.
Allemagne	400	»	»	»	»	16	130	17,118	5,952	61,934	22,835
Angleterre	»	600	28,477	»	27,224	125,363	188,344	160,199	158,680	206,616	276,953
États-Unis d'Amérique(1)	36,100	3,000	17,750	»	»	10,620	6,260	9,000	»	»	»
Autriche-Hongrie	»	»	»	»	»	»	»	»	»	9,760	»
Danemark	»	»	»	»	»	»	»	»	4,080	830	1,560
France	141,316	320,496	978,170	1,148,103	1,819,680	1,975,776	1,450,307	427,429	369,748	464,134	591,584
Pays-Bas	5,426	11,093	12,961	12,184	12,516	16,187	4,352	8,387	11,776	5,329	10,599
Russie	»	»	»	»	»	200	»	»	»	15,135	»
Autres pays	2,625	1,010	»	608	11,200	»	1,426	7,458	7,853	13,578	21,805
TOTAL	185,867	335,899	1,037,058	1,160,887	1,870,620	2,128,162	1,650,819	629,594	555,089	777,316	925,356

(1) Le consul des États-Unis à Bruxelles nous a donné pour les exportations de dentelles belges du district consulaire de Bruxelles vers les États-Unis les chiffres suivants : Exportations de 1898 : 115,180-04 dollars.

1899 : 163,703-94 —

1900 : 165,242-66 —

Ces chiffres ne correspondent pas avec les indications du département des Affaires Étrangères. L'administration de ce département estime cependant qu'ils doivent être tenus pour exacts. En effet, les envois de marchandises expédiées aux États-Unis et dont la valeur est de 100 dollars au moins, doivent être accompagnés de factures visées par les agents consulaires américains dans le pays de provenance de ces marchandises. Un exemplaire de ces factures étant laissé entre les mains du consul, c'est à l'aide des données qu'elles contiennent que les chiffres des exportations de dentelles belges aux États-Unis ont pu être établis.

TARIFS DOUANIERS

APPLIQUÉS AUX DENTELLES DANS LES PAYS ÉTRANGERS.

NOM DU PAYS.	DROIT D'ENTRÉE.	
	BASE.	QUOTITÉ.
Zollverein	100 kilogr.	600 marks.
Angleterre.	Libres.	
États-Unis d'Amérique.	ad valorem.	60 pour cent.
Autriche-Hongrie	100 kilogr.	300 florins.
Danemark.	une livre.	48 skillings.
Pays-Bas	ad valorem.	5 pour cent.
Russie	une livre.	6 roubles 75 copecs or.
France :		
Dentelles à la machine :		
Écrues. { 25 kilogr. et moins	100 kilogr.	500 francs.
plus de 25 kilogr. et moins de 30	—	280 —
30 kilogr. et plus.	—	200 —
Blanchies { 25 kilogr. et moins	—	600 —
plus de 25 kilogr. et moins de 30	—	336 —
30 kilogr. et plus	—	240 —
Teintes. { 25 kilogr. et moins	—	530 —
plus de 25 kilogr. et moins de 30	—	310 —
30 kilogr. et plus.	—	230 —
Dentelles à la main :		
Écrues	—	Droit des dentelles à la machine écrues, majoré de 75 p. c.
Blanchies	—	Droit des dentelles à la machine blanchies, majoré de 75 p. c.
Teintes	—	Droit des dentelles à la machine teintes, majoré de 75 p. c.

Paris et New-York sont les principaux marchés de la dentelle belge. Paris, qui nous dicte la mode et nous envoie ses dessins, reçoit tous les genres de dentelles et, spécialement, les articles très fins, confectionnés par les grandes maisons de Bruxelles. L'Amérique, qui prise beaucoup nos dentelles, commande les articles faisant grand effet; elle en absorbe des quantités énormes et paie des prix exorbitants pour des articles assez ordinaires, qui lui sont fournis aussi bien par les grands fabricants que par les maisons de second ordre. Paris est seul à connaitre le véritable luxe des dentelles; New-York ne dédaigne pas les beaux articles, mais accepte tout aussi volontiers la camelote. J'ai rencontré à diverses reprises des directrices d'écoles dentellières qui classaient en deux catégories les produits confectionnés par les élèves : les beaux articles étaient envoyés à une maison travaillant pour Paris; les articles moins bien faits étaient destinés à l'Amérique. Saint-Pétersbourg, Vienne, Londres et quelques villes d'eau, pendant la saison, nous achètent également des dentelles, mais l'importance de ces débouchés est beaucoup moindre. Enfin, il faut signaler des petits débouchés, spéciaux à certains genres de dentelles : les environs de Bailleul, la Normandie, l'Anjou et la Touraine, pour la Valenciennes; la Hollande, pour le point de Lille et pour la broderie sur tulle à l'aiguille.

*
* *

Les dentelles belges destinées à l'étranger sont envoyées à des maisons de gros, qui, à leur tour, les vendent aux lingères, aux couturières et, parfois, directement à la dame; la principale maison de gros de Paris est le « Bon Marché ».

Quelques fabricants, nous l'avons vu, ont une succursale à Paris et plusieurs fabricants allemands établis à Bruxelles ont un second établissement en Amérique. Cependant la plupart de ces fabricants continuent à traiter avec les maisons de gros de la place où ils ont leur succursale. Ils ne vendent presque jamais à la dame, jamais surtout à la maison de détail.

On s'explique difficilement, à première vue, que tous les fabricants consentent ainsi à passer sous les fourches caudines des maisons de gros et ne traitent pas directement avec la dame, consommatrice de dentelle, ou, tout au moins, avec le détaillant. En effet, le bénéfice qu'ils réaliseraient en supprimant un ou deux intermédiaires serait assez considérable pour qu'ils pussent augmenter la rémunération de la main-d'œuvre, tout en gardant un large profit pour eux-mêmes. Mais ils sont unanimes à déclarer la chose impossible. La vente au détail dans un centre étranger les forcerait à s'absenter presque constamment du centre de la fabrication, à sortir de leur rôle actuel de fabricants, pour s'absorber dans des fonctions commerciales très délicates. D'autre part, ils ne réussiraient que difficilement à supplanter les maisons de détail, dont la plupart ne vendent la dentelle que comme l'accessoire d'autres articles de mode. Ils auraient tout autant de peine à passer par-dessus les maisons de gros, en s'abouchant avec les détaillants. Les maisons de gros sont en relations constantes avec les détaillants; elles ont leur confiance, s'entendent avec eux pour diriger la mode et monopolisent en quelque sorte la belle dentelle. Les détaillants n'ont jamais songé à se passer de ces maisons, qu'ils connaissent de longue date, et l'on comprend dès lors que le fabricant belge, isolé comme il l'est et manquant d'initiative, ne veuille pas même essayer d'entrer en lutte avec les maisons de gros. Même, il aurait l'occasion d'écouler chez un détaillant une partie de ses produits ou de les vendre lui-même au détail, qu'encore il s'abstiendrait de le faire. Il sait trop bien que si la chose venait à être connue de son client habituel, la maison de gros, celle-ci aurait tôt fait de lui fermer sa porte pour toujours; et la clientèle directe du détaillant lui paraît trop aléatoire pour qu'il ne lui préfère pas les commandes plus régulières de la maison de gros.

*
* *

Les démarches que fait le fabricant de dentelles en vue du placement de ses produits à l'étranger se réduisent aux relations personnelles qui existent entre lui et les maisons de gros. Jamais il ne se sert de voyageurs de commerce ni d'agents de placement. Pour la fabrication de la dentelle, il se confie aveuglément aux intermédiaires ; pour le placement de cette même dentelle à l'étranger, il n'a de confiance qu'en lui-même. Il se rend personnellement et très fréquemment chez ses clients ; il recueille lui-même leurs commandes, verbalement ou par écrit ; chaque année il va prendre leurs ordres et il entreprend parfois des voyages au long cours pour entretenir les bonnes dispositions de ses divers acheteurs. Il reçoit aussi chez lui les représentants des grandes maisons ; mais les visites de ces représentants, qui étaient autrefois la règle, sont aujourd'hui l'exception et, plus que jamais, les fabricants voient la nécessité de se rendre en personne à l'étranger. Le marché américain est presque entièrement entre les mains des Allemands, parce que ceux-ci sont puissamment soutenus par leurs compatriotes à New-York et dans les grandes villes des États-Unis. Tous les fabricants qui ont continué à attendre, comme dans le passé, que l'amateur de dentelle vînt à eux et qui n'ont pas tenu compte de la transformation des principes commerciaux, ont vu les grands marchés leur échapper et leur manque d'initiative a abouti, dans certains centres, notamment à Gand et à Malines, à ruiner irrémédiablement l'industrie dentellière.

Les petits fabricants, qui travaillent pour la Hollande et pour la France, se bornent à correspondre avec les maisons de gros de ces pays. Les représentants de ces maisons viennent chaque année leur apporter des dessins nouveaux et les ordres pour la saison. Ces marchés se soutiennent jusqu'à présent, mais ils sont fort menacés par la mode, cette implacable destructrice des plus gracieuses traditions. Les paysannes aisées de l'Anjou et de la Zélande commencent à avoir honte de leurs coiffes, qui rappellent les temps passés, et par-dessus leur bonnet de dentelle elles s'affublent du chapeau odieusement fleuri ou emplumé qu'elles ont admiré sur la tête des citadines. Le jour n'est pas loin, on peut le craindre, où l'aérienne coiffe blanche bordée de dentelle — ce dernier vestige des costumes anciens dans les campagnes — aura cédé la place au parterre de fleurs banal et criard qui, depuis longtemps déjà, sévit parmi nos paysannes flamandes. Ce jour-là, une des branches les plus intéressantes de notre marché extérieur de dentelles aura vécu.

III.

LA CONCURRENCE.

Un des éléments les plus caractéristiques de la situation actuelle, c'est la lutte entre les producteurs de dentelle.

La concurrence de nos dentelles avec les produits étrangers n'a rien de redoutable. Sauf en ce qui concerne les imitations de dentelles faites à la machine, l'étranger ne produit guère d'articles similaires aux nôtres. Le point gaze, l'application de Bruxelles, l'Angleterre, la Malines, le Binche, la duchesse, le point de Venise sont fabriqués presque exclusivement en Belgique; ces dentelles, les plus belles qui existent, sont aussi les plus appréciées, les plus universellement répandues, et notre pays jouit, pour leur fabrication, d'un monopole de fait. Venise elle-même, où la confection des dentelles a repris quelque importance en ces dernières années, ne peut rivaliser avec nous pour le célèbre point qui porte son nom; les dessins de ses dentelles sont souvent plus artistiques que les nôtres, mais ses produits sont moins fins, à l'exception, toutefois, du point de Burano. Les dentelles étrangères qui entrent en Belgique viennent de Saxe, de France, d'Angleterre et d'Irlande; ce sont des produits de qualité assez inférieure et leur succès relatif s'explique par ce fait qu'ils sont exemptés de tout droit à leur entrée dans le pays.

IMPORTATION EN BELGIQU

(Commer

1891

ANNÉES.	DENTELLES FABRIQUÉES A LA MAIN. *Libres*			DENTELLES FABRIQUÉES Tull	
				DE COTON.	
	DE COTON.	DE LIN.	DE SOIE.	Valeurs.	Droits perçus
	FR.	FR.	FR.	FR.	FR.
1891	370,010	559,769	78,763	92,048	9,206
1892	274,786	475,268	92,672	195,514	19,551
1893	374,260	396,770	42,997	241,551	24,155
1894	451,009	382,518	48,943	283,524	28,352
1895	536,635	191,023	33,179	398,621	45,127
1896	490,872	310,700	(4) 2,035	438,873	65,830
1897	390,831	412,599	1,540	702,396	105,358
1898	328,338	352,253	30,440	673,101	100,967
1899	455,542	375,109	23,620	846,435	126,965
1900	352,727	442,756	35,950	929,946	139,489

(*) Ce tableau nous a été communiqué, ainsi que le suivant, par le Ministère des main » sont comprises les dentelles, les tulles et les blondes. La statistique commerciale ces articles.

)E DENTELLES, TULLES ET BLONDES (*).

spécial.)

-1900.

UTREMENT QU'A LA MAIN, r BLONDES				OBSERVATIONS.
DE LIN.		DE SOIE.		
Valeurs.	Droits perçus (2)	Valeurs.	Droits perçus (3)	
FR.	FR.	FR.	FR.	
338	34	46,823	2,544	(1) Droit : 10 p. c. ad valorem, porté à 15 p. c. ad valorem, en vertu de la loi du 12 juillet 1895.
839	84	321,389	15,651	(2) Droit : 10 p. c. ad valorem.
543	54	273,648	14,159	(3) Droit : 300 francs les 100 kilog. ou, au choix de l'importateur, 10 p. c. ad valorem, porté à 700 francs les 100 kilog. ou 15 p. c. ad valorem en vertu de la loi du 12 juillet 1895.
5,908	590	226,264	13,615	
3,142	314	276,537	20,277	(4) Ces valeurs sont obtenues en appliquant aux quantités importées (soit en 1896, 37 kilog. et en 1897, 28 kilog.) le taux d'évaluation de 55 francs le kilog., assigné pour ces deux années à *l'ensemble* des dentelles, tulles et blondes en soie ; les autres valeurs renseignées au présent tableau sont celles déclarées par l'importateur.
3,912	392	164,411	21,937	
3,737	374	167,808	22,456	
3,778	378	158,552	17,981	Les dentelles de laine ne sont pas relevées séparément en statistique ; elles sont confondues avec d'autres tissus de laine sous la dénomination de *Tissus de laine non dénommés.*
6,651	664	121,705	13,703	
8,043	804	101,632	10,950	

Finances. On remarquera que sous la rubrique « Dentelles fabriquées autrement qu'à la du Ministère des Finances ne renseigne pas séparément les importations de chacun de

DÉSIGNATION DES MARCHANDISES.

Dentelles de laine . . . .
—   fabriquées à la main, de coton (*a*) . . . .
—   fabriquées à la main, de lin (*a*). . . . .
—   fabriquées à la main, de soie (*a*) . . . .

> (*a*) Ne sont admises en exemption de droits que les dentelles obtenues aux fuseaux ou à l'aiguille, au moyen de fils très fins, d'un travail délicat, telles que la dentelle de Bruxelles, de Malines, de Valenciennes. le point d'Alençon ou de Venise, etc.
> Les dentelles qui ont une forme déterminée ou constituent des objets distincts (voiles, mouchoirs, pointes, cols, manchettes, etc.), suivent le même régime, pourvu qu'elles n'aient pas reçu un complément de main-d'œuvre ; dans le cas contraire, ces objets rentrent dans la classe des *Habillements, lingerie et confections de toute espèce.*

—   fabriquées autrement, de coton (*b*). . . . .

—   fabriquées autrement, de coton mélangé de soie, le coton dominant en poids (*b*). . . . .

—   fabriquées autrement, de lin (*b*) . . . .

—   fabriquées autrement, de soie (*b*). . . . .

> (*b*) Sont compris sous cette dénomination : les dentelles faites au métier et en partie à la main, ainsi que les produits connus dans le commerce sous le nom de dentelles d'ameublement, de guipures d'art. de dentelles Renaissance, de dentelles torchons, etc., fabriquées à la main et aux fuseaux, au crochet, etc., qui n'ont pas le caractère de véritables dentelles, tel qu'il est décrit à la note (*a*) ci-dessus.
> Les produits et dentelles dont il s'agit, qui ont une forme déterminée ou constituent des objets distincts (chemins de table, dessous de soucoupes, etc.), suivent le même régime, pourvu qu'ils n'aient pas reçu un complément de main-d'œuvre : dans le cas contraire, ces objets rentrent dans la classe des *Habillements, lingerie et confections de toute espèce.*

Tulles de coton, unis ou brodés à la mécanique (*c*) . . . .

—   de coton mélangé de soie, le coton dominant en poids, brodés ou non à la mécanique (*c*). . . . .

—   de lin, de chanvre ou de jute brodés ou non à la mécanique (*c*) . . .

—   de soie, brodés ou non à la mécanique (*c*). . . . . . .

—   de toute espèce, brodés à la main (*c*) . . . .

> (*c*) Y compris les tulles ornés de perles, de paillettes ou de petits grains, même ourlés sur l'un des bords.

—   en bandes, etc., dits ruchés, ourlés, plissés, garnis de liserés, etc. .

NTELLES IMPORTÉES EN BELGIQUE.

CLASSIFICATION.	DROITS D'ENTRÉE.	
	BASE.	QUOTITÉ.
'issus. — Tissus de laine : *Tous autres tissus* . . .	Valeur.	10 p. c.
'issus. — Tissus de coton : *Dentelles, etc.*	Libres.	
'issus. — Tissus de lin : *Dentelles, etc.*	Libres.	
'issus. — Tissus de soie : *Dentelles, etc.*	Libres.	
l'issus. — Tissus de coton : *Tous autres tissus*. . .	Valeur.	15 p. c.
l'issus. — Tissus de coton : *Tissus de coton mélangé de soie, etc.*	100 kil. ou, au choix de l'importateur, Valeur.	500 fr. 15 p. c.
Tissus. — Tissus de lin, etc. : *Tous autres tissus* . .	Valeur.	10 p. c.
Tissus. — Tissus de soie : *Tous autres tissus* . . .	100 kil. ou, au choix de l'importateur, Valeur.	700 fr. 15 p. c.
Tissus. — Tissus de coton : *Tous autres tissus* . . .	Valeur.	15 p. c.
Tissus. — Tissus de coton : *Tissus de coton mélangé de soie., etc.*	100 kil. ou, au choix de l'importateur, Valeur.	500 fr. 15 p. c.
Tissus. — Tissus de lin, etc. : *Tous autres tissus* . .	Valeur.	10 p. c.
Tissus. — Tissus de soie : *Tous autres tissus* . . .	100 kil. ou, au choix de l'importateur, Valeur.	700 fr. 15 p. c.
Tissus : *Broderies à la main*	Valeur.	20 p. c.
Habillements, etc. : *Objets confectionnés, etc.* . .	Valeur.	15 p. c.

Les imitations mécaniques de certains points font à notre commerce un tort plus considérable que les dentelles à la main de provenance étrangère. Indépendamment des mauvaises contrefaçons du point de Venise et de l'application aux fuseaux, il faut signaler surtout les imitations du Chantilly et de la Valenciennes. Les fabriques de Saint-Pierre-lez-Calais reproduisent aujourd'hui à la perfection le Chantilly assez grossier que l'on faisait à Grammont il y a trente ans; ces imitations, dont les dessins ont souvent un réel cachet d'art, sont de nature à tromper les plus fins connaisseurs et leur succès est tel que l'industrie belge de la dentelle noire est presque complètement tombée. L'avenir de la Valenciennes paraît également assez compromis par les imitations qu'on en fait en France. Beaucoup de ces imitations sont, il est vrai, très imparfaites et facilement reconnaissables ; cependant il s'en écoule chaque année des quantités énormes en Belgique, et comme, d'autre part, le niveau artistique de nos Valenciennes à la main a beaucoup baissé, il s'ensuit qu'on attache de moins en moins de prix à ces dentelles et qu'on leur préfère les imitations françaises.

Les fabricants de dentelle résidant en Belgique se font une guerre acharnée. La concurrence met tout d'abord aux prises les maisons belges et les maisons étrangères, françaises et allemandes, établies à Bruxelles. Les chefs de ces dernières maisons ont sur nous l'avantage d'être fortement appuyés à l'étranger par leurs nationaux. Les maisons allemandes, qui disposent du marché américain, font des affaires considérables; elles gagnent beaucoup d'argent parce qu'elles font payer très cher par leurs clients d'outre-mer des articles fabriqués à bon marché. D'autres maisons étrangères, dont le siège est à Paris ou à Londres, se bornent à revendre des dentelles achetées en Belgique, mais, pour faire croire à leur clientèle qu'elles fabriquent de la dentelle dans les Flandres, elles mettent sur leurs factures la mention : « Maison à Bruges », « Maison à Courtrai », etc. De là, indignation des fabricants belges, mais indignation platonique, qui, jusqu'à présent, n'a rien su opposer aux manœuvres des étrangers.

Les Belges ont d'ailleurs fort à faire de se dévorer entre eux. Chacun d'eux est isolé et considère que sa première affaire est de combattre les autres ou, tout au moins, de s'en défier comme de ses pires ennemis. Au lieu de profiter du monopole de fait dont jouit la Belgique pour la confection des dentelles et de s'entendre pour le recrutement de la main d'œuvre, les plus grands fabricants tâchent de débaucher les intermédiaires qui fournissent leurs concurrents; au lieu de s'unir pour la formation de dessinateurs, ils se volent leurs dessins; au lieu de travailler ensemble à étendre leurs débouchés et à consolider ceux-ci, ils gardent jalousement le secret sur leurs acheteurs et ils s'efforcent de s'agrandir aux dépens de leurs concurrents. S'entendre pour obtenir des prix plus avantageux sur les marchés où ils ont le monopole, ils n'y songent pas; ils subissent plus volontiers les conditions des maisons de gros et ils gardent leur liberté. Régler par un commun accord la production de la dentelle pendant la saison morte, imposer aux facteurs le payement d'un salaire minimum, coordonner leurs efforts en vue de relever l'enseignement professionnel et le niveau de la fabrication, ils n'en ont point souci. « Une entente des fabricants, sous la forme syndicale ou sous toute autre forme, ne pourrait, disent-ils, amener aucun résultat favorable : ce serait risquer de s'aliéner la clientèle existante; ce serait livrer au public et aux concurrents possibles le secret de nos relations commerciales tant avec nos débouchés qu'avec les centres de production de la dentelle. L'entente serait d'ailleurs impossible, parce que toujours il se trouvera des fabricants pour travailler en dehors du syndicat. » Dès lors, plutôt perdre de l'argent et mourir que d'essayer de vivre en se donnant la main : telle paraît être la devise de nos fabricants de dentelle, et, s'ils s'entendent sur un point, c'est pour s'abstenir de toute mesure propre à assurer la conservation de l'industrie dentellière dans le pays.

Il y a quelque chose de vrai dans ce langage des fabricants :
une entente serait, croyons-nous, chose souhaitable, mais il
est certain que l'aversion manifestée par tous pour une action
syndicale exclut absolument la possibilité d'organiser cette
entente. C'est là un fait dont il faudra toujours tenir compte
lorsqu'on s'occupera activement d'assurer le salut de l'industrie
dentellière. Une entente entre les fabricants d'un centre de
production déterminé serait chose plus aisée qu'une associa-
tion générale de tous les fabricants. Quelques centres jouissent
d'un véritable monopole pour la fabrication de certaines dentelles : c'est le cas de Turnhout, pour la Malines, et de
Grammont, pour le Chantilly belge. Nous avons demandé aux
fabricants de ces deux centres pourquoi ils ne tâchent pas de
s'entendre pour faire la loi aux maisons de Paris et de
Bruxelles ou pour se passer d'elles. Une fin de non-recevoir a
été partout la réponse.

A Malines, les fabricants ont joui d'un quasi-monopole
pour la confection de leurs précieuses dentelles. Ils l'ont compris, mais ne s'en sont servi que pour mieux exploiter leurs
ouvrières et pour ruiner finalement l'industrie qui avait fait la
gloire de Malines.

Voici comment la chute de cette industrie est racontée par
le chevalier de Wouters de Bouchout, auteur d'une monographie sur la dentelle de Malines. Vers 1870, la dentelle de
Malines avait perdu sa vogue. Les visites des voyageurs en
dentelle se faisaient plus rares à Malines et cependant la marchande de dentelle attendait, comme sa mère et son aïeule
l'avaient fait, que l'amateur poli vînt à elle. La dentelle se
vendait mal ; malgré cela, les intermédiaires, voyageurs ou
koopvrouwen, continuaient à réaliser des gros bénéfices et, de
leur côté, les marchandes, tout en négligeant les moyens
d'étendre leur commerce et de provoquer la demande, préten-
daient ne rien abandonner de leurs gains ; elles continuaient
des relations sûres et faciles avec des intermédiaires connus de

longue date. « C'étaient des clients sérieux, habituels, partant commodes. Ils réalisaient, il est vrai, des bénéfices considérables, qu'un peu d'initiative et une entente avantageuse pour tous eût assurés aux marchandes malinoises. Celles-ci eussent pu aussi traiter directement avec leurs ouvrières et renoncer à l'intermédiaire de leurs parasites, les *koopvrouwen*. Cette réflexion, elles l'ont peut-être faite, mais, en pratique, elles se sont tenues à un raisonnement plus facile : si le prix de vente baisse, ont-elles pensé, nous baisserons le salaire et tout sera dit.

» La théorie de Manchester y a trouvé une fois de plus sa déplorable application. Le salaire des dentellières a si bien baissé, que toute femme capable d'un autre travail a laissé là son carreau. Avec une production moindre, l'élément de rareté agit sur le prix de vente, mais cet avantage ne se répercuta pas. Étant elles-mêmes mal rémunérées par les grandes marchandes, qui centralisaient l'ouvrage dans leurs comptoirs, les *koopvrouwen* baissèrent le salaire des ouvrières qui avaient continué le métier. Le nombre de celles-ci diminua rapidement ; faute de victimes suffisantes, les *koopvrouwen* renoncèrent à leur tour à la dentelle et les grandes marchandes restèrent en présence de quelques vieilles ouvrières, dont le nombre se restreignait chaque jour (1).

« Débarrassées de concurrentes plus faibles et des *koopvrouwen*, les grandes marchandes n'eurent cure d'améliorer la situation des dentellières fidèles ; elles cherchèrent avant tout à les empêcher de livrer directement à l'amateur. Pour s'assurer le monopole, les marchandes commencèrent par s'assurer la propriété des modèles et parchemins existants ; puis elles firent

(1) Trois cents carreaux étaient autrefois occupés pour compte de la supérieure du Béguinage de Malines ; celle-ci n'en rétribue plus que trois aujourd'hui, et comme, il y a peu d'années, on lui demandait une maîtresse pour enseigner la Malines au Canada, il lui fallut répondre que, quelque salaire qu'on donnât, il lui était impossible de trouver une dentellière assez jeune pour faire le voyage.

en sorte qu'il n'en fût par créé de nouveaux. Dès lors, les dentellières se virent réduites à employer les parchemins que les marchandes leur confiaient et à passer par toutes leurs exigences.

» Souvent, et je tiens le fait de la directrice de l'Hospice des vieilles femmes, des étrangers offrent aux pauvres vieilles un beau prix de leur ouvrage. Invariablement elles refusent. L'étranger, surpris, se retire. Il accrédite chez lui l'opinion que la Malines n'est plus d'un prix abordable, puis paie à une marchande un prix exorbitant et il croit avoir fait un excellent marché, car il n'a rien compris au contrat purement verbal, mais sévère, qui asservit les dentellières.

» A cette servitude elles n'échapperont jamais En effet, l'ouvrière d'un certain âge travaille de mémoire. Elle y voit bien encore pour piquer ses épingles, mais ses yeux ne suivent plus l'enchevêtrement des fuseaux. Elle finit par ne plus savoir faire qu'un seul dessin, et ce dessin n'est pas à elle! Il est l'œuvre d'un artiste anonyme, décédé il y a peut-être deux ou trois siècles; mais le parchemin, d'origine tout aussi peu établie, est la propriété de la marchande. Il serait d'une simplicité élémentaire de calquer ce parchemin, mais la marchande a eu bien soin de représenter à la petite vieille que ce serait commettre un vol odieux... Les marchandes se servent ici abusivement d'une loi à laquelle, de leur côté, elle n'ont cure de se conformer, car les modèles anciens sont depuis longtemps dans le domaine public et elles n'en ont pas déposé de nouveaux. Pis que cela, elles ont fait en sorte, pour mieux conserver le monopole acquis, qu'il devint impossible de faire exécuter d'autres dessins que les leurs: elles ont réussi à supprimer à Malines la profession de patronneuse (1). »

(1) *Bulletin du Cercle archéologique, artistique et littéraire de Malines.* T. XI, 1901, art. intitulé : *Une industrie qui se meurt : la dentelle de Malines,* par le Chevalier DE WOUTERS DE BOUCHOUT. Nous adressons tous nos remerciements à M. de Wouters, qui nous a très aimablement piloté à Malines et nous a fait entrer dans les maisons de toutes les dentellières de la ville.

Une caractéristique de la concurrence entre fabricants est l'hostilité qui divise les grands fabricants et les petits. Nous

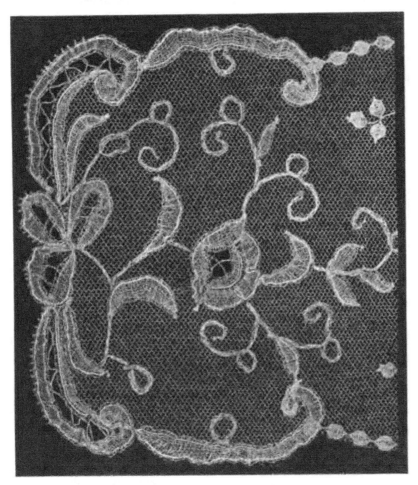

Fig. 130. — ÉCHARPE EN APPLICATION DE BRUXELLES,
payée 8 francs dans un magasin bruxellois.

Le tulle est de qualité inférieure, la fabrication très ordinaire ; les deux extrémités de l'écharpe sont seules faites à la main ; l'engrèlure et le semis sont en imitation.

avons déjà indiqué les causes et les manifestations de cette hostilité. Les grands fabricants, entrepreneurs sérieux, établis depuis longtemps et ne faisant que du bel ouvrage, ne peuvent supporter les petits, qui ouvrent partout des magasins, deviennent plus nombreux à mesure que les affaires empirent, et font baisser le niveau de la fabrication en inondant le marché d'articles ordinaires. Si les grands fabricants ne peuvent s'entendre entre eux, tout au moins s'accordent-ils pour réprouver les agissements et jusqu'à l'existence des fabricants interlopes : ils les considèrent, à juste titre, comme les pires ennemis de l'industrie dentellière.

Dans leur âpre besoin de s'enrichir au plus vite, ces demi-fabricants n'ont en vue que le moment présent et ils sacrifient, sans hésitation, l'avenir. Toutes les manœuvres leur sont bonnes pour lutter contre les grandes maisons et il n'est pas de truc auquel ils n'aient recours pour berner l'acheteur. A ce dernier ils vendent de la dentelle fausse pour de la vraie, et souvent l'acheteur ne s'en aperçoit pas, parce que les parties fausses sont encadrées dans des morceaux de vraie dentelle. A leurs étalages, des dentelles souvent quelconques, parfois même des imitations mécaniques, sont décorées d'étiquettes pompeuses et les duchesse les plus grossières sont dénommées « véritables dentelles de Bruxelles, entièrement à la main. » La plupart des articles exposés aux vitrines portent des prix très avantageux ; l'étranger est attiré par le bon marché, il entre, croyant faire un bon coup, et à l'intérieur du magasin on lui demande un prix exorbitant pour des articles moins beaux parfois que ceux de l'étalage : ceux-ci, lui dit-on, n'étaient pas à vendre ou bien l'étiquette mentionnant le prix de la dentelle exposée n'était pas à sa place. Et l'acheteur de s'exécuter, sans mauvaise grâce d'ailleurs, car le plus souvent il ne se doute même pas qu'il a été trompé.

IV.

LA LÉGISLATION FISCALE (1).

Les fabricants de dentelle ne sont soumis au droit de patente que pour autant qu'ils sont les employeurs de leurs ouvrières.

Les fabricants recourant exclusivement aux services des intermédiaires ne sont donc pas atteints par le fisc, tandis que les intermédiaires, qui entretiennent avec la main-d'œuvre des rapports directs, sont, aux yeux de la loi, de véritables fabricants. Mais, ou bien l'intermédiaire est exempté de la patente, ou bien il réussit à y échapper. Aussi, en fait, les seules personnes qui paient la patente sont les fabricants qui dirigent eux-mêmes un atelier joint à leur établissement et un petit nombre de fabricants de province, qui ont des relations directes avec leurs ouvrières.

Les fabricants sont patentés d'après le nombre d'ouvrières employées par eux, travaillant soit à domicile, soit à l'atelier. Ils sont répartis par le fisc en 15 classes.

Fabricants employant 500 ouvriers et au-delà : 1re classe.

—	—	400	à	500	ouvriers :	2e	—
—	—	300	à	400	—	3e	—
—	—	200	à	300	—	4e	—
—	—	140	à	200	—	5e	—
—	—	100	à	140	—	6e	—
—	—	70	à	100	—	7e	—
—	—	50	à	70	—	8e	—
—	—	32	à	50	—	9e	—
—	—	21	à	32	—	10e	—
—	—	14	à	21	—	11e	—

(1) Les renseignements qui suivent sur le tarif des patentes nous ont été fournis par le Ministère des Finances.

Fabricants employant 9 à 14 ouvriers : 12e classe.

—   —   6 à 9   —   13e —

—   —   3 à 6   —   14e —

—   —   1 à 3   —   15e —

Le droit de patente appliqué aux fabricants est celui des 15 premières classes du tarif A, annexé à la loi du 21 mai 1819.

Tarif A.

Les droits sont les mêmes pour toutes les villes et communes.

CLASSES.	TAUX DU DROIT.	CLASSES.	TAUX DU DROIT.
1re	Fr. 401 »	10e	Fr. 36 »
2e	334 »	11e	27 »
3e	278 »	12e	20 »
4e	223 »	13e	13 »
5e	167 »	14e	9 »
6e	122 »	15e	5 30
7e	89 »	16e	2 76
8e	67 »	17e	1 70
9e	49 »		

Les marchands-détaillants, les négociants en dentelles et les fabricants qui vendent leurs dentelles au détail sont soumis au paiement d'un droit distinct.

La loi de 1819 applique aux négociants le tarif B et les range dans les classes 7 à 13 de ce tarif.

Tarif B.

Les droits varient d'après le rang des communes ; celles-ci sont classées en 6 rangs.

CLASSES.	TAUX DU DROIT.					
	1er rang.	2e rang.	3e rang.	4e rang.	5e rang.	6e rang.
. . .	. . .	. . .	. . .	. . .	. . .	. . .
7e	73 »	65 »	51 »	38 »	27 »	20 »
8e	51 »	45 »	38 »	27 »	20 »	14 »
9e	38 »	33 »	27 »	20 »	13 »	10 »
10e	27 »	22 »	20 »	13 »	9 »	8 »
11e	20 »	16 »	12 »	9 »	7 »	6 »
12e	10 60	9 54	8 48	5 30	4 24	3 40
13e	5 30	4 88	3 82	2 76	2 12	1 70
. . .	. . .	. . .	. . .	. . .	. . .	. . .

Quant aux marchands-détaillants, ils sont imposés d'après le tarif A et classés ainsi qu'il suit :

Pour un débit de

265,000	à 300,000 fr. exclusivement :	1re classe	
212,000	à 265,000	—	2e —
159,000	à 212,000	—	3e —
116,600	à 159,000	—	4e —
84,800	à 116,600	—	5e —
63,600	à 84,800	—	6e —
48,760	à 63,600	—	7e —
38,160	à 48,760	—	8e —
29,680	à 38,160	—	9e —
23,320	à 29,680	—	10e —

du tarif A.

Pour un débit de						du tarif A.
16,960 à	23,320	fr. exclusivement :	11ᵉ classe.			
12,720 à	16,960	—	12ᵉ	—		
8,480 à	12,720	—	13ᵉ	—		
6,360 à	8,480	—	14ᵉ	—		
4,240 à	6,360	—	15ᵉ	—		
2,120 à	4,240	—	16ᵉ	—		
moins de	2,120	—	17ᵉ	—		

Lorsque le débit excède 300,000 francs, l'excédent est asujetti à un droit supplémentaire calculé à raison de 75 francs par 50,000 francs.

Les écoles dentellières, tant laïques que religieuses, dont les élèves disposent à leur gré de la matière fabriquée ne sont pas soumises au droit de patente comme fabriques de dentelles, alors même que la directrice procure le local, l'éclairage, le chauffage moyennant indemnité. Cette immunité est encore acquise à ces établissements dans le cas où la directrice se constitue la mandataire de ses élèves, agit au nom et pour compte de chacune d'elles et traite en cette qualité avec les acheteurs. Dans ce cas, il lui appartient de faire la preuve que tous les bénéfices réalisés par les élèves tournent à leur profit exclusif. L'application du droit à l'exemption est ainsi une question de fait. Fort peu de couvents sont soumis à la taxe.

NOMBRE DES PATENTES ET PRODUIT DE L'IMPOT EN PRINCIPAL,
pour l'année 1900.

FABRIQUES DE DENTELLES.		NÉGOCIANTS EN DENTELLES.		BRODEURS DE TULLES ET TOILES FINES.		MARCHANDS-DÉTAILLANTS DE DENTELLES.		RÉCAPITULATION.	
Nombre.	Principal de l'impôt.	Nombre.	Principal de l'impôt.	Nombre.	Principal de l'impôt.	Nombre.	Principal de l'impôt.	Nombre.	Principal de l'impôt.
54	2,632 34	452	3,594 85	24	812 10	(1)	(1)	530	7,039 29

(1) Le Département des Finances n'a pu nous fournir de renseignements en ce qui concerne les marchands-détaillants de dentelles, pour la raison que les rôles ne portent que la détermination générique de la profession, sans spécifier la nature des produits débités.

CHAPITRE VI.

Les crises.

————

L'industrie dentellière belge traverse une crise redoutable; personne aujourd'hui ne songe à le contester.

Les signes extérieurs de cette crise sont aisément reconnaissables.

Elle atteint les fabricants, en diminuant l'offre de la main-d'œuvre.

Elle frappe les ouvrières, en faisant baisser leurs salaires.

Elle menace la dentelle elle-même, en abaissant le niveau de la fabrication et en provoquant la suppression de certains genres de dentelle.

La dentelle, industrie de luxe dont les conditions d'existence sont délicates, a passé depuis un siècle par plusieurs sortes de crises. Elle a connu des crises passagères, provoquées par les événements politiques ou économiques. La révolution de 1789, la chute de Napoléon et la guerre de 1870 ont amené à trois reprises une stagnation presque complète de l'industrie dentellière. L'établissement par les États-Unis d'un droit de 60 pour cent *ad valorem* sur les dentelles faites à la main a également troublé le marché. Mais l'effet de ces crises sur la production de la dentelle ne se fait plus sentir d'une façon sensible aujourd'hui.

Un facteur important, qui amène dans l'industrie dentellière des perturbations plus graves et surtout plus capricieuses, c'est la mode. La dentelle, accessoire de la toilette, est asservie à la mode, tout comme les femmes, pour qui la mode fut inventée. La mode est une maîtresse terrible pour ses jolies admiratrices: on n'ose pas lui résister, et plus grandes sont ses

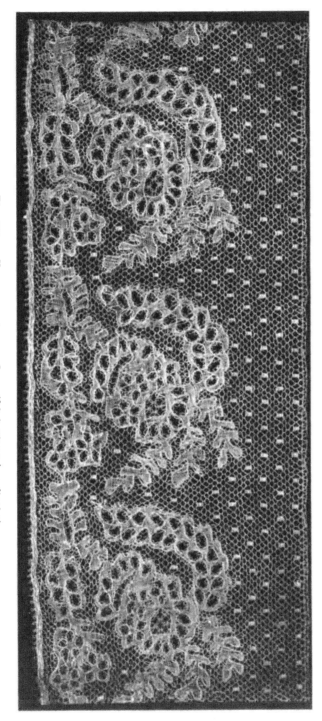

Fig. 131. — Volant en point de Lille (fabrication très ordinaire).

Prix dans un magasin de Bruxelles : 20 francs le mètre.

prétentions, plus volontiers, semble-t-il, on exécute ses ordres. Il a été question plus haut des innovations apportées par la mode en matière de dentelles ; et l'on a vu, sous Louis XVI, la mode s'attaquer avec succès aux points majestueux et lourds et accorder ses faveurs aux tissus frivoles et légers, aux Valenciennes, aux Malines. De nos jours, la mode a influé, à certains moments, sur la production de toutes les dentelles. Vers 1890, par exemple, la dentelle et la broderie sur tulle étaient presque délaissées ; dès 1897, au contraire, ces produits étaient en hausse constante et jamais, depuis 1870, la dentelle n'a été plus voulue qu'à présent ; aussi la fabrication jouit-elle actuellement d'une prospérité en apparence très grande. Parfois la mode s'est attaquée à un genre de dentelles en particulier. Ainsi, vers 1870-80, elle a provoqué la chute du Chantilly et des dentelles de laine ; elle proscrit aujourd'hui la Valenciennes des robes et des chapeaux ; elle paraît ne plus faire grand cas de la Malines ; il est vrai qu'on n'en fabrique presque plus et que les fabricants malinois ont tout fait pour la déprécier.

La mode vient de Paris ; elle est lancée par les grandes faiseuses et par quelques couturiers en renom, et dans le monde entier on accepte, sans trop oser se plaindre, le code sans cesse renouvelé de ses prescriptions.

Ses variations perpétuelles mettent les fabricants dans de singuliers embarras : elles amènent la surproduction de certaines dentelles et la formation de grands stocks de marchandises, qui, du jour au lendemain, deviennent invendables ; en privant de travail les ouvrières qui fabriquent un genre déterminé, elles provoquent des diminutions dans la main-d'œuvre ou, tout au moins, des chômages momentanés ; elles jettent la perturbation dans l'enseignement professionnel et causent parfois la disparition complète de certains genres de dentelles.

Les fabricants ne dirigent pas la mode ; ils la subissent : elle leur est imposée par le grand couturier. Celui-ci a intérêt à ce qu'elle évolue rapidement, car la confection est là qui le guette, pour vulgariser son modèle et l'en déposséder; il ne peut donc pas exploiter pendant plus d'une saison une nouveauté qu'il a inventée. Son élégante clientèle s'accommode, au surplus, fort bien de ces changements perpétuels. Il en résulte que le couturier n'ose encourager l'usage des dentelles riches, car ses profits seraient amoindris si ses clientes dépensaient dans ces beaux articles l'argent qu'elles consacrent à apporter de constantes modifications à leur toilette. Il hésite d'ailleurs à lancer un modèle où figure de la vraie dentelle, car il sait que l'année suivante la confection le vulgarisera et y substituera de l'imitation. Le couturier aime mieux encourager la fabrication des dentelles qui sont à la portée de toutes les bourses; plus volontiers encore, il proscrit les accessoires et les ornements, tels que dentelles et broderies; il fait des robes destinées à produire un effet à distance ou bien il simplifie le costume et préconise les modes « tailleur », qui masculinisent la femme et sont la ruine de la véritable élégance.

Bien que forcés de suivre le courant de la mode, les fabricants de dentelles peuvent cependant, dans une certaine mesure, influencer celle-ci en perfectionnant certains produits et en les faisant accepter par la mode. Ainsi, les grands fabricants belges, en faisant valoir l'application de Bruxelles, la fine duchesse, et en restaurant le Binche et le point de Flandre, ont provoqué le bon accueil que la mode a fait à ces dentelles, si artistiques et si bien exécutées.

Ces divers facteurs de crises passagères dans leurs effets ne doivent pas effrayer nos industriels. Ils existent depuis l'origine de la dentelle et celle-ci vit encore; avec de l'habileté et de la patience, on peut conjurer ou atténuer leurs conséquences fâcheuses.

*
* *

Il est, dans la crise actuelle, des éléments qui doivent nous préoccuper plus sérieusement, à cause de leur caractère permanent et de leur corrélation plus étroite avec l'existence même de l'industrie dentellière : c'est, d'une part, la fabrication de la dentelle mécanique et, d'autre part, l'organisation commerciale défectueuse de l'industrie dentellière.

La fabrication de la dentelle mécanique succéda à celle du tulle à la machine. Celui-ci avait été inventé, en 1768, par l'anglais Hammond, fabricant de bas au métier. En examinant attentivement le bonnet de dentelle de sa femme, l'idée était venue à Hammond qu'il pourrait avec son métier faire quelque chose d'approchant. Il essaya et réussit à produire, non de la dentelle, mais une sorte de réseau ressemblant assez à ce que l'on a appelé depuis le fond de Bruxelles. Le métier à bas fut approprié à ses nouvelles fonctions, ses produits s'améliorèrent; mais c'était toujours, en définitive, une sorte de tricot qui se défaisait d'un bout à l'autre dès qu'une maille s'échappait.

Pendant quarante ans, on chercha des perfectionnements, sans beaucoup réussir, mais sans se décourager; enfin, en 1809, un autre fabricant de bas, John Heathcoat, de Nottingham, inventa la machine à tulle. Dans le réseau qu'elle produit, les fils ne sont pas entrelacés, comme par le métier à tricot, mais tordus, comme par les fuseaux. Cette machine faisait 1,000 mailles à la minute, résultat qui semblait merveilleux, les fuseaux n'en faisant que 5 ou 6 dans le même temps (1).

En 1811, des ouvriers, excités par les *luddites*, entrèrent dans la manufacture de Heathcoat et détruisirent vingt-sept machines valant 200,000 francs. En 1823, le brevet de Heathcoat expirait; chacun à Nottingham voulut faire du tulle. Les prix baissèrent, mais la demande était devenue immense; Nottingham se trouvait chargé presque seul de l'approvisionnement général et son tulle uni rivalisait avec les plus beaux produits de l'étranger.

(1) Une bonne machine produit maintenant 30,000 mailles à la minute.

En France, un nommé Caillon avait imaginé, dès 1778, une sorte de tulle ressemblant au tricot. Louis XVI, se rendant compte de la supériorité des produits anglais, envoya, dès 1784, le duc de Liancourt en Angleterre, pour y étudier les perfectionnements introduits dans la fabrication des bas et du tulle. Le duc, ayant appris ce qu'il désirait savoir, revint en France, accompagné d'un certain Rhumbolt, qui avait travaillé dans une fabrique de Nottingham. La monarchie était tombée, mais la République accorda à Rhumbolt une somme de 110,000 francs pour s'établir.

La machine qu'il mit en œuvre était la première invention anglaise, un peu améliorée. Les produits obtenus étaient inférieurs à ceux de Nottingham, où la fabrication faisait de constants progrès; cependant, chose singulière, au commencement du siècle on faisait moins de tulle en Angleterre qu'en France. Il y avait à Lyon et à Nîmes 2,000 métiers, tandis qu'en Angleterre on n'en comptait que 1,500. Lorsque parut l'invention de Heathcoat, les fabricants français ne purent plus soutenir la concurrence et l'on fit, dès lors, mille essais pour se procurer des machines à tulle Heathcoat. En dépit des multiples précautions prises par les Anglais, deux métiers furent introduits, en 1815 et 1816, à Valenciennes et à Calais. En 1817, la première machine à tulle fonctionna, cachée à tous les yeux, dans le faubourg de Saint-Pierre-lez-Calais, et telle fut l'origine de la célèbre industrie française des tulles et dentelles mécaniques, aujourd'hui rivale de Nottingham.

En Belgique, l'industrie du tulle mécanique fut introduite à Anvers et à Bruxelles, en 1801, par l'Anglais George Armitage, qui poursuivit ensuite sa campagne à Paris et en Allemagne. Un grand nombre de métiers furent construits à Anvers; en 1817 on en fabriqua à Termonde, en 1828 à Gand. En 1834, huit machines à tulle très perfectionnées furent établies à Bruxelles par M. Washer, dans le but de faire du tulle à double et à triple torsion. M. Washer s'attacha exclusivement à la maille extra-fine et il forma des ouvriers spéciaux pour ce travail délicat. En quelques années, il réussit à surpasser les produits anglais et aujourd'hui le *tulle de Bruxelles* à mailles hexagonales est universellement connu pour sa finesse et sa régularité.

Si l'invention du tulle mécanique uni appartient à l'Angleterre, l'invention de la dentelle mécanique revient à la France ; cette invention consista à appliquer au métier circulaire à tulle le système de tissage inventé par Jacquard. Elle est due à M. Ferguson, fabricant de tulle, qui en fit l'essai pour la première fois à Cambrai, en 1836. Il produisit un tulle de soie noire broché, appelé *tulle de Cambrai* ou *imitation de Chantilly*; le dessin était tissé, en même temps que le fond, par le métier ; le brodé, c'est-à-dire le contour du dessin, était repris ensuite à l'aiguille.

Différents brevets furent immédiatement pris en Angleterre et en France. Un nommé Bagally contrefit la Valenciennes, et les excellentes imitations qui furent faites de cette dentelle, sous le nom de *dentelle de Calais*, sont devenues la branche principale de la fabrication de Saint-Pierre. En 1855, on arriva à produire au métier des fleurs détachées, imitant les fleurs faites au carreau en Belgique pour l'application de Bruxelles. En 1862, Nottingham exposait des imitations de dentelles d'Espagne, de blondes, de Malines, de Valenciennes, de Chantilly et de guipures de Mirecourt. En 1881, M. Mahère construisait un métier qui mettait en mouvement jusqu'à 2,000 fuseaux et produisait les dentelles les plus larges et les plus fines. L'Allemagne se distingue aussi par des imitations remarquables; mais les plus beaux produits sont, depuis deux ans, ceux de Saint-Gall : un de nos premiers fabricants belges de dentelle à la main, après avoir vu, à l'Exposition de 1900, les imitations de Saint-Gall, les qualifiait d'*admirables*.

On imite aujourd'hui presque toutes les dentelles : point de

Venise, point de Bruxelles, dentelles aux fuseaux, points coupés, fils tirés, tout est contrefait; les dessins sont souvent très
artistiques et de nouveaux perfectionnements s'introduisent
sans cesse dans la fabrication. Il n'est pas toujours aisé de
distinguer la dentelle mécanique de la dentelle à la main, surtout lorsque celle-ci contient des parties faites à la machine,
comme c'est assez souvent le cas pour le point de Milan, la
guipure de Flandre et l'application aux fuseaux. Cependant
les produits les plus soignés du métier ne possèdent pas le fini,
la beauté des dentelles faites à la main; ils n'ont pas, surtout,
ces légères irrégularités dans la facture, qui sont l'un des
charmes de la dentelle véritable et font reconnaître celle-ci de
tout amateur exercé.

La concurrence de la dentelle mécanique est regrettable,
d'abord parce qu'elle contribue, pour une large part, à faire
cesser la fabrication de certaines dentelles à la main : si la
Valenciennes, la Malines et le Chantilly viennent à disparaître
— et ce jour n'est peut-être pas éloigné, — la faute en sera
principalement à la vogue toujours croissante des produits de
l'industrie calaisienne.

Le bon marché des dentelles mécaniques a également pour
résultat de faire porter de l'imitation par beaucoup de personnes qui, sans l'invention de Ferguson, porteraient de la
dentelle véritable. On ne peut pas dire, cependant, que la
vogue de la dentelle mécanique ait fait baisser, dans son
ensemble, la demande des belles dentelles aux fuseaux et à
l'aiguille. La machine a contribué à tuer certains genres, mais
en répandant dans toutes les classes le goût de la dentelle, elle
a amené les classes riches à rechercher plus que jamais les
belles dentelles à la main.

Le préjudice le plus grave que l'imitation ait causé à la dentelle véritable, c'est d'avoir amené une diminution générale
dans la demande et dans les prix de certaines dentelles fabriquées par un très grand nombre d'ouvrières et d'avoir ainsi

fait baisser les salaires et provoqué la défection d'une partie notable de la main-d'œuvre.

En présence de cette situation, le rôle des fabricants soucieux de l'avenir de notre industrie dentellière s'indique de lui-même. Il faut d'abord qu'ils cessent de fabriquer les dentelles ordinaires, telles que les Valenciennes étroites, les torchons, les guipures grossières, le Chantilly commun, dentelles dont l'imitation tend de plus en plus à se substituer à la dentelle véritable et dont, malheureusement, notre marché est encombré. Assurément, ces dentelles, même les plus ordinaires, ont plus de charme, étant faites à la main, mais elles sont condamnées. Leur extrême vulgarisation amènera forcément leur chute ; encourager leur fabrication est donc insensé. Le jour où ces petites dentelles seront devenues tout à fait invendables ou ne rapporteront presque plus rien à la main-d'œuvre, ce jour-là les ouvrières qui ne sauront pas faire autre chose que ces produits inférieurs cesseront complètement de s'occuper de dentelle ; la main-d'œuvre disparaîtra dans de nombreux villages des Flandres et dans les quelques villes où elle s'est conservée et la tradition de la dentelle risquera fort d'être perdue pour toujours. C'est là un des côtés inquiétants de la situation actuelle et les fabricants feraient sagement de ne pas le perdre de vue. Il faut, d'autre part, qu'ils s'appliquent à perfectionner la fabrication des belles dentelles à la main. L'avenir de notre industrie dentellière est dans l'organisation systématique de la concurrence des dentelles à la main contre les dentelles mécaniques : qu'on laisse celles-ci prendre tout le développement possible dans les genres inférieurs ; qu'on améliore la technique et le niveau artistique de celles-là, au point de rendre impossible l'imitation des belles dentelles, et qu'on les confine dans leur rôle d'articles de luxe (1).

(1) Ruskin, dans son livre des *Sept lampes de l'architecture*, fait ressortir de la manière suivante le charme des ouvrages faits à la main : « Il y aura cela, dit-il, dans la facture de ces ouvrages, qui est au-dessus de tout prix :

*
* *

Le principal obstacle à cette orientation nouvelle de la fabrication et le facteur le plus grave de la crise actuelle, c'est l'organisation commerciale défectueuse de l'industrie dentellière.

Le nombre d'intermédiaires placés entre l'ouvrière et la consommatrice est trop grand. Fabricants, facteurs, maisons de gros et de détail pullulent et la centralisation de l'industrie n'est pas pour diminuer leur nombre. Chez presque tous on

on verra clairement qu'il y a des endroits où l'on s'est complu davantage que dans d'autres, qu'on s'y est arrêté et qu'on en a pris soin, que là se trouvent des morceaux sans soin et hâtés,... mais l'effet du tout comparé au même objet fait par une machine ou une main mécanique sera celui de la poésie bien lue et profondément sentie aux mêmes vers récités par un perroquet. »

Ailleurs le grand écrivain d'art met en relief, sous une forme poétique, le rôle déplorable de la dentelle faite à la machine et il montre quel doit être le rôle de la dentelle véritable :

« Entre la dentelle faite à la machine et la dentelle faite à la main il existe encore une certaine différence. Je suppose que cette différence soit si bien effacée que l'on puisse, sur un modèle donné, tisser de la dentelle avec la rapidité qu'on met à faire le fil. Alors chacun pourrait porter non seulement des cols en dentelle, mais des robes entières en dentelle. Mais croyez-vous que si chacun pouvait les porter, chacun serait encore fier de les porter? Une araignée a quelque raison d'être fière de sa toile, bien que tous les champs, au matin, soient couverts de toiles semblables; car, cette toile, c'est elle-même qui l'a tissée. Mais supposez qu'une machine l'ait filée pour elle? Supposez que tous les fils de la Vierge portent la marque de fabrication de Nottingham? Si vous pensez à cela, vous trouverez que toute la valeur de la dentelle, en tant qu'objet possédé, provient de ce fait qu'en elle la *Beauté* est la récompense du travail industrieux et attentif; vous trouverez qu'une chose que tout le monde ne peut avoir a son prix en elle-même; que la dentelle prouve, par son aspect extérieur, l'habileté de celle qui l'a faite, et, par sa rareté, la dignité de celle qui la porte. Tantôt celle qui la porte est une personne industrieuse qui a épargné assez d'argent pour s'acheter une pièce de bijouterie, de tissu d'or ou de belle dentelle; tantôt c'est une personne de haut rang, à laquelle ses voisins concèdent comme un honneur le privilège de porter des vêtements plus riches que les leurs. Mais si tout le monde veut porter de la dentelle, si la dentelle cesse d'être une valeur, n'est-il pas vrai qu'elle devient comme une simple toile d'araignée? » (*Extrait d'une lettre adressée par Ruskin au duc de Saint-Albans et lue par ce dernier devant les élèves de la classe d'art de l'Institut mécanique de Mansfield.*)

Fig. 132. — Volant en Chantilly blanc (exécuté au couvent de Saint-Trond).

rencontre le même esprit de concurrence, la même absence de prévoyance et d'initiative; presque tous sont animés d'un même sentiment d'inconscient égoïsme et ils paraissent ne pas se douter qu'en bas de l'échelle les ouvrières souffrent; tous veulent réaliser de gros bénéfices et ils y réussissent sans peine. Ils gagnent de l'argent plus que leurs prédécesseurs n'en ont gagné, alors que notre pays ne comptait qu'un petit nombre de fabricants et facteurs; et plus le nombre des ouvrières diminue, plus celui des fabricants et des facteurs augmente. Ce qui n'augmente guère, c'est la vente; ce qui n'augmente pas non plus, mais diminue tous les jours, c'est le salaire des ouvrières. L'ouvrière paie l'accroissement du nombre des intermédiaires; elle paie les gros chiffres d'affaires des fabricants, les fortunes rapidement édifiées par les facteurs.

Un pareil édifice commercial est fragile, mais il est commode. À quoi bon y toucher ? Il est bien plus facile de se rattraper sur l'ouvrière. Celle-là, il faut bien qu'elle cède : elle est isolée, elle est femme, elle doit vivre et elle accepte, faute de mieux, le salaire de famine qu'on veut bien lui laisser.

Cette organisation commerciale, aves les abus qui la caractérisent, est désastreuse à tous points de vue. Elle entraîne l'abaissement des salaires. Elle engendre le mécontentement parmi les ouvrières et les conduit à abandonner la dentelle; celle-ci s'est presque retirée des villes et déjà dans les campagnes les femmes commencent à lui préférer tout autre métier; seules les vieilles demeurent attachées à leur carreau et, avec quelques lamentations sur le bon temps où l'on gagnait gros, elles font encore du grand art sur leur genou. Enfin l'organisation commerciale actuelle mène à sa ruine la fabrication, surtout celle des dentelles aux fuseaux. Les vieilles sont presque seules à faire les beaux ouvrages et les jeunes sont encouragées à produire des articles quelconques.

Certains fabricants, entre autres M. Georges Martin, propriétaire de la *Compagnie des Indes*, à Bruxelles, estiment que la crise de la main-d'œuvre ne fait que répercuter une crise, autrement importante, dans les débouchés. « Donnez-nous plus de débouchés, disent-ils, nous vendrons mieux et davantage, et les ouvrières, mieux payées, deviendront plus nombreuses. »

Nous voulons admettre que nos débouchés ont diminué en même temps que le luxe des dentelles et sont moindres qu'au temps où la Belgique comptait trois fois plus de dentellières qu'aujourd'hui ; cependant ces débouchés sont encore considérables. Le luxe est moins intense que sous l'ancien régime, mais il est plus général. Nous avons perdu le marché, très important autrefois, de l'Espagne et de ses colonies, mais nous avons gagné celui de New-York. Puis, il faut reconnaitre que les débouchés actuels sont largement suffisants pour donner du travail à toute notre population dentellière ; même, on a souvent de la peine à exécuter en temps les commandes. Au surplus, si nos débouchés devaient s'étendre, la catégorie déjà si nombreuse des intermédiaires ne ferait pas faute de grandir aussi et alors peut-être, plus que maintenant, on s'apercevrait de la crise de main-d'œuvre. Cette crise existe depuis plusieurs années, mais plutôt à l'état latent : il se trouve encore assez de vieilles dentellières pour exécuter les commandes, mais leur nombre décroit et elles ne sont pas remplacées par un nombre suffisant de jeunes ouvrières. Tandis que l'importance de nos débouchés semble devoir se maintenir, la main-d'œuvre a une tendance à se retirer : là git le mal.

Assurément, il faut regretter que nos débouchés aient perdu de leur ancienne importance. Mais il faut déplorer surtout que la diminution de bénéfices qui en résulte pour l'ensemble de l'industrie frappe si durement les ouvrières tandis qu'elle n'atteint presque pas les fabricants et les intermédiaires, dont le nombre va en s'accroissant.

Aveuglés par un esprit de lucre immodéré et par l'apparente prospérité de la situation présente, se rendant compte, parfois, du danger, mais ne sachant pas remonter à sa cause, le fabricant et l'intermédiaire ne voient pas ou ne veulent pas voir que l'organisation commerciale de l'industrie dentellière est détestable et doit, si l'on n'y prend garde, conduire cette industrie à sa ruine. La mode, qui est restée fidèle à la dentelle depuis 500 ans, lui promet encore de beaux jours, mais si l'on ne fait rien pour améliorer l'état de choses actuel, la plus intéressante de nos industries féminines aura bientôt vécu.

FIN DU TOME PREMIER.

ERRATA.

Page	ligne	au lieu de :	lisez .
4	7	conseiller provincial,	membre de la Chambre des représentants.
4	9	De Smet,	Adams.
40-41		fig. 6bis,	fig. 7.
102	25	fig. 118,	fig. 112.
113	5	treille,	trame.
145	14	figure 73,	figure 81.
146	32	fig. 170,	fig. 39, tome II.
158	29	fig. 98,	fig. 99.
160	2	fig. 99,	fig. 100.
160	4	fig. 100,	fig. 98.
164	9	fig. 104,	fig. 103.
160	16	fig. 38,	fig. 37.
172	18	fig. 118,	fig. 112.

TABLE ALPHABÉTIQUE DES MATIÈRES

CONTENUES DANS LE TOME PREMIER.

A

D

E

H

I

T

U

V

TABLE DES FIGURES

CONTENUES DANS LE TOME PREMIER.

TABLE ANALYTIQUE DES MATIÈRES

CONTENUES DANS LE TOME PREMIER.

PREMIÈRE PARTIE.

ORGANISATION COMMERCIALE.

CPSIA information can be obtained
at www.ICGtesting.com
Printed in the USA
BVHW011518020919

557353BV00016B/118/P